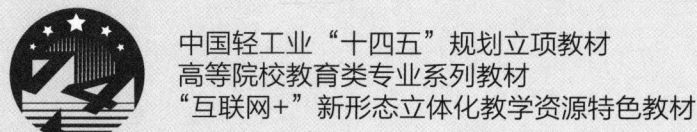

中国轻工业"十四五"规划立项教材
高等院校教育类专业系列教材
"互联网+"新形态立体化教学资源特色教材

儿童家庭教育指导

主 编◎刘红萍　胡保利　张春炬
副主编◎连秀芹　栗艺文　王丽娟

中国轻工业出版社

图书在版编目（CIP）数据

儿童家庭教育指导 / 刘红萍，胡保利，张春炬主编 . — 北京：中国轻工业出版社，2023.4

高等院校教育类专业系列教材

"互联网 +"新形态立体化教学资源特色教材

ISBN 978-7-5184-4012-2

Ⅰ.①儿⋯　Ⅱ.①刘⋯ ②胡⋯ ③张⋯　Ⅲ.①儿童教育—家庭教育—高等学校—教材　Ⅳ.① G782

中国版本图书馆 CIP 数据核字（2022）第 094490 号

责任编辑：崔丽娜　　　　责任终审：高惠京
整体设计：锋尚设计　　　责任校对：宋绿叶　　责任监印：张　可

出版发行：中国轻工业出版社（北京东长安街6号，邮编：100740）

印　　刷：三河市国英印务有限公司

经　　销：各地新华书店

版　　次：2023年4月第1版第1次印刷

开　　本：787×1092　1/16　印张：12.75

字　　数：300千字

书　　号：ISBN 978-7-5184-4012-2　定价：45.00元

邮购电话：010-65241695

发行电话：010-85119835　传真：85113293

网　　址：http://www.chlip.com.cn

Email：club@chlip.com.cn

如发现图书残缺请与我社邮购联系调换

220201J1X101ZBW

编委会

主　编　刘红萍　胡保利　张春炬
副主编　连秀芹　栗艺文　王丽娟
编　委　刘艳玲　刘慧杰　李　茜　张子怡　陶然乐　张子瑛
　　　　　石静霞　张凯璐　赵婧宇　梁　莹　张东利　杨晋生
　　　　　石常秀　薛晓春　孙　宁　赵亚楠　曹会茜　王欲琦
　　　　　李　梅　王红杰　顾　芳　杨金兰　杨丽红　许路怡
　　　　　雷田蕊　田　天　范明丽　刘志慧　赵　娟　张立星

前　言

2022年1月，《中华人民共和国家庭教育促进法》正式实施。治国之本在于齐家，国家站在时代发展的高度，颁布家庭教育法，目的在于推动家庭教育理念现代化、内容法治化、方法科学化，推动家庭教育由"家规""家训""家书"为载体的传统模式，迭代升级到以法治为引领的新模式，发扬中华民族重视家庭教育的优良传统，引导全社会注重家庭、家教、家风，增进家庭幸福与社会和谐。因此，《中华人民共和国家庭教育促进法》给家庭教育提出了更高要求和目标。掌握儿童的身心发展规律，用科学的家庭教育理念和方法培育下一代，将是实现中国伟大复兴之梦的重要保障之一。

2022年10月，党的二十大会议强调要充分发挥家庭在国家发展及社会和谐中的基点作用，为进一步加强家庭家教家风建设指明了方向。本书与时俱进，深入贯彻党的二十大精神。

本书由十章内容组成。前两章为总论篇，主要阐述家庭教育学的性质、任务、作用及家庭教育立法背景下家庭教育的理念、原则和方法；第三章、第五章、第七章、第九章分别探讨了0～18岁儿童不同年龄段的身心发展规律；第四章、第六章、第八章、第十章为实践指导篇，对不同年龄段家庭教育中常见的问题进行了案例剖析，梳理问题背后的本质原因，同时给予专业的实践指导建议。

本书由主编和副主编确定编写的指导思想，设计结构框架，并主持书稿的修改和统稿工作。哈佛大学教育学院的许路怡，北京师范大学教育学部的张凯璐，河北大学教育学院的刘艳玲、刘慧杰、陶然乐、张子怡、张子瑛、李茜、梁莹、石常秀、刘志慧、张立星等参与了本书的编写工作。保定市关心下一代工作委员会主任张东利、保定市进修学校校长杨晋生、河北保定师范附属学校党委书记孙宁、保定市教育委员会赵亚楠、保定市妇幼保健院顾芳、杨金兰、杨丽红、曹会茜、王欲琦，保定市十七中校长李梅、保定市前卫路小学校长王红杰，曲阳县永宁幼儿园园长石静霞、高阳县宏润幼儿园园长王丽娟、保定开放大学教师雷田蕊、中央司法警官学院教师赵婧宇等给了大量宝贵的建议，此外，本书还得到了保定市家庭教育专家委员会的支持。本书可作为高等院校教育学类各专业的教学用书，由于内容理论通俗易懂、案例贴近生活、方法符合实际，也适合作为师范学院函授生、中专、中小学教师的进修教材。同时，也可为广大家长和一线老师提供学习参考。此书为河北省社会科学基金项目（HB21JY041）"家庭教育立法背景下家庭教育质量提升策略研究"成果。

由于编者学识疏浅，本书应存在不少欠缺之处，请读者和同行批评指正。

编者

2022年11月

目 录

001 第一章
家庭教育概述
- 002 第一节 家庭教育的性质和作用
- 006 第二节 我国家庭教育思想资源
- 011 第三节 西方家庭教育思想资源

019 第二章
家庭教育立法背景下家庭教育的理念、原则与方法
- 020 第一节 家庭教育的理念
- 024 第二节 家庭教育的原则
- 029 第三节 家庭教育的方法

038 第三章
0～2岁婴幼儿身心发展特点
- 039 第一节 0～2岁婴幼儿脑和神经系统的发展
- 042 第二节 0～2岁婴幼儿感知觉的发展
- 046 第三节 0～2岁婴幼儿心理的发展

053 第四章
0～2岁婴幼儿家庭教育常见问题指导
- 054 第一节 产后抑郁问题
- 058 第二节 婴幼儿的身体免疫力问题
- 061 第三节 培养婴幼儿的语言能力
- 067 第四节 培养婴幼儿的社会交往能力
- 071 第五节 培养婴幼儿的创造力
- 074 第六节 培养婴幼儿的安全感

▶ 微视频

宝宝对镜子中的自己的反应/050

利用玩具引导宝宝学爬行/060

宝宝学攀爬小楼梯/071
婴儿探索磁力小鱼/072

079 第五章
3～6岁幼儿身心发展特点

- 080　第一节　3～6岁幼儿脑和神经系统的发展
- 083　第二节　3～6岁幼儿感知觉的发展
- 086　第三节　3～6岁幼儿心理的发展

091 第六章
3～6岁幼儿家庭教育常见问题指导

- 092　第一节　如何进行科学的表扬
- 095　第二节　培养幼儿的阅读习惯
- 097　第三节　培养幼儿的生活自理能力
- 102　第四节　引导幼儿的分享行为
- 107　第五节　正确处理幼儿的攻击性行为
- 113　第六节　正确处理老大和二胎的矛盾
- 119　第七节　培养幼儿的自信心
- 123　第八节　培养幼儿的社会交往能力

▶ 微视频

宝贝帮妈妈择菜、洗菜/100

宝贝给家人做奶茶/106

鼓励宝贝过吊桥/122

129 第七章
7～12岁儿童身心发展特点

- 130　第一节　7～12岁儿童脑和神经系统的发展
- 131　第二节　7～12岁儿童身体的发育
- 135　第三节　7～12岁儿童心理的发展

儿童走平衡木显现出的身体协调能力/134

141　第八章
7～12岁儿童家庭教育常见问题指导

- 142　第一节　建立亲密的亲子关系
- 144　第二节　写作业拖拉问题
- 148　第三节　沉迷网络游戏问题
- 151　第四节　尊敬父母与长辈
- 154　第五节　专注力的培养

158　第九章
13～18岁青少年身心发展特点

- 159　第一节　13～18岁青少年脑和神经系统的发展
- 161　第二节　13～18岁青少年身体的发育
- 163　第三节　13～18岁青少年心理的发展

167　第十章
13～18岁青少年家庭教育常见问题指导

- 168　第一节　培养目标意识
- 171　第二节　正确对待叛逆心理
- 175　第三节　培养心理抗逆力
- 177　第四节　正确对待攀比心理
- 183　第五节　异性交往或早恋问题
- 187　第六节　校园欺凌问题
- 189　第七节　考试焦虑问题

193　参考文献

微视频

跟姥姥学习包粽子/153

妈妈陪孩子一起学习/156

如何培养儿童的成就动机/169

对孩子的练字进步给予鼓励/176

第一章 家庭教育概述

学习目标

① 理解家庭教育的概念、性质和作用；

② 了解我国和西方的家庭教育思想。

家庭作为社会的基本细胞，在整个社会网络中起着不可磨灭的作用。家庭作为孩子出生后接触的第一个社会环境，熏陶与启迪着孩子的个性特征、交往方式与兴趣爱好，是孩子认识世界的源头，也是孩子参与到社会生活的中介桥梁。苏霍姆林斯基曾说，"社会教育是从家庭开始的"，即家庭教育是学校教育和社会教育的基础和延伸，与学校教育、社会教育相互影响、相互作用，从而构成国家的整个教育体系。

家庭教育有广义和狭义之分，广义的家庭教育是指家庭成员之间相互沟通、相互活动所产生的教育影响。其中既包括家长（年长者）对子女的影响，也包括子女对家长（年长者）的影响，甚至包括家长之间的相互影响。狭义的家庭教育是指家长对子女进行的培养、教育与影响。在这个定义中，"家长"主要突出父母，强调了父母作为孩子的监护人和责任人的作用。其次，定义中的"影响"既包括积极影响也包括消极影响，还包括家庭环境、家风等潜移默化的影响。再者，定义中的"子女"主要指家庭的下一代。本书主要集中于狭义的家庭教育，即父母对孩子的教育和影响。

第一节　家庭教育的性质和作用

党的二十大报告强调：要健全学校家庭社会协同育人机制，加强家庭家教家风建设。家庭教育步入了新的历史阶段，家庭教育和"家校社"合作已经成为国家教育战略的一部分。因此，形成高质量的家庭教育体系是新时代建设高质量教育体系不可或缺的内容之一。了解家庭教育的性质及其作用，能够更好地了解家庭教育的本质，从而引导全社会注重家风的建设和家庭教育的实施，促进家庭的幸福和社会的和谐。

一、家庭教育的性质

家庭教育之所以有别于学校教育和社会教育，且对儿童有着深刻长久的影响，是因为其具有独特性。透过教育的基本要素：教育者、受教育者和教育中介，我们可以了解家庭教育的本质。

（一）家庭教育是一种私人教育

家庭教育作为父母与子女之间、家庭中的年长者与年幼者之间进行的一种教育，主要是为了满足教育者个人的愿望和利益，教育目的、教育内容、教育方式和手段取决于教育者个人的意志。由此可见，家庭教育是一种私人的教育。然而，这并不意味着家庭教育独立于社会之外。家庭作为社会的缩影，社会政治、经济和文化的变革将会影响家庭生活的方方面面，从而影响家庭教育的实施，透过家庭教育，可以看到当前的社会生活以及时代的需要。家庭教育是私人教育，主要表明社会和他人不能对家庭教育进行直接的行政性的干预，只能通过多种渠道对家庭教育施加影响，使其适应社会发展的需要。

（二）家庭教育是一种启蒙教育

在现代汉语中，启，意味着开导、教导；蒙，意味着蒙昧。启蒙是指向初学的人传授基本的知识。在初生阶段，儿童是具有可塑性的，能够主动吸收外界的知识。此时家庭作为儿童出生后活动和交往的直接环境，家长、成人会影响儿童，给予儿童所需要的一切知识。在儿童的成长过程中，家长会不断地传授其做人的基本技能和社会规则，引领儿童认识世界，给儿童呈现榜样的作用，影响儿童性格的塑造。通过家庭教育，使儿童由自然人逐步向社会人转化，也为儿童的终身发展奠定了不可动摇的基础。

（三）家庭教育是一种情感的感染性教育

情感是指人们在同周围环境的接触交往过程中所引起的喜、怒、哀、乐等内心态度。感染性作为情感的重要特点之一，是指人的情感在教育中的作用，即感化作用。家庭教育是在家庭这一组织中发生的，主要体现着父母与孩子之间的情感交流。在社会生活中，家庭是人与人之间最亲密的社会性团体，父母与子女之间的关系更加如此，有着天然不可分割的纽带性质，拥有着十分亲密的情感上的联系。人与人之间的感情越亲密，相互之间情感的感染性越强，感化作用越大，从而产生"以情动情"的效果；反之，则会"无动于衷"。比如，当孩子参加课外活动时，家长从内心感到活动对孩子有益处，就会不断鼓励孩子，全力支持，那么，孩子在活动中的积极性也会提高，更有热情和信心投入到活动中去；相反，如果家长认为孩子参加课外活动是浪费时间，由此表现出不满、极力阻拦或是无所谓的态度，孩子的情绪就会受到影响，最终导致孩子不愿意参加活动。因此，不能低估家长情感对孩子的感染作用，家长要树立正确的思想、健康的情感，与子女保持密切的情感关系。

（四）家庭教育是一种非正规的教育

正规教育是指由教育部门认可的教育机构（学校）所提供的有目的、有组织、有计划、由专门人员承担的、以影响入学者的身心发展为直接目标的全面系统的训练和培养活动，有一定的入学条件和规定的毕业标准，通常在教室（课堂）环境中进行，使用规定的教学大纲、教材。然而，在家庭教育中，教育往往融入生活的方方面面，只要家长和孩子共同处在同一空间，这一空间都可以是家庭教育的环境，不存在教育部门的认可；其次，家庭教育没有明确的目的、组织和计划，不具有系统性，往往随机而教；此外，作为家庭教育主体的家长一般不是专门人员，没有受过专业的训练，孩子从诞生起便自动成为教育者，是自然赋予的；再者，家庭教育往往没有入学条件和毕业标准以及规定的教育内容，人天生作为子女存在于家庭中，接受家庭教育。家庭教育内容是家长自主选择的，受到家长的经历、性格、思想和职业等影响。因此，家庭教育具有非正规性。

（五）家庭教育是终身教育

家庭是人生存过程中最为持久的生活环境。从生命诞生以来，就接受家庭教育（胎教）直到生命结束，贯穿于人的一生。不同于具有阶段性的学校教育和社会教育，家庭教育具有终身性，即进入到学校教育或社会教育之后，家庭教育仍发挥其作用，只是在不同阶段侧重点有所不同。在未成年阶段，家庭教育主要培养儿童正确的世界观、人生观、社会公德、个人品德；帮助儿童掌握生活技能、社会规则，保障未成年人身心得到健康的发展。在成年人阶段，家庭教育在成年人的职业选择、恋爱、婚姻和社会关系的处理以及养育子女方面都起到潜移默化的作用。在我国，家风、家训在父母去世后，其精神影响仍会流传至今，如《颜氏家训》中强调家庭成员的道德建设、读书学习以及家庭环境的建设等至今仍有现实意义。

（六）家庭教育是一种针对性的教育

针对性是指教育工作能从实际出发，有的放矢，而不是脱离实际，凭空说教。教育工作具有针对性的前提在于了解教育对象。孩子从一生下来便和父母相处，在父母的抚养下长大成人，由于父母和孩子具有血缘关系以及根本利益一致的关系，这就使父母会时刻注意孩子的言行举止，关注孩子的发展变化。而在家庭中，孩子是最放松的，会把自己最真实的一面展现给自己的家人，既包括缺点，也包括优点。因此父母比任何人更能了解自己孩子的性格特点以及思想面貌。这就使针对性教育拥有很好的前提条件，对孩子表现出来的问题"对症下药"；对未出现的问题做到防患于未然，采取有效的预防措施遏制问题发展的苗头。这就要求家长要有高度的责任心，关心子女，主动了解子女，对孩子的行为举止做出恰当的回应。

二、家庭教育的作用

家庭作为基本的社会单位之一，承担着重要的教育任务，尤其是培养青少年健全的人格方面，学校教育是无法取代家庭教育的。了解家庭教育的作用，能够提高家长的教育意识，引领社会各个方面重视家庭教育，从而为家庭教育提供支持，最终更好地促进新一代青少年健康成长。

（一）家庭教育对个人发展的作用

家庭教育始于胎儿期，作为"人之初"的教育，在人的终身教育中起着奠基作用。家庭作为人生的第一个课堂，父母作为孩子的第一任老师，有什么样的家庭教育就会有什么样的孩子。在家庭的潜移默化的影响中，年幼者会以家长的言行作为认同对象，通过同化的作用，逐步形成自己的人格特征和行为习惯。

1. 家庭教育对个体心理发展的作用

家庭作为儿童的启蒙地，家长作为儿童的启蒙老师，家庭教育对儿童早期的认知发展起着重要的作用，承担着个体认知发展的重要责任。影响个体认知发展的家庭因素有：家庭结构（即家庭成员的组成）、父母的教养方式、父母的素质（父母受教育程度及社会地位等综合素质）等。

（1）家庭结构

家庭结构主要包括核心家庭、主干家庭、联合家庭、单亲家庭等。在成员较多的家庭中，往往能给予儿童丰富的刺激环境，从而促进个体感知、思维和智力的发展。而单亲家庭往往缺失父亲或母亲，所提供的刺激环境较少，可能会忽视儿童的需求。

（2）父母的教养方式

美国心理学家鲍姆林德将父母的教养方式分为四类，不同的教养方式对儿童的发展具有不同的影响：专制型教育方式的家庭教育往往会压制孩子的创造性和独立性；忽视型教育方式的家庭教育往往会造成孩子的社交能力不强，自我控制和独立能力较差；权威型教育方式的家庭培养出来的孩子会比较快乐，有良好的自控能力、独立能力以及较高的成就感；溺爱型教育方式的家庭教育往往会造成孩子霸道、固执、以自我为中心，社交能力较差。

（3）父母的素质

父母的素质对于个体认知心理的发展也有着重要的影响。父母作为子女在生活中最频繁接触的人，其思想品德和各方面的素质对儿童会产生潜移默化的影响。相关研究表明：儿童信念、情绪及语言能力的个体差异与父母的职业阶层和母亲的受教育程度密切关联。抚养人学历较高的儿童心理理论成绩显著好于那些抚养人文化水平较低的儿童。并且生活背景优越的儿童接触到的事物和观点也更为丰富，他们的视野更为开阔，更有助于儿童心理理论的发展。

2. 家庭教育对个体身体健康的作用

身体是人的一切活动的物质基础，而身体健康是一个人生存、发展与享受的基石。《家庭教育促进法》中提到，家长应保证未成年人营养均衡、科学运动、睡眠充足、身心愉悦，引导其养成良好的生活习惯和行为习惯，促进其身心健康发展。在个体的早期阶段及儿童时期，还不具备照顾自己的能力，此时家庭为儿童提供着生存资料包括食物、住所，从而帮助儿童身体成长。儿童的情绪也与儿童的身体状况有关。家长作为与儿童接触最长的人，往往会细心关注子女的身体情况，当儿童出现身体状况不好时，家长会采取一系列措施帮助他恢复身体健康，从而儿童能够得到健康的生长。当儿童拥有健康的身体时，他们自然而然就会变得有朝气、更积极，更愿意与人交往。

（二）家庭教育对社会发展的作用

人是整个和谐社会系统中的主体和核心，人自身的健康、自由和解放是社会和谐发展的前提和基础。人自身的和谐若想顺利实现，必须以健全的人格和正确的人生观、价值观做保障，家庭在人格建立和性格的形成中的作用是毋庸置疑。个体作为社会人，其发展最终表现为社会发展的一部分。鲁迅先生曾深刻地指出：看十来岁的孩子，便可以预料二十年后中国的情形；看二十多岁的青年，——他们大抵有了孩子，尊为爹爹了，——便可以推测他儿子孙子，晓得五十年后七十年后中国的情形。即一代人的教育会影响一代人甚至整个国家的发展。

1. 家庭教育是培养现代化人才的基础

当今世界，国际竞争日趋激烈，而人才是竞争的焦点。21世纪哪个国家拥有人才优势，那么其将占据竞争的制高点。党的二十大报告提出人才强国战略，强调人才是全面建设社会主义现代化国家的基础性、战略性支撑之一，将人才工作提到新的战略高度，对全面建设社会主义现代化国家、实现中华民族伟大复兴的中国梦具有重大的现实意义和深远的历史意义。家庭作为人的素质、道德和才干形成的原始场所，对人的各个方面都具有重要的影响。受到良好家庭教育的人有着积极的社会态度、较好的社会适应能力，将对社会的发展起着积极的作用。美国的一项著名研究说明了这一点：斯坦福大学教授特尔曼对1528名天才儿童进行40年的追踪研究，发现这些天才中90%的人进入大学读书，其中30%为优秀毕业生，获得了好职位。在从事专业工作后，大多数人都有出色成就。研究表明，这些天才成长的重要因素是良好的家庭教育和家庭文化背景；成就较大者中，50%的家长有大学文化背景，家中有良好的学习环境，受过良好的家庭教育。因此，要重视家庭对人才的培养以及对社会和谐的基础作用。

2. 家庭教育是提高民族素质的基本手段

当前，加强家庭家教家风建设已成为国家提倡的重要内容，充分体现了党和国家对家庭工作的高度重视，凸显了加强家庭家教家风建设对于全面建设社会主义现代化国家、增强实现中华民族伟大复兴的精神力量、巩固全党全国人民团结奋斗的共同思想的重要作用，为进一步加强家庭家教家风建设指明了前进的方向。社会和谐的重要因素之一就是民族素质。整个民族素质的提高则需要每个社会成员素质的提高。在个体素质提高方面，家庭教育具有学校教育和社会教育没有的优势。家庭教育是重要的传统文化的传承渠道，通过口耳相传、生活方式将文化传承下来。中国家庭教育的特色之一就是传统的人格教育和生活教育，这也从另一方面塑造着中国的文明社会和传统文化。此外，良好的社会风气也是提高民族素质的重要因素之一，而家风是社会风气的细胞，千千万万个家庭拥有好的家风，子女有好的教育，那么社会风气才会有好的基础。在家庭教育的过程中，年轻一代会从父母长辈那里传承下来做人处事的品德要求，这些要求沉淀了优秀的民风民俗，是中华民族优秀传统文化的生动写照。这些要求内化为人们的价值观，外化为人们的自觉行动，从而影响着整个社会的风气，影响着整体民族素质的提升。

第二节　我国家庭教育思想资源

我国的家庭教育历史源远流长，在历史长河中涌现出许多优秀的家庭教育思想。从《周易》最先开始探讨家庭问题，到先秦的礼法，汉代的家法，六朝以后出现了家训家规以及近代家庭教育的论述都属于家教的范围之内。回顾我国传统的家庭教育思想不难发现，"家国同构"的政治模式、《大学》中"修身、齐家、治国、平天下"的教育逻辑对我国家庭教育产生深刻的影响。

一、我国家庭教育思想的历史演进

（一）原始社会的家庭教育

中国的原始社会始于大约170万年前的元谋人，止于公元前21世纪夏王朝的建立。在原始社会时期，以群婚形式为主，所有儿童都属于公社所有，实行共养共育，这种教育形式属于社会教育，真正的家庭教育并未形成。随着生产力的提高，父系氏族公社逐步代替母系氏族公社，一夫一妻制的现代家庭形态开始形成。此时由于夫妻关系相对稳定，新一代主要由家庭单独抚养，家庭教育开始萌芽。

在原始社会时期，每个儿童都享有受教育的权利，教育是原始公社成员共同的责任，教育内容往往与社会生产和日常生活紧密相关。家庭教育通常由年长者在生产劳动过程中进行，主要教授生存技巧和经验以及社会习惯习俗等教育。在原始社会时期，"大家庭式"的家庭教育对于知识的传递、社会的发展和进步起着重要的推动作用。

（二）奴隶社会的家庭教育

随着生产力的发展，私有制的出现代替了原有的公有制，阶级不断分化，国家作为阶级统治的工具开始出现，此时原始社会开始解体，社会开始向奴隶制过渡。我国的奴隶社会从夏代开始，经历了夏、商、西周和春秋四个时期。

阶级的分化带来了教育的分化。在奴隶社会，奴隶主具有统治地位，占有社会物质的生产资料，垄断了以传递文化知识为主要内容的学校教育。被统治阶级只能接受生产劳动教育和社会教化。所以奴隶社会的家庭教育更多服务于奴隶主阶级的统治。

奴隶社会形成了学校制度，但是学校制度并不发达，仅限于奴隶主阶级，具有"学在官府、政教合一、官师不分"的特点。在进入学校教育之前，奴隶主子女需要在家庭中接受家庭教育。母亲作为家庭教育的主要教育者，对子女进行基本的生活技能和习惯的培养。受男尊女卑思想的影响，男女的家庭教育内容有所区别。男性主要学习外事，维护统治阶级的相关知识；女性主要学习如何治理内事，接受女德教育。除了母亲扮演主要的教育角色，家庭中还会设有"保、傅"进行科学文化知识的教育。

奴隶社会的家庭教育等级森严，只有统治阶级的子女有权利接受家庭教育，被统治阶级的子女没有权利享受家庭教育。此外，家庭教育的方式单一，内容落后。家庭教育主要通过言传身教，教育内容主要为维护统治阶级的统治服务。尽管存在很多不足，但也有很多值得学习借鉴的地方，如重视胎教、家庭环境的作用以及注重家长的言传身教的影响。

（三）封建社会的家庭教育

我国封建社会从秦朝开始至清朝结束。封建社会主要表现为自给自足的小农经济，封建等级制度森严，以儒家思想为核心，三纲五常为伦理道德规范。受儒家思想的影响，封建社会家庭教育内容主要围绕以下几个方面进行：以"孝悌"为中心的伦理道德教育；以农业生产为主的生产生活技能教育；以自立、勤俭为中心的日常生活习惯教育；以"中庸之道"为标准的处事方式教育。在封建社会涌现出一大批著名的家庭教育思想，如诸葛亮的《诫子书》、颜之推的《颜氏家训》、司马光的《家范》、曾国藩的家庭教育思想等对如今有着深远的意义。

封建社会的家庭教育也有其局限性，如"家长制"，子女无条件服从家长、对自然科学教育的忽视、男尊女卑思想导致男女受教育权利的不公平等。因此，应取其精华，去其糟粕，传承弘扬优秀的家庭教育传统思想。

（四）近代社会的家庭教育

我国的近代社会主要指从鸦片战争到新中国成立这一时期。鸦片战争结束后，我国沦为半殖民地半封建社会，中国开始丧失独立地位。一些仁人志士开始学习西方先进思想，进行艰苦的探索。洋务运动、戊戌变法、新文化运动、五四运动等使我国传统思想和教育体系受到冲击，家庭教育在浪潮中开始变革。这一时期我国家庭教育存在新旧杂糅、中西并存的特点。不少学者开始运用现代教育学、心理学、社会学、伦理学和哲学等学科尝试建立家庭教育科学理论体系，出现了一大批家庭教育著作，如朱庆澜先生的《家庭教育》、鲁迅先生的

《二十四孝图》《上海的儿童》、陈鹤琴先生的《家庭教育——怎样教小孩》等。尽管我国不断吸收西方思想，但从未放弃我国传统的道德教育。近代家庭教育对道德教育不断重视、强调爱国精神和为救国而奋斗的思想，把古代爱国主义精神发展到一个新的水平，使家庭教育在近代反帝反封建斗争中发挥着重要作用。

二、孟母的家庭教育思想

孟子，出生于战国时期，父亲早逝，其母仉氏教子成人。留下"孟母三迁"和"断机教子"等佳话。其家庭教育思想值得借鉴。

（一）重视胎教

孟母训子，始于胎教。自怀孕初始，仉氏就非常注重自己的一言一行对胎儿的影响。仉氏曾说："吾怀妊是子，席不正不坐，割不正不食，胎教之也。"她怀孟轲时，席子摆得不正她则不坐下去，食物切得不方则不吃，为的是在胎儿时就要教育孩子行为端正。美国曾对200名受过胎教的4~7岁儿童进行调查，结果显示接受过胎教的儿童要比没接受过胎教的儿童智商高出20%~45%。在胎儿时期对儿童进行科学的视觉、听觉、触觉等方面的刺激，能对儿童的适应能力、说话能力、视听觉，以及记忆能力产生重要的作用。

（二）注意环境对子女的影响

孟母三迁的故事充分说明仉氏认识到了环境对子女的影响。孟子家早期住在墓地旁边，孟子经常会看到人们哭丧、送殡鼓吹、埋棺堆土，便开始模仿。孟母觉得"此非吾所以居处子也"便搬到了市场附近居住，孟子受其影响，"其嬉戏为贾人炫买之事"，模仿杀猪、吆喝买卖。孟母感到这里也不利于儿子的成长，便移居"学宫之傍"，学宫中书声琅琅，礼仪隆重，孟子耳濡目染，模仿祭祀礼节，仉氏才满意。这充分说明了环境对子女的影响。

（三）以诚示子

韩诗外传曾记录到：孟子少年时，有一次东家邻居杀猪，孟子问他的母亲说："东家为什么杀猪？"孟母说："要给你吃肉。"孟母后来后悔了，说："现在他刚刚懂事，而我却欺骗他，这是在教他不讲信用啊。"于是买了东家的猪肉给孟子吃，以证明她没有欺骗他。这个故事说明了仉氏以身作则、言出必行，为孟子树立良好的榜样。

（四）教育子女做事要有恒心

"断机教子"的故事说明了仉氏"做事要有恒心，坚定自己的目标，不断前行"的教育态度。孟子逃学回家后，仉氏拿起一把剪刀将织成的一段锦绢剪成两段。孟子害怕，问母亲为何如此。孟母说："子之废学，若吾断斯织也。夫君子学以立名，问则广知，是以居则安宁，动则远害。今而废之，是不免于厮役，而无以离于祸患也。何以异于织绩而食，中道废而不为，宁能衣其夫子，而长不乏粮食哉！"自此后，每当孟子玩心过重时便会想起母亲的话，自觉加以收敛，学业也得到长进。

（五）注重家庭礼仪教育

孟子长大成人后，孟母为他择女成婚。一天，孟子到卧室去，见妻子裸露着上身在里面，"孟子不悦，遂去不入。"其妻见状，向孟母诉说道："妾闻夫妇之道，私室不与焉。今者妾窃堕在室，而夫子（按：孟轲）见妾，勃然不悦，是客妾也。妇人之义，盖不客宿，请归父母。"（意思是：刚才我躺在卧室里，他看见后很不痛快，这是将我作为客人来对待。按照对妇人的道义要求，我是不能作为客人住宿在这里的，请您让我回到娘家去）。孟母熟悉家礼，知道这是儿子失礼，就把孟轲叫来，教诫他说："夫礼，将入门，问孰存，所以致敬也；将上堂，声必扬，所以戒人也；将入户，视必下，恐见人过也。今子不察于礼，而责礼于人，不亦远乎？"（意思是：按照家礼的要求，推开卧室门时，眼睛要向下看，以防看到别人隐私。你自己不懂礼，却以礼责人，这不是离礼太远了吗？）。孟母并不偏袒一方，对儿子、儿媳一视同仁，公正不偏，一切以"礼"为准则。孟轲认识到自己失礼，便向妻子道歉，留住了她。

三、颜之推的家庭教育思想

颜之推，字介，梁朝人，从士族地主的立场出发，根据自己的经历，写出了《颜氏家训》。《颜氏家训》是我国封建社会第一部系统完整的家庭教科书，主要用于训诫子孙，对我国当前的家庭教育的发展具有深刻的借鉴意义。

（一）重视儿童早期教育

《颜氏家训》在序言中写道：做此书的目的在于用自己以往的经历来说明从小接受教育的重要性，以及给予后辈后车之戒，警醒后代，使他们成为更好的人。颜之推在年少时父母早逝，由兄弟抚养长大，受所接触的人以及环境的影响使他养成了一些坏毛病。成年以后才知道应该磨炼自己的意志，但是为时已晚，难以根治了。因此，以自己的经历证明早期教育的重要性。此外，他也引用了圣王胎教的方法："怀子三月，出居别宫。目不邪视，耳不妄听。音声滋味，以礼节之。书之玉版，藏诸金匮。生子咳提，师保固明，肖仁礼义，导习之矣。"只有年幼时养成良好的生活习惯才能为以后的生活打下坚固的基础。儿童年少时可塑性较大，思想纯净，能够专注学习，因此要及早进行教育，越早越好。

（二）严格且一视同仁

颜之推极其注重严格地教育子女。他提出，身为父母应"威严而有慈"，不能"无教而有爱"。一味溺爱孩子最终会毁了孩子，只有"父母威严而有慈，则子女畏惧而生孝矣"。父母要严慈并济才能在孩子心中树立威严的形象，子女才能畏惧而小心。此外，颜之推也强调教育子女要一视同仁。"人之爱子，罕亦能均；自古及今，此弊多矣。"世人都很疼爱自己的孩子，但是很少能一视同仁，这会造成许多弊端。"有偏宠者，虽欲以厚之，更所以祸之。"获得偏爱的孩子表面上是获得了好处，实际上却是坑害了他。因此，作为父母应该"贤俊者自可赏爱，顽鲁者亦当矜怜"，贤能俊秀的孩子值得赏识和喜爱，顽劣的孩子也应得到同情和怜惜，对待孩子要一视同仁。

（三）以"孝悌"为中心的立德立志教育

颜之推还十分注重"孝悌、仁义"为中心的道德规范教育，家庭承担着人伦道德教育的任务。家庭德育包括道德教育和立志教育两个方面。他认为对儿童进行道德教育应该以"风化"的方式进行，这是一种通过长辈道德行为的示范，使儿童受到潜移默化的影响，从而形成所要求的德行的教育过程。立志的教育，即为生活理想的教育，它一向为儒家所注重，颜之推针对当时的现象，要求士族应教育其后代以尧舜的政治思想为志向，继承世代的家业，注重气节的培养，不以依附权贵、屈节求官为生活目标。

（四）提倡正面教育、鼓励教育，反对空洞说教

在家庭教育方法上，颜之推提倡正面教育，鼓励教育。"赐以优言，问所好尚，励短引长，莫不恳笃"。父母应时常鼓励子女，询问其爱好，激发孩子的优点，督促改正缺点，此时父母的态度应该诚恳。这样能够很好地避免孩子逆反心理的出现。此外，颜之推反对空洞无意义的说教，认为家庭教育应该利用家庭中存在的特殊的亲密关系进行教导，以身示范。"夫同言而信，信其所亲；同名而行，行其所服"所说的就是这个道理。

四、陈鹤琴的家庭教育思想

陈鹤琴先生于1925年出版的《家庭教育》一书，以陈鹤琴子女为研究对象，主要以他的儿子陈一鸣为主，通过"研究和观察"经验，体现了先生独具特色的家庭教育思想。书中首先阐述了儿童的心理与学习的性质和原则，作为实施家庭教育的基础。其次阐述了家庭教育的教导方法，最后对卫生教育、情绪教育、群育以及智育等方面做出了详细的阐述。

（一）注重家庭教育的科学依据

在《家庭教育》一书中，陈鹤琴先生提出儿童的心理一共有七个方面：小孩子是好游戏的、好模仿的、好奇的、喜欢成功的、喜欢野外生活的、喜欢合群的、喜欢称赞的。"家庭教育必须根据儿童的心理，始能行之得当。若不明儿童的心理而妄施以教育，那教育必定没有成效可言"。针对儿童的心理特点，陈鹤琴提出了教育原则。例如，针对小孩子喜欢称赞这一点，陈鹤琴提出"积极的鼓励比消极的刺激要好得多"。父母越奖励孩子，孩子越喜欢学习，越能积累更多的经验，学习能力便会得到提高，自信心将会不断增强。但是父母不能滥用鼓励，也不能不去刺激，要了解孩子与成人的不同，不能以成人的标准来评判儿童的好坏。

（二）提倡家庭教育的民主精神

由于早年的经历，陈鹤琴痛斥封建社会中儿童是父母的附属物、丧失独立性和自主性这一观点。他认为封建社会中父母命令式的口吻，限制儿童的言行举止，把儿童强迫变为"小大人"，完全无视儿童的人格存在。在强烈抨击专制教育的基础之上，陈鹤琴大力提倡民主化的家庭教育，这主要体现在他的教育原则之中，如"做父母的不可常常用命令的语气去指

挥他们的小孩子""做父母的不应当对孩子多说'不！不！'事属可行，就叫他行；事不可行，禁止他行""对待小孩子不要姑息也不要严厉""不要骤然命令小孩子停止游戏或停止工作"等都体现了陈鹤琴民主的家庭教育思想。

（三）重视家庭教育的人格培养

在陈鹤琴先生的"活教育"思想中不难发现，教育的目的就是培养"德""智""体"各个方面和谐发展的健全人格。在"体"方面，陈鹤琴认为，"强健的身体是小孩子幸福的根源，若身体不健全，小孩子固然终身受其累，而做父母的也要受无穷的痛苦"。为此他提出了25条培养儿童卫生习惯的原则，如"小孩子应该天天刷牙""小孩子吃东西之前须洗手，吃后须揩手"等。此外，除了对身体健康做出了相关的应遵守的原则的阐述，对儿童心理健康方面也做出了相关的阐述，如"家长应了解小孩子为什么怕，为什么哭"。在德育方面，陈鹤琴认为，健全的人格应该懂得做人的基本准则，具备无私奉献、服务人民的高尚品德。因此父母应及早施教，"好习惯、好思想要从小养成、从少灌输"。由此他提出要从近处入手，如"做父母的应当教训小孩子顾虑到别人的安宁""我们应教导小孩子对待长者有礼貌"等。此外，陈鹤琴也十分注重孩子智力的开发，为孩子创造机会，多接触大自然、大社会，积累经验，鼓励儿童进行游戏，增加儿童的好奇心，培养儿童的独立性和创造性。

当代中国社会溺爱子女的问题层出不穷，我国家庭教育资源中有关注重环境的影响、关注儿童心理特点、言传身教、严慈并济、注重儿童德智体的发展等教育理念对于解决当前家庭教育中存在的问题都有着深刻的借鉴意义。

第三节　西方家庭教育思想资源

由于历史传统、社会文化背景的不同，中西方在家庭教育发展方面存在着较大的差异，有着不同的特点。对比中西两方的家庭教育可以扩展我们对家庭教育的视野，提高我们对家庭教育的理解。

一、西方家庭教育思想的历史演进

（一）古代西方奴隶社会的家庭教育

随着生产能力的提高，人们对教育提出了新的要求。由于奴隶社会早期学校教育并不发达，家庭教育则成为早期西方家庭教育的主要形态。此时的家庭教育具有以下几个特点。

1. 阶级性

与我国相似，古代西方奴隶社会的家庭教育具有阶级性。即只有奴隶主阶级享受广泛的教育权利，学习的内容也较为广泛，主要包括社会科学文化知识和军事本领的学习，以维护本阶级的统治地位，相对于平民和奴隶阶层，家庭教育体系较为完善。而贫民和奴隶阶级，子女受到家庭教育的权利十分有限，几乎为零，主要的学习内容为生产技能，家庭教育受到极大的限制。

2. 国家和奴隶主阶级极其重视家庭教育

在奴隶社会，儿童被视为国家的财产，一切为了维护阶级统治而服务，因此很多国家对儿童早期的家庭教育十分重视。古希腊、古罗马，都将早期的家庭教育纳入国家统一学制中，其家庭教育受到来自国家的管理和监督。以古斯巴达的教育为例，对于儿童青少年的教育不仅是家庭的责任，国家也要负有一定的责任。由于尚武是斯巴达教育的特质，所以儿童从出生以来便受到国家长老的监督，健全的儿童由父母代国家养育，不健全的体弱的儿童弃于山谷或交与奴隶抚养。家庭教育内容主要以身体养护和锻炼为主，文化知识为辅。

3. 重视军事训练

阶级对立往往会引起反抗，为了镇压奴隶主的反抗，奴隶主就需要大量的军事力量。因此培养英勇善战的勇士便成为教育的重要目的之一，军事训练便成为家庭教育的主要内容。以古斯巴达为例，家庭中的母亲从小就要接受像男人一样的教育，如赛跑、掷铁饼和角力等，这对于在家庭中进行军事训练提供了帮助。由于极少数人统治着大量的奴隶和平民，暴动时有发生，军事教育的重要性不可忽视。

4. 推行父权家长制

进入父系社会后，男性的地位提高，父权家长制得到推崇。延伸到家庭教育中，父训便是法律，一切都要遵循父训，父亲具有至高无上的权利。在家庭教育中，父亲便承担着主要的教育任务，他们有权决定学习内容和学习方式，也掌握着子女的生死大权。以古罗马为例，7岁以前由母亲进行无差别的教育；7岁后，女孩由母亲进行教育，男童的教育则由父亲负责。古罗马的家庭教育以道德—公民教育为核心，男童从父亲那里受到敬畏神明、孝敬父母、忠爱邦国和遵守法律的教育，勤劳、节俭、朴实等农民品质的教育，以及作为农夫和军人的实际教育，如掌握农业技术，学会骑马、角力、游泳和使用各种武器。此外，还要记诵《十二铜表法》。文化教育占的比重很小，父亲是老师亦是长辈。

（二）古代西方封建社会的家庭教育特点

在封建社会中，学校教育已逐渐成熟，具有系统性，家庭教育成为学校教育的基础和补充。此时西方家庭教育主要有以下几个特点。

1. 阶级性

封建社会中存在着封建领主和平民两大对立阶级，使教育存在阶级性。封建领主的子女会接受系统的家庭教育，教育内容主要是先进的知识。平民阶级由于生活受到压迫，家庭教育主要以维持生计和基本的生产技能为主。

2. 世俗教育与宗教教育并存

西方封建社会宗教势力强大，因此教育带有宗教色彩。此时儿童既要在教会和家庭的指导下接受宗教教育，学习宗教知识，树立宗教信仰，也要进行世俗教育，即学习科学文化知识。

3. 推行骑士教育

骑士教育是中世纪西方家庭教育的一种特殊家庭教育形式，是以西欧封臣制为基础的世俗贵族教育。在7岁以前主要在家中由母亲进行养护，7岁以后送到封建领主家当侍童进行学习。学习的主要内容是"骑士七技",包括骑马、游泳、投枪、击剑、打猎、弈棋和吟诗等。这种骑士教育是一种典型的重武轻文的教育。

4. 人文主义教育

随着文艺复兴运动的兴起,家庭教育也受到人文主义思想的影响,教育的内容和方法得到了发展,此时家庭教育出现了新的特点:家庭教育的目标更加注重将人的身心发展和人格全面发展相结合;教育内容和方法则注重儿童的体育训练,和中世纪宗教教育形成了强烈的对比;注重道德教育,将道德教育和宗教教育区分开来,反对将宗教教育取代道德教育;崇尚古希腊、古罗马文化,将古希腊、古罗马的经典作品重新纳入到家庭教育中;开始重视儿童个性,将家庭教育和儿童个性发展结合起来。

(三)资本主义上升时期的家庭教育

1640~1688年英国进行了资本主义革命,自此资本主义制度建立起来,直到19世纪末,这是资本主义的上升阶段。在这一阶段资产阶级完成了资本积累,生产力得到不断提高,大机器工业充分显示出革命作用。此时资产阶级和无产阶级出现,成为矛盾激烈的两大对立阶级。在这一时期,家庭教育具有以下特点。

1. 不同阶级的家庭教育内容和方式差别较大

在这一时期,资产阶级主要指资本家、统治者、管理者,他们希望自己的子女能够成为具有统治、管理和研究能力的上层人才,因此资产阶级的子女不仅能接受学校教育,往往还有家庭教师。无产阶级往往指劳工大众。在资本主义的初期,资本家为了完成资本积累,对工人采取严酷的剥削,工作时间长、强度大、缺少必要的保护、工资低是当时无产阶级的生活现状。家长为生计奔波,在正常生活难以维持的情况下,家庭教育往往也难以进行。

2. 资产阶级重视家庭教育,家庭教育向科学化发展

随着生产力的提高以及科学技术的进步,资产阶级更加注重家庭教育,期望为孩子未来的发展打下良好的基础。家庭教育的方式和内容也开始走向科学化,逐步与学校教育相互衔接。

3. 资产阶级金钱至上的功利化家庭教育

资本主义上升期,由于资本的积累使得金钱变得极为重要,这进一步影响着人与人之间的关系。金钱至上这一思想使得人与人的关系变得功利化,最终导致家长不断逐利,家庭教育也逐渐走向功利化。

(四)现代资本主义社会中的家庭教育

随着科技革命和产业革命推动资本主义自身的调整和改革,资本主义步入了现代形态的资本主义。在这一时期,生产社会化不断提高,生产力的大幅进步使国家得到了相对的稳定和繁荣。各领域开始不断发展,国家更加注重对教育的投入和研究,此时家庭教育也受到影响,不断得到关注。

1. 注重教育的民主性,培养孩子的平等意识

在这一时期儿童观得到了深刻的改变,孩子不再是家长的附庸而是具有权利的个体。这使得平等不仅存在于成人与成人之间,更存在于成人和儿童之间。家长不再采取命令式的口吻,而是充分尊重儿童的意见,让儿童意识到自己与成人是平等的,同样拥有权利。此外,

家长给予儿童更多的机会，让儿童自己去选择，自己去游戏，自己去创造。

2. 注重培养劳动意识

现代资本主义社会，社会竞争不断加剧，人才成为社会竞争的核心因素。这就投射进家庭教育中，要求家长培养更具开拓精神和创造性的孩子。于是在儿童早期，父母就为儿童提供主动动手实践的环境，鼓励儿童进行劳动。在不同年龄阶段，父母鼓励孩子进入社会进行劳作，如去商场打工，从而让孩子接触更多的环境刺激，积累经验，提高孩子以后步入社会的竞争力。

3. 注重培养儿童的独立意识

为了能够让孩子适应社会的快速发展，家长尤其注重培养儿童"自己的事情自己做"的独立意识，让孩子能够自食其力，为自己的选择负责，承担责任，从而培养儿童的问题解决意识和吃苦耐劳、不怕困难的精神。

西方家庭教育的演变体现了儿童观的不断演变。当今我国家长应树立正确的儿童观，尊重孩子的独立地位、主动提供劳动实践机会、培养儿童独立性以及加强孩子的身体锻炼，不断促进孩子获得更好的发展。

二、卢梭的家庭教育思想

卢梭，法国著名启蒙思想家、教育家、哲学家和文学家。卢梭的著作《爱弥儿》使卢梭成为一流的教育理论家。在书中卢梭提出了"消极教育"的理论以及探讨了宗教教育。其在书中提出的"人生而为善，却被社会腐蚀"的观点影响了许多进步教育的实践者。他提出的家庭教育思想有以下几点。

（一）崇尚自然，关注孩子的天性

卢梭崇尚自然，主张"回归自然"，认为"凡出自造物主之手的东西都是好的，而一到人的手里，就全坏了"。所以教育应顺应儿童天性的发展，要研究、了解、尊重、关怀儿童。卢梭认为父母天生具有照顾孩子的责任。在"衣""食""住""行"的教育方面，卢梭提出了相关的观点。

在"衣"方面，卢梭指出，"人们把孩子的手足束缚起来，以致不能活动，感到十分拘束，这样只会阻碍血液和体液的流通，妨害孩子增长体力和成长，损伤他的体质"。所以要"适应儿童自然发育，必须要使他穿着宽松的服装、儿童的衣装应该朴素；儿童衣着不应过多，以养成适应天气变化的能力；不应给儿童裹头、戴帽和穿袜、穿鞋，这会帮助孩子正常发育，提高抵抗力"。

在"食"方面，卢梭主张："儿童对食物有自然选择的能力，应保持儿童自然的口味，提倡素食；儿童应该养成食用任何食物的适应能力；要对食欲进行控制；儿童应养成冷饮的习惯。"孩子生活的最佳环境是自然环境，要保持食物的自然口味，多吃蔬菜和水果，母亲不应拒绝孩子吃母乳的权利。

在"住"方面，卢梭提倡儿童应该有充足的睡眠，要对儿童的睡眠进行适时适当的训练，儿童的床褥不能过于温暖和舒适。家长要引导孩子养成日出而起、日落而息的睡眠习惯；睡觉的地方也是越自然越好，使孩子能够在任何环境中入睡。

在"行"方面，卢梭强调儿童身体锻炼的重要性。首先，家长不应采用娇生惯养的和安逸奢侈的养护方法，不应溺爱儿童。家长应该训练儿童忍受痛苦，忍受痛苦能够培养儿童的勇气；其次，儿童应该多参加体育活动。卢梭主张儿童应多参加跳跃、舞蹈、爬墙、登山、游泳、竞走和球类游戏等，增强儿童的体力。卢梭家庭教育的思想充分体现了要顺应孩子的自然天性，给予孩子真正的自由。

（二）要按照孩子的年龄阶段进行教育

卢梭在《爱弥儿》中按照儿童的生长特点和教育要求将儿童期划分为四个阶段：婴儿期、儿童期、少年期和青春期。每一个阶段具有不同的特点，家长应针对不同的特点进行教育。

1. 0~2岁：婴儿期

处在这一阶段的孩子思想在很大程度上是沉睡的，此时家长应重视儿童的身体保健和养护，关注儿童身体各个方面的原始需要。

2. 2~12岁：儿童期

处在这一阶段的孩子，感官和心智不断获得成熟，有探究外界的欲望以及具备基本的能力。因此，卢梭反对在此阶段儿童学习书本知识，提倡儿童应参加各种活动，积累对周围世界的感觉经验，通过触觉教育、视觉教育提高儿童的感知觉能力。所以家长应放手让儿童体验周围世界，通过观察、实践获得直接经验。

3. 12~15岁：少年期

处在这一阶段的孩子身体已经变得强壮，感官能力越来越成熟，具有强烈的探究欲与好奇心，所以少年期是孩子难得的学习知识的时期。此时家长应仔细挑选孩子要学习的知识，选择容易理解的知识，让孩子通过活动得到知识。

4. 15岁到成年：青春期

这一阶段充满了暴风雨和热情，因此这一阶段道德教育十分重要，家长应对孩子进行道德教育，培养儿童善良的习惯、正确的判断力和坚定的意志，最终达到博爱。此外，这一时期家长要注重对孩子的性教育，"顺从自然发展，不盲目抑制，也不妄加激动，而应该节欲"，家长应使青少年远离不正当的诱惑，为他们谨慎选择朋友、职业和娱乐，培养他们的感受力，鼓励青少年进行适宜的工作和运动，转移他们的注意力。此外，家长要注意性知识的灌输，回答问题应确定明白，不能带有欺骗和神秘晦暗色彩。

（三）提倡女子教育

卢梭认为，女子应当和男子一样接受适合天性的教育，"归于自然"的原则是兼适用于男女两性的。他认为男女两性在身体和性格上、智力上、自然和社会角色上存在不同，所以男女的任务也不尽相同。从女子的教育角度看，要以培养贤妻良母为目的。第一，女子应养成强健的体魄。这就要求家长要多让女孩子从事体力活动，让女孩子自由地去游戏、跳跃、跑步或喊叫。第二，女子应养成柔顺的品德。家长在教导女子时应使用慈和的方法，考虑孩子的发育、兴趣，由母亲把他们所了解的事物，支配她们练习去做。第三，女子应养成治家的能力。家长应注重实用技能的传授，在母亲的指导下进行家务的历练。第四，女子应养成优美的风格。这是指女子应有优美的风度、美好的容貌、高尚的智巧。家长应教育女子装饰品只能用来掩盖缺点，不能过分注重穿戴和涂抹脂粉，更应锻炼她们的品德和学习家事，帮助她们养成审美的能力。卢梭把妇女看成男子的附庸，男女地位的悬殊是合理的，这些观点是错误的，忽视了女子和男子有同样的智力，都能担任政治、经济等方方面面的艰巨任务，但卢梭所提倡的女子教育内容对当时淫侈风尚的矫正具有积极意义。

三、蒙台梭利的家庭教育思想

玛丽亚·蒙台梭利，20世纪享誉全球的意大利幼儿教育家，创造了蒙氏教育法，对各国学前教育产生了深刻的影响，其思想反映在家庭教育上主要表现在以下几个方面。

（一）有准备的环境

蒙台梭利提出儿童具有"潜在的生命力"，要想"潜在的生命力"得到发展，就需要成人为其提供"有准备的环境"。在家庭教育中，"有准备的环境"既包括家长要提供适应孩子发展的物质环境，也包括家长要准备好成为孩子发展的导师。

1. 有准备的物质环境

蒙氏教育环境中"家"中设备的主要特色为：一切以孩子为主。软件上，教具所包含的内容要符合孩子的发展阶段；硬件上，家中的设备应以孩子的尺寸为标准，安全、美观、整洁和有秩序。这些有准备的环境能够充分发挥孩子的生命力、给予孩子安全感、提供孩子自由活动的场所、让孩子适应环境以及帮助孩子形成秩序感。

在家具设置方面，家长应尽可能安置适合孩子尺寸的家具，如吃饭的桌、椅、碗、勺、衣柜、鞋柜等。这些能使孩子在生活中养成自己独立动手的习惯，适应孩子的活动。当孩子回家后自己就可以轻易地打开衣柜，将自己的衣服放好、挂好，而不是因打不开把衣服随处乱放。其次，家中最好给孩子安排一个"工作室"，"工作室"氛围应该是安静、不被打扰的。家长要提供符合孩子发展的教具，允许孩子自己选择想要的"工作"材料。家长可以先指导孩子使用教具，每天安排固定的时间让孩子"工作"，掌握好"工作"停止的时间。当孩子不想"工作"了，那就错过这一天，不要再学习，保持孩子对于学习的积极性。

2. 准备成为指导孩子发展的导师

首先，家长要尊重孩子的自由。蒙台梭利指出，在她的教育体系中"自由"是一个不可动摇的基础。自由也是孩子展现自己真实的个性、发展自己智能与精神非常重要的基础。然而，自由不是绝对的自由，家长要为孩子树立规矩、秩序。自由是在纪律中的自由，自由和纪律犹如硬币的两面，不可分割。因此，对待孩子的成长家长应冷静观望，尊重孩子，顺其自然，让孩子获得自由的成长。家长也要为儿童身心发展提供有规律和有秩序的环境，在环境中应有能够吸引孩子的生活设备和用具，通过引导孩子在自主独立中发挥自己能力，从而形成自己的规范，比如孩子在工作中家长不能打扰他。其次，家长要注重孩子心理发展的敏感期。蒙台梭利是最早将敏感期引入儿童发展过程中并在儿童教育中直接运用的人。她指出，"敏感期是儿童学习与收获的时期。敏感性是指儿童以一种迅速而热络的方式与外部世界建立联系。此时他们身上充满活力与热情，学习一切都显得轻而易举。敏感期是幼年期时特殊的敏感性，这一敏感性是暂时的，一旦某种特质被获得，它就会立刻消失。孩子的敏感期包括秩序敏感期、感官敏感期、语言敏感期、动作敏感期等，家长要充分观察孩子，抓住儿童的敏感期，进行有的放矢的教育，才能使孩子获得全面发展"。

（二）注重感官教育

感官训练是蒙台梭利教育法的核心内容。婴儿期是幼儿的感觉敏感期，这一时期让婴幼儿接受系统而完整的感知训练和感知教育，从而促进婴幼儿智力的发展。蒙台梭利指出：在我们的教育体系中，这些感觉练习都是借助于一些材料也就是感觉教具来实现的。我们将人的各种不同感觉与教具实物相结合，让孩子通过实物来发展感觉认识、提高感觉灵敏度。

感官教育可以分为视觉教育、触觉教育、听觉教育、味觉教育和嗅觉教育，每种教育蒙台梭利都创制了一系列教具，鼓励家长使用这些教具促进儿童感官的发展。

（1）视觉教育。儿童对通过视觉和听觉获得的信息印象最为深刻，因此在五种感官教育中，视觉教育最受重视，训练的时间也更长。视觉教育的顺序是：基本的大小辨别，颜色识别和形状辨别。视觉教育的教具主要有：圆柱体插座、粉红塔、色板以及四色圆柱体等。听觉教育上，教育的目的主要是使孩子能够辨别各种强弱的杂音。蒙氏在听觉上教具较少，家长要开动脑筋，为孩子选择适合发展的素材。可以通过肃静游戏使孩子进入到听觉教育中，再进行辨别声音的练习。

（2）触觉教育。在使用蒙氏教具中，需要一些特别的方法使教具的作用得到充分的发挥。比如用温水泡过双手之后再触摸教具，或是闭上眼睛或戴上眼罩。触觉的教具主要有：触摸板、温度桶以及重量板。

（3）味觉教育。家长要注意在让孩子识别味道之前进行漱口，消除口腔中的其他味道。可以采用味觉瓶（主要有酸、甜、苦、咸、辣等味道），也可以在日常进餐时进行味觉训练。

（4）嗅觉教育。嗅觉教育的主要目的是让孩子能够通过鼻子来辨别不同气味。家长可以使用教具嗅觉筒或日常生活中常吃的食物来进行教育。

（三）重视日常生活训练

"日常生活训练"主要指与日常生活相关的动作练习。日常生活训练主要包括：基本动作、照顾自己、照顾环境以及生活礼仪。

（1）基本动作包括：抓毛线球、开关抽屉、倒米粒、搬椅子运动、系鞋带、系蝴蝶结、穿珠练习、剪纸练习、缝纫练习、转瓶盖练习以及叠方巾。

（2）照顾自己主要包括：洗手、擦亮皮鞋、擤鼻涕、穿脱衣服、梳头、照镜子、穿脱鞋、刷牙、洗脸、吃饭、喝水。

（3）照顾环境包括：打扫地板、洗碗、擦洗桌子、擦亮银器、照顾动植物、清除灰尘、折叠桌布、拖地、准备餐桌。

（4）生活礼仪包括：表达谢意、打招呼、递交物品、打扰打断的礼仪、解决冲突、进食的良好态度、尊重他人以及环境、听从指令、和平教育以及感谢与道歉。

在对孩子进行教育时，要提供比较有探索性的工具，如材质不同的球等；也要给孩子提供充足的练习时间，设计活动给孩子练习的机会；与此同时，家长要耐心指导，指出孩子犯的错误，帮助孩子掌握动作的要领，最后将孩子习得的技能运用到生活实践中，不断加强技能的熟练程度；家长也可以向儿童介绍各种风俗习惯、文化，丰富儿童的社会知识，培养儿童积极的情感；此外家长要明确孩子为何说谎，正确对待孩子的错误，了解孩子脾气暴躁的原因等，帮助儿童建立完整的人格；家长也应该理解孩子所面临的障碍，主动与孩子进行沟通，这种障碍就会自动消除。当孩子所面临的障碍较为严重时，家长应寻求专业的心理咨询帮助孩子解决障碍。

本章小结

家庭教育有广义和狭义之分，广义的家庭教育是指家庭成员之间相互沟通、相互活动所产生的教育影响。其中既包括家长（年长者）对子女的影响，也包括子女对家长（年长者）的影响，甚至包括家长之间的相互影响。狭义的家庭教育是指家长对子女进行的培养、教育与影响。家庭教育是一种私人教育、是一种启蒙教育、是一种情感的感染性教育、是一种非正规的教育、是终身教育、是一种针对性的教育。家庭教育对个人发展和社会发展都有重要的作用，首先，家庭教育可以促进个体身体健康以及心理的发展；其次，家庭教育是培养现代化人才的基础，也是提高民族素质的基本手段。

我国优秀家庭教育资源主要包括孟母、颜之推、陈鹤琴等人。孟母的家庭教育思想主要有：重视胎教，环境对子女的成长具有重要的影响，家长要注意以诚示子，教育子女要有恒心，家庭礼仪教育也十分重要。颜之推的家庭教育思想主要有要重视儿童的早期教育，严格且一视同仁，家庭教育主要是以"孝悌"为中心的立德立志教育，提倡正面教育、鼓励教育，反对空洞说教。陈鹤琴的家庭教育思想主要有注重以科学依据进行家庭教育，家庭教育要具有民主精神，注重孩子人格的培养。

西方家庭教育资源主要有卢梭、蒙台梭利。卢梭提倡应崇尚自然，关注孩子的天性，要按照孩子的年龄阶段进行教育，提倡女子教育；蒙台梭利认为应该为孩子创设有准备的环境，家长应重视孩子的感官教育以及日常生活的训练。

思考与练习

1. 什么是家庭教育？
2. 家庭教育的作用和性质是什么？
3. 简要介绍一下中西方家庭教育中值得借鉴的优秀思想。

拓展阅读

1. 赵忠心. 家庭教育学［M］. 北京：人民教育出版社，2017.
2. 陈鹤琴. 家庭教育［M］. 上海：华东师范大学出版社，2013.
3. 卢梭. 爱弥尔［M］. 上海：尚武印书馆，1978.

第二章 家庭教育立法背景下家庭教育的理念、原则与方法

学习目标

① 认真阅读《家庭教育促进法》，了解《家庭教育促进法》的内涵和要求；

② 掌握家庭教育立法背景下我国家庭教育的理念、原则和方法。

习近平总书记曾指出，家庭是人生的第一所学校，家长是孩子的第一任老师，要给孩子讲好"人生第一课"，帮助扣好人生第一粒扣子。党的二十大指出，要充分发挥家庭在国家发展、民族进步、社会和谐中的基点作用，深刻诠释了家庭教育对孩子的成长以及国家发展的重要意义。2022年1月1日，《家庭教育促进法》正式实施，家庭教育从传统"家事"上升为重要"国事"，标志着家庭教育从此有法可依。法律明确规定了家庭的责任：未成年人的父母或者其他监护人负责实施家庭教育，国家和社会为家庭教育提供指导、支持和服务。

《家庭教育促进法》源于以下几个方面：首先，家庭教育在私有性质的基础上具有了一定的公共属性。家庭教育的影响不断扩大，不仅局限于家庭内部，更扩展到家庭外部。已有研究表明，家庭教育不当是引发青少年犯罪的重要因素；此外，随着现代社会的发展，家庭结构发生了重大的变化，由传统的扩展型家庭演变为核心家庭，此时核心家庭中的父母对外界需求增强，家庭教育不再具有封闭性，而是需要与外界产生必要的联系；其次，当前我国家庭教育存在着一些问题和矛盾，急需通过家庭立法进行规范、解决，如养而不教、教而不当、对未成年人实施家庭暴力等；此外，《家庭教育促进法》也承担着"双减"的重任，针对一些家长跟风抢跑、盲目攀比、过度焦虑，为学生安排过多过重的课业负担和课外培训等情况，《家庭教育促进法》明确要求合理安排未成年人学习、休息、娱乐和体育锻炼的时间，避免加重未成年人的学习负担，这为缓解教育焦虑、回归理性教育提供了法律依据。

本章以《家庭教育促进法》为背景，探究家庭教育的理念、原则和方法，对提升家庭教育质量、促进学生全面发展、构建良好教育生态具有关键作用。

第一节　家庭教育的理念

教育作为一项复杂的人类实践活动，需要科学的理念做指导。教育理念是人们对于教育现象（活动）的理性认识、理想追求及其所形成的教育思想观念和教育哲学观点，是教育主体在教育实践、思维活动及文化积淀和交流中所形成的教育价值取向与追求，是一种具有相对稳定性、延续性、指向性的教育认识和理想的观念体系。家庭教育理念作为教育理念的一部分，是指在家庭教育过程中人们所信奉的基本理念。随着《家庭教育促进法》的颁布，家庭教育受到全社会的高度关注，以《家庭教育促进法》为背景提炼家庭教育的基本理念对于指导家庭教育实践、处理好家庭同社会、学校之间的关系具有重要意义。

一、以家庭为基础

《家庭教育促进法》第十五条规定：未成年人的父母或者其他监护人及其他家庭成员应当注重家庭建设，培育积极健康的家庭文化，树立和传承优良家风，弘扬中华民族家庭美德，共同构建文明、和睦的家庭关系，为未成年人健康成长营造良好的家庭环境。

（一）家庭教育的保障：构建良好的家庭环境

家庭环境主要包括两个方面：家庭"软环境"，即家庭的人际关系、规则与价值判断等；家庭"硬环境"，即家庭结构、父母职业和教育水平、经济状况等。美国学者布朗芬·布伦纳提出了生态系统理论，其中提到家庭是儿童成长的微系统，主要体现为父母及其他家庭成员对待儿童的方式，以及孩子对家庭环境的反作用。有研究表明，不良的家庭环境特征，其子女的心理健康、人格发展都会出现问题。因此，改善家庭环境，使家庭的结构和功能优化，对于子女心理健康发展、良好个性的形成具有重要意义。和谐稳定的家庭环境是家庭教育的保障，也是孩子健康成长发展的重要保障。

（二）家庭教育的前提：加强家庭建设

家庭建设既包括硬件建设即家庭的物质文明建设，也包括软件建设即家庭的精神文明建设。在家庭的物质建设方面，家庭作为人们栖身的地方，是人们生存的必不可少的条件，包括衣食住行等方面。搞好家庭的硬件建设，使得家庭环境温馨、舒适，对于家庭教育十分重要。其次，在家庭的精神文明建设方面，主要涉及家庭生活方式、家庭文化、家风等方面的建设。积极健康的家庭文化可以帮助孩子有计划地主动吸收新知识，使孩子在家庭文化的依托之下得到充分的发展。此外，家风在家庭建设中具有重要地位，我国的"家文化"源远流长，家规、家训、家风等是"家文化"的核心内容，习近平总书记曾指出："家风好，就能家道兴盛、和顺美满；家风差，难免殃及子孙、贻害社会。"家风对孩子的道德、人格塑造具有重要作用。家风会伴随孩子的一生，是青少年健康成长的基础，也是性格形成、精神成长的重要源泉。有什么样的家风，就会有什么样的待人接物的方式，就会有什么样的处世态度，也会决定孩子以后的生活和工作方式。

二、家长作为责任主体

（一）家长是教育子女的法定主体

父母作为孩子的法定监护人，具有与生俱来的教育子女的责任。该思想在我国的一系列法律政策中均有体现。《中华人民共和国宪法》第四十九条规定："父母有抚养教育未成年子女的义务。"2021年施行的《民法典》第一千零五十八条规定："夫妻双方平等享有对未成年子女抚养、教育和保护的权利，共同承担对未成年子女抚养、教育和保护的义务。"《中华人民共和国教育法》第五十条规定："未成年人的父母或其他监护人应当为未成年子女或其他被监护人受教育提供必要的条件。未成年人的父母或者其他监护人应当配合学校及其他教育机构对未成年子女或其他被监护人进行教育。"《中华人民共和国未成年人保护法》第十五条规定："未成年人父母或者其他监护人应当学习家庭教育知识，接受家庭教育指导，创造良好、和睦、文明的家庭环境。"《教育部关于加强家庭教育工作的指导意见》中提到：教育孩子是父母或者其他监护人的法定职责。《家庭教育促进法》第四条规定："未成年人的父母或者其他监护人负责实施家庭教育。"

（二）家长是教育子女的第一责任人

根据萨提亚的原生家庭理论，一个人和他的原生家庭有着千丝万缕的联系，而这种联系有可能影响他的一生，我们可以通过孩子的言行窥探父母的教育模式。家长和其他家庭成员的言传身教会潜移默化地影响儿童。因此，家长在孩子的每个阶段都是教育和管理孩子的首要责任人，不能把教育的责任推给学校和社会，将自己的责任转移到其他成员。家庭作为孩子最早接触到的环境，塑造着孩子原始的模样，所以家长是孩子最早的教育者，在孩子进入学校之前，就给孩子打上了底色。家长同样要认识到，在不同阶段要采取不同的方式，要与社会、学校进行紧密联系，随时调整自己的教育角色。例如，在移动互联网时代，手机成为人们日常生活中必不可少的工具，儿童在生活中不可避免地会接触到电子产品，家长出于防止儿童沉迷手机的目的会限制其使用，然而很多家长却没能以身作则为孩子树立好榜样。他们一边在孩子面前用手机刷短视频、玩游戏，一边厉声训斥孩子远离手机，这样的做法不仅毫无效果，而且会损害亲子之间的民主关系，让儿童陷入困惑与不解中。

（三）家长要作为不断学习的学习者

在终身学习的社会背景下，家长也要不断学习，与孩子共同成长。面对不断变化的社会环境以及孩子成长不同阶段面临的问题，对于没有受过系统教育专业训练的家长，靠经验难以解决。所以，要想成为有教育胜任力的家长就要不断地进行学习，树立正确的家庭教育理念，自觉学习家庭教育知识，掌握科学的家庭教育方法，积极参加公益性家庭教育指导和实践活动，从而促进孩子健康快乐地成长。

三、儿童为本

（一）儿童为本是新时代的儿童观

家长如何看待儿童，直接关系着亲子关系、家庭教育的理念和家庭教育的方法。新时代的儿童观包括：儿童是人，与成人拥有一样的人格和尊严、一样丰富的精神世界、一样具有差异性；儿童是发展中的人，儿童的发展是渐进的、有规律的、有差异的，具有独特的认识方式与成长特点，有其自身独特的价值；儿童是权利的主体，与成人人格平等，具有相同的价值，拥有权利。所以家长应针对不同年龄段未成年人的身心发展特点，开展家庭教育。实施家庭教育时，应当关注未成年人的生理、心理、智力发展状况，尊重其参与相关家庭事务和发表意见的权利；未成年人的父母或者其他监护人不可因性别、身体状况、智力等歧视未成年人，不可实施家庭暴力，不可胁迫、引诱、教唆、纵容、利用未成年人从事违反法律法规和社会公德的活动。

（二）促进儿童的全面发展

促进儿童全面发展，就要坚持科学的儿童发展观，以儿童发展为本。首先，要贯彻儿童优先的原则，将儿童发展利益置于家庭生活和社会的优先位置。其次，要坚持儿童全面发展的方向不动摇，加强德育、体育、美育、劳动教育，这不仅是对学校教育的要求，更是对家庭教育的要求。在家庭德育方面，全国妇联组织编写了《3~6岁家庭德育指导手册》，设计了"儿童家庭德育指南""儿童家庭德育活动指导""儿童家庭德育你问我答"等内容帮助家长进行家庭德育。家长要保证未成年人营养均衡、科学运动、睡眠充足、身心愉悦，对孩子进行安全知识教育，引导其养成良好的生活习惯和行为习惯，促进其身心健康发展。家长也要树立正确的家庭教育观和崇尚劳动、尊重劳动的良好家风，鼓励孩子进行劳动，进而促进儿童的全面发展。

四、协同教育

党的二十大报告提出健全学校家庭社会协同育人机制，"家校社"协同育人、家庭教育的重要性再次彰显。家庭教育工作开展得如何，关系到孩子的终身发展，关系到千家万户的切身利益，关系到国家和民族的未来。家庭教育与学校教育能否密切合作，会给孩子的成长发展带来重要的影响。当前我国家庭教育存在一些问题，解决问题的途径之一就是加强家庭教育的指导，而家庭教育的指导需要整合社会各方面的力量。因此，应该构建学校教育、家庭教育和社会教育有机融合的现代教育体系。

（一）国家支持家庭教育

《家庭教育促进法》的颁布，标志着家庭教育从传统的家事上升为新时代的国事，国家应对家庭教育进行支持。各级人民政府指导家庭教育工作，建立健全家庭、学校、社会协同育人机制；制定家庭教育工作专项规划，将家庭教育指导服务纳入城乡公共服务体系和政府购买服务目录，将相关经费列入财政预算，鼓励和支持以政府购买服务的方式提供家庭教育指导；教育行政部门、妇女联合会统筹协调社会资源，协同推进覆盖城乡的家庭教育指导服务体系建设，并按照职责分工承担家庭教育工作的日常事务；人民法院、检察院配合同级人民政府建立家庭教育工作联动机制；国家鼓励开展家庭教育研究，支持社会力量进行公益性家庭教育服务，并给予相关优惠政策，为家庭教育提供国家顶层设计的保障。

（二）社会支持家庭教育

搞好教育需要树立"大教育"观，需要整合各种教育资源。整个社会就是一个大的教育资源库，潜移默化地影响着每一个人。加快形成家庭教育社会支持网络主要有以下几个方面：构建社区支持体系，居民委员会、村民委员会可以依托城乡社区公共服务设施，设立社区家长学校等家庭教育指导服务站点，配合家庭教育指导机构组织面向居民、村民的家庭教育知识宣传，为未成年人的父母或者其他监护人提供家庭教育指导服务；统筹协调社会各种资源，婴幼儿照护服务机构、早期教育服务机构应向家长提供科学的家庭教育指导，医疗保健机构应当对家长开展科学养育知识和婴幼儿早期发展的宣传和指导，图书馆、博物馆、文化馆、纪念馆、美术馆、科技馆、体育场馆、青少年宫、儿童活动中心等公共文化服务机构和爱国主义教育基地应进行家庭教育宣传和实践活动，新闻媒体应传播科学的家庭教育理念和教育方法，各企业也应提供家庭教育公共服务促进家庭教育的发展。

（三）学校支持家庭教育

学校作为孩子成长发展的另一个重要环境，传授着孩子知识和经验，因此学校在家庭教育中具有重要的作用。学校要强化家庭教育的工作指导，中小学校、幼儿园应当将家庭教育指导服务纳入工作计划，并作为教师业务培训的内容。学校要扩宽家庭教育的途径，通过建立家长委员会、家长学校、家长会、家访、培训讲座、经验交流会、社会实践活动、专家讲座等方式，传播家庭教育科学理念，提供家庭教育指导，增进亲子关系和交流。学校要丰富指导服务内容，各部门学校应坚持立德树人的根本目标，将社会主义核心价值观、中华民族传统美德融入家庭教育中，不仅要开展先进的教育知识理念和科学的育人指导活动，还要进行亲子活动，增进家长与孩子之间的关系，优化家长与孩子之间的沟通。

做好家庭教育工作是家庭与学校、社会、国家的共同目标和任务，需要家庭与各个系统相互理解、相互配合、相互支持才能够实现。家庭教育不只是家庭之内的事，还是整个社会的事。通过建立和谐良好的家庭环境、沟通与社会的桥梁，进而才能培养出具有社会责任感的现代公民。

第二节　家庭教育的原则

家庭教育作为教育的一种形式，受到诸多方面因素的影响，必须遵循教育的基本规律，所以家庭教育具有一定的规律性。家庭教育原则就是这种规律的体现，家庭教育的原则是实施家庭教育、使之取得良好效果所必须遵循的指导思想和基本要求，是家长教育子女时处理各种关系和矛盾的观念向导。良好的家庭教育原则，可以帮助家长形成正确的家庭教育观念。在家庭教育中，应坚持以下原则。

一、顺其自然，尊重孩子

顺应自然，尊重孩子的原则是指要顺应孩子的发展，尊重孩子的人格和尊严。德国幼儿教育家福禄贝尔曾提出教育顺应自然原则，他曾提到："教育要尊重和符合孩子的天性与需求，这就意味着教育要与孩子的生理、心理发展阶段相适应，满足孩子的生理需求，符合孩子的心理特征。孩子在这样的环境中，就可以尽情地玩耍、欢笑，释放自己的本能；全面地吸收、汲取，强壮自己的身心。"由此可见，家庭教育应尊重儿童的身心发展特点，顺应孩子的自然发展规律。

当前，家长往往忽视顺应儿童的自然发展规律，不尊重儿童，表现在：把自己的孩子当作自己的私有财产，认为自己对孩子拥有绝对的权力，要孩子对自己服从；给孩子安排好所有东西，包办替代等。这样会导致孩子对父母产生敌意，出现叛逆行为，言语顶撞，亲子关系破裂，还会导致孩子丧失自己独立思考的能力，一味服从。

父母应遵守顺应自然、尊重孩子的原则。首先，父母应树立正确的儿童观和爱子观，要有正确的教育观念，成为孩子的良师益友；其次，要发挥家庭成员的能动作用，发挥孩子的主体性；最后，要尊重儿童的身心发展规律，既包括儿童的身体发展也包括孩子的心理发展，顺应儿童心理发展的连续性和阶段性，尊重儿童的心理需求，根据儿童的兴趣进行教育。

二、以身作则、率先垂范

以身作则、率先垂范是指家长要用自己的行动为孩子做出榜样，给孩子做示范，从而做到"其身正，不令则行"。《家庭教育促进法》中提到：家长应"潜移默化，言传与身教相结合"。从出生起，家长就对孩子进行无微不至的照顾和教育。在孩子成长过程中，最先接触的便是自己的父母，接触最多的也是自己的父母。可以说，父母对孩子具有启蒙作用，我国著名教育家陈鹤琴先生认为，孩子的天性之一就是"好模仿"。由此可见，父母的言行举止在很大程度上都会影响到孩子的成长甚至一生。苏联教育家马卡连柯说过："不要以为只有你们同儿童谈话或教导、吩咐儿童的时候，才是在教育儿童。在你们生活的每一瞬间，甚至当你们不在家的时候，都在教育着儿童。你们怎样穿戴，怎样同别人谈话，怎样谈论别人，怎样表示欢欣和不快，怎样对待朋友和仇敌，怎样……所有这些，对儿童都有重大意义。"

班杜拉的社会学习理论认为，模仿是观察学习的一种形式，也是儿童的重要学习方式。儿童模仿学习的特点包括：

①简单。与其他学习方式相比，模仿学习最简单，只需要"照葫芦画瓢"。

②范围广。行为、动作、语言、性格等都可以通过模仿学习的方式获得。

③学习速度快。模仿学习可以使孩子在潜移默化中迅速掌握。

④重要。模仿学习是7岁以下孩子主要的学习方式，幼儿期是掌握基本生活本领和形成性格习惯的关键期。

⑤自觉性。自觉性是指孩子从小就会"自觉"地模仿大人的行为。

⑥模仿对象。研究发现，孩子不是所有人都模仿，由于父母是孩子早年生活的最初模式，父母与孩子在时间和空间上是最接近的，在心理上也是最接近的。此外，父母在孩子心中具有权威性，所以父母在孩子面前的行为最具有吸引力，最容易成为孩子模仿的对象。

⑦盲目性。盲目性是指不论什么行为，孩子都会学习，都会模仿。

因此，家长要以身作则、率先垂范。要想孩子成为一个崇德向善的人，自己必须在日常生活中不损害他人的利益，助人为乐；要想孩子成为一个尊老爱幼的人，自己在生活中就要孝敬父母，尊重儿童；要想孩子成为一个勤俭节约的人，自己在日常生活中就要树立勤俭的生活方式……

遵守这一原则，家长应注意：一是要具有持久性，自己的行为不能局限在一时，要持之以恒，贯穿于整个生活中；二是要具有针对性，家长要有目的地去引导孩子，培养孩子良好的性格和行为；三是要具有阶段性，要分阶段对孩子进行引导，因为孩子的发展具有阶段性，孩子不能在短时期内获得快速的全方面发展。注重这些方面，那么家风必定良好，孩子也会健康地全方面发展。

三、观念统一、协调一致

家庭教育的一致性，一方面是指在家庭中每个成员对孩子的教育要具有同一性，即对于同一件事，家庭中每个成员对孩子具有同样的要求、同样的标准，从而达到同一个目的和效果。父母双方也要共同教育，分配好自己的教育角色；另一方面是指家庭教育与学校教育的一致性，即教育方向、学习内容和教育方法上的一致性，只有家庭和学校形成教育合力，才能更好地促进儿童的发展。

（一）家长之间要彼此协调一致

1. 家长共同参与，加强父母双方的作用

在过去很长一段时间中，中国女性负责在家料理家事和养育孩子，而男性主要负责在外赚钱养家，这似乎被看作成一个约定俗成的规定。但是随着社会经济的不断发展，特别是女性的地位不断提高，女性受教育的水平也不断上升。过去女性只能在家相夫教子的旧习发生变化，许多女性走向了社会，甚至在很多领域取得比男性还领先的成就，这就会出现一个状况，男性在家庭中的参与度不断提高，不仅体现在其在家务事上付出得更多，还体现在其在子女的养育上付出的时间越来越多，付出的精力也越来越多。很多研究表示，孩子的教育不仅需要母亲的参与，还同样需要父亲的参与。父母双方在孩子的教育当中皆不可替代，共同参与可形成更大的教育温情和教育智慧。母亲对孩子的发展及其重要性可追溯到鲍尔比的依恋关系理论，母亲会对孩子的情感与心智发展有着关键的影响。同时，相关研究表示，儿童亲社会行为与父亲参与教养程度有着显著的积极关系。父亲在孩子成长过程中的作用更多是规则的建立，与母亲无条件的爱形成强烈对比的是，孩子想得到父亲的认同很大程度上需要遵守规则。另外，父亲参与教养对儿童社会技能具有重要影响。通过父亲参与教养的时间可以显著预测儿童的合作性、自我控制以及总体的社会技能，父亲参与教养对母亲消极教养具有明显的缓冲作用。因此，要充分发挥父母双方的作用，共同促进孩子的健康成长。

2. 家长之间的教育要协调一致

家长之间如果有着统一的教育观念、教育态度和教育方法，对孩子的要求协调一致，把要求准确地传达给孩子，可以让孩子更加明白父母对自己的要求，促进孩子身心健康发展。

遗憾的是，家长双方由于生长环境、受到的教育方式不同，有着不同的价值观，容易导致双方之间存在着不一致的家庭教育观，主要表现在以下几个方面：教育理念的不一致；对孩子的培养目标不一致；对孩子的教育方式不一致；对孩子的情感表达不一致；祖辈和父辈在教育态度上的不一致；外界传播的科学育儿方式与实际情况之间存在不一致。这种不一致可能会导致孩子出现"双面人格"，使教育效果相互抵消，产生负面效应；其次，会让孩子感到不知所措，情绪不稳定，使儿童无法形成而正确的认识，从而影响儿童长远发展；此外，会削弱父母的角色权威，父母教养方式的不一致往往会导致父母出现消极情绪，进而影响到儿童，使儿童对自己产生怀疑，感到绝望和无助，父母在儿童心中的形象倒塌，最终使孩子不愿意相信他人。

在孩子成长过程中出现教育的不一致时，首先，家长要尊重对方，把重点放在儿童成长过程中出现的问题上，而不是教育方式的不一致上。要尊重彼此的意见，相互沟通制定最

终的教育策略；其次，选择一名主导者，在平衡教育法中，王占郡曾说过："在家庭教育方面，每一个家庭只能有一个权威，他（她）具有决定权和解释权，其他人都要尽量配合，即使有不同意见也不要当着孩子来表达。"家庭中确立一个教育权威者，负责调整和规划教育的方向和方式，减少分歧的出现。作为孩子的家长，保持一致性是教育孩子的首要问题，因此家长之间必须多沟通、交流、互相支持，当家长之间出现意见不一致时，千万不能在孩子面前大吵大闹，把情绪暴露给孩子。有分歧并不可怕，只要正确面对，达成一致性，这样就能给孩子营造一个和谐健康的家庭环境，让孩子健健康康地成长。

（二）家长与学校教育彼此协调一致

苏联教育家苏霍姆林斯基曾经指出："教育的效果取决于学校和家庭的教育影响的一致性。"《家庭教育促进法》中提到：未成年人的父母或者其他监护人应当与中小学校、幼儿园、婴幼儿照护服务机构、社区密切配合。家庭教育和学校教育作为孩子一生教育过程中重要的两个环节，要行动一致，对儿童提出同样的要求，拥有一致的教育信念。

然而，现在家庭教育和学校教育存在着脱节现象。5+2=0的教育模式普遍存在，即学生一周在学校学习的5天成果，很可能在周末2天被家庭教育的不当所抵消。家庭教育和学校教育不一致主要表现在以下几个方面。

1. 教育者的差异性

学校教育的教育者是学校的教师，一般都受过专门训练，具有教育的专业知识和教育能力，并拥有丰富的经验，他们的主要任务是教书育人。而家长作为家庭教育的主要教育者，往往没有受过专业的教育训练，缺乏教育理论素养。在学校，教师会按照孩子的年龄特点进行循序渐进的教育，但是家长往往过于着急，出现揠苗助长的现象，因此在教育上具有不一致性。

2. 教育目的具有差异性

教育目的是指教育意欲达到的归宿所在或预期实现的结果。学校的教育目的是根据我国的教育目的来制定的。我国教育目的的精神实质是促进人的全面发展，反映在学校教育中就是要进行素质教育，要促进孩子德智体美劳的全面发展；而当前家庭教育中，很多家长的教育目的具有一定的功利性，即希望自己的子女上好的大学，有好的工作，以后拥有更好的生活，因此更加注重孩子学业的学习，忽视了德育的培养。

3. 教育内容的差异性

首先是人生观、价值观的差异。学校教育更加强调为他人做贡献、舍小家为大家的观点。而当前家庭独生子女较多，"溺爱"孩子的现象比较普遍，因此导致孩子自私自利，注重个人利益。其次是学习内容方面，家长往往表现出学习的急迫性，更加关注儿童智力的发展，而忽视儿童其他方面的发展，如要求孩子学外语、奥数，提前学习学校内容，额外给孩子布置作业。而学校注重孩子多方面发展，有体育课、美术课、音乐课等，有些家长认为此类课程对孩子发展无用，只有学习是关键，由此产生了矛盾。

4. 教育方法具有差异性

在学校中主要以正面教育为主，以理服人，反对体罚和变相体罚以及不文明用语的行为。而在家庭中，父母往往因为与孩子具有亲密关系，经常采用包办代替、体罚惩罚等方式纠正孩子的行为，打骂、讽刺、挖苦、对比、放纵等现象较多，这样的冲突使得孩子在学校积极，在家庭沉默，形成"双面人格"。

因此，家长和学校应加强沟通合作。学校可以通过设立家长委员会、开展家长学校、完善家访制度、定期进行家访等方面密切与家庭联系，保持教育的一致性。

四、全面发展、因材施教

全面发展是指孩子在德智体美劳和心理健康等方面的全面发展。因材施教是指家长要从孩子的实际情况和个别差异出发，有的放矢地对孩子进行有差别的教育，使孩子能够扬长避短，从而获得最佳的发展。《家庭教育促进法》指出："家长应尊重差异，根据年龄和个性特点进行科学引导"。

当前世界各国教育普遍重视人的全面发展，若缺乏全面发展的观念，不能使孩子得到全面的发展，那么就培养不出现代社会所需要的人才。一个完整的个体应该是各个方面全面发展，而不是仅在一个方面得到发展。管理学中"木桶理论"很好地解释了这一点：木桶的最大容量取决于最短的木板而不是最长的木板。家长应注意孩子多方面的兴趣培养，以实现孩子的全面发展。然而，当前部分家长只注重孩子知识技能的学习，忽视了孩子的自理能力、生活能力和心理素质的培养，这些因素很可能会是制约孩子其他能力甚至长远发展的重要因素。

因材施教要求家长能够了解孩子的个性和心理发展特点。不同阶段的孩子在生理和心理上具有不同的特点，况且孩子的发展受到遗传、环境、教育以及人的主观能动性的影响，因此发展方向和水平都存在着差异。家长要认识到每个孩子都有不同的能力，只有发挥其优势，才能得到更好的发展。这就要求家庭成员之间要相互了解、家长要尊重孩子的发展特点进行教育、特殊的孩子需要特殊的陪伴。

五、严而有度、爱而不宠

严而有度，爱而不宠是指在家庭中家长要以"严"作为家庭教育的原则，"严"不等于严厉、苛求和惩罚，而是要宽严结合，根据孩子的发展特点，定好规矩和要求。爱而有度是指家长对孩子要有理智的爱。

家长若过于严厉，那么教育就染上专制色彩，家长便成为横行霸道的暴君，孩子则变成了唯命是从的弱者。对孩子用粗暴的方式进行管教，是不正确的，会使孩子不能正确地认识自己，角色认同混乱，还会让孩子产生怨恨情绪。严格要求是短暂的，并不能产生长时的效果，一旦时间一长，对于有独立意识的孩子，再严格的教育也不会阻止问题的发生，而会适得其反。因此，家长要严而有度，重视孩子的第一次失误，绝不迁就、不护短，让孩子明白道理，按照制定的规则做事；也要把握好"度"，平衡纪律与自由之间的关系，拿捏分寸，注重灵活性，根据情况的不同进行调整。

家长若"溺爱"孩子，则会造成孩子自私自利、任性刁蛮、孤僻怪异，难以融入社会，从而使孩子不自信、自卑、经不起失败，尤其当前独生子女较多，家庭溺爱现象较为普遍。因此，家长应爱而不宠，对孩子的爱要有理智：一是要适度满足儿童合理的需求，禁止有求必应、一味满足，要引导孩子控制自己的需求和欲望；二是要给孩子做事的机会，不能无微不至地包办代替；三是要让孩子能吃苦，撤销给孩子营造的堡垒，让孩子多体验生活，受点儿累。

总之，家长要在严格和爱之间寻求一个平衡点，把握教育孩子的度。不能过于严厉也不能过于关爱，这样孩子才能健康成长。

第三节　家庭教育的方法

家庭教育方法是对人们家庭教育实践经验的概括和总结，是实现家庭教育目的、完成家庭教育任务、联系教育者与受教育者的方法。科学的家庭教育方法能够更好地完成家庭教育的任务，关系着家庭教育是否能够顺利进行，影响家庭教育的效果，对家庭教育目的和任务的实现、提高家庭教育质量起着决定作用。通过对《家庭教育促进法》中所提到的教育方法和教育内容进行总结可以发现以下几个特点：注重家长双方共同的参与、在生活中进行教育、注重环境的作用、以儿童为主体、注重儿童的全面发展等。根据这些特点，结合前人所提出的家庭教育方法，共归纳出以下六种家庭教育方法。

一、榜样示范法

（一）榜样示范法概述

美国著名心理学家班杜拉在社会学习理论中提出了观察学习。观察学习是指通过观察和模仿他人而进行的学习。观察者比较容易观察那些与他们自身相似或者被认为是优秀的、热门的和有力的榜样。榜样示范法则体现了观察学习的观点，主要是指家长和别人好的思想、好的言行成为教育和影响子女的一种形象、具体、生动的家庭教育方法。其中榜样既可以指家长，也可以指名人、英雄等具有优秀品质和模范行为的人物。

家庭教育对象主体主要是青少年儿童，青少年儿童的思维具有具体形象性、可塑性且模仿性强，所以具体形象和生动的榜样容易被儿童理解和模仿。由于家长和子女拥有自然而来的亲密性，因此父母的行为和言行更易影响儿童，教育作用更大。其次，榜样本身具有典型性、完美性和形象性，它往往是融理想与实践、身教与言教育于一体，集中体现时代精神，为孩子的思想行为规范提供了看得见、摸得着的具体形象。

（二）榜样示范法的实施

1. 家长给子女树立榜样

家长发挥示范作用，即父母要以身作则，亲自给子女树立榜样。父母作为孩子的第一任老师，是孩子最直接、最经常的模仿对象。孩子一切良好习惯的养成依靠父母榜样的力量，因此家长应做好孩子的表率，言行统一，前后一致，用行动感染孩子，要求孩子做到的，父母应先做到，给孩子榜样作用。直接行动往往比空洞说教更易影响孩子，当父母自身出现错误时，应该勇于承认和改正，当面向孩子澄清对错。在这一过程中，父母不仅可以让孩子养成知错就改的好习惯，也会维护家长的威信。

2. 借助历史上伟大英雄人物和文艺作品中正面典型形象

典型人物将优秀言行和道德规范具体化、人格化，其具有的高尚品德、丰功伟业和先进思想是教育青少年儿童的极好教材。首先，家长应根据时代特点、儿童兴趣以及教育目标选择典范，从而使典范的品质转化为子女的品格行为；其次，在儿童阅读某些典范人物和作品时，家长要帮助其了解榜样的身世、经历、成就，使儿童了解榜样的经历过往，激起孩子的敬佩之情，从而能够更好地了解典范的优秀品质，将其品质应用在自己的生活中；同时，在借助典范时，要抓住时机，及时诱导，落实到实践中。

3. 引导孩子向周围的普通人学习

孩子周围的人包括老师、同学、朋友、亲戚和各行各业的普通人，这些人物也具有好思想、好品德和好行为。在孩子向周围人学习时，家长要引导孩子既关注他们的优点也要关注到他们的缺点，以长处为榜样，取长补短，短处给自己警示。同时，家长要注意不要借他人的长处挖苦、讥讽孩子，发泄对孩子的不满，这会导致孩子不自信和厌倦社交。当孩子成绩不理想时，家长不要拿成绩好的同学与自己的孩子比较。家长要清楚地了解到，自己孩子身上也有成绩好的同学身上没有的优点，要对自己的孩子有信心。家长教育的关键在于引导孩子学习别人身上的优点，而不是对自己孩子身上的不足抓着不放。

二、聆听沟通法

（一）聆听沟通法的含义

聆听沟通法是指在家庭教育中，家长要集中精力认真聆听孩子的话，采用言语沟通和非言语沟通的方式与孩子的思想感情相互传递和反馈，以求家长和孩子的思想达成一致，感情通畅。在家庭教育中聆听能够建立亲子信任，培养亲子之间亲密的关系，也能培养孩子的观察能力、表达能力、辨别是非的能力。

（二）聆听沟通法的实施

"用9分钟倾听孩子，1分钟对他说教，比10分钟说教更有效"。因此家长应掌握倾听的技巧，有效地与孩子进行沟通。

1. 家长要学会倾听

首先，家长在倾听时要尊重孩子，专注倾听。家长在倾听孩子时要放下手头的事，全神贯注，让孩子感到自己受到尊重；此外，家长也要营造良好的沟通环境。在孩子表达意见时不要打断孩子，在孩子完全表达之后，再发表自己的意见；其次，家长要理解孩子、耐心倾听。家长要给孩子表达的机会，耐心听孩子倾诉的事，尽管这些事可能对家长而言并无意义，但是这些事可能正是孩子的困惑和遇到的难题；另外，家长要重视孩子，懂得换位思考。孩子具有其独特的特点和发展规律，家长不能以成人的角度来看待孩子，应站在孩子的角度，以平等的方式与孩子沟通，充分尊重孩子的意见和兴趣。

2. 家长要有效地与孩子进行沟通

首先，家长应掌握沟通的语言艺术，在与孩子进行沟通时注意说话的语气，避免命令式语气，采用温和亲切的语气和孩子进行沟通，晓之以理，动之以情，这样孩子将会很乐意与家长进行交流。例如，当家长想要孩子去写作业时，用不同语气表情说出"你该去写作业了"，这句话将会产生不一样的效果。当采取严厉的语气时，孩子往往会愤怒，反抗；而采取商量、温柔的语气时，孩子往往会内心接受要去写作业的观点。其次，家长要做孩子的朋友，这就要求家长要理解孩子、平等地与孩子进行相处，这样孩子有事会愿意与家长讲，亲子关系也会更加亲密；此外，家长要尊重孩子的人格和隐私，给孩子足够的私密空间，充分信任孩子，让孩子在自己的空间中处理问题。

三、实践锻炼法

（一）实践锻炼法的含义

美国著名哲学家和教育学家杜威提出了"从做中学"的概念，即"知行合一"，只有从做的实践中得到的知识才是"真知识"。实践锻炼法则强调实践在教育中的作用，指父母根据子女自身的发展和社会的需求，让子女参加一些力所能及的社会实践活动，从中锻炼思想，增长实际才干，从而养成优良的品质和行为习惯的教育方法。理论联系实际是马克思主义的基本学风，通过让孩子亲身实践，能够提高孩子的自立能力，进而形成良好的习惯和品德。

（二）实践锻炼法的实施

实践锻炼法的内容是多种多样的，家长要根据孩子的身心发展特点以及教育的任务对实践锻炼的内容进行选择。指导孩子的实践锻炼可以从以下几个方面进行。

1. 提高孩子对实践锻炼的认识，调动孩子的积极性

实践锻炼是儿童通过一定的活动实现智性转化和智能转化的过程。在这一过程中，如果家长一味地强行要求，孩子没有积极性，就会使孩子产生抵触情绪和逆反行为。因此，家长要将说服教育和实践锻炼相结合，告诉孩子实践锻炼的目的和重要性，提高孩子的认识。此外，家长要利用孩子好奇心重、争强好胜的心理，把实践同兴趣结合起来，在实践中增加游戏、竞赛等因素，增加实践的趣味性，促进孩子积极参与。比如，家长想让孩子做家务，而孩子一直讨厌劳动，此时家长可以先说明参与劳动的好处（帮助妈妈分担家务，可以掌握劳动技巧，锻炼身体，还可以让妈妈知道你已经长大了）；或者可以组织一个小比赛，让孩子同妈妈进行家务小比赛，赢家可以获得奖励。这样把家务劳动同孩子的兴趣结合起来，则能够调动孩子的积极性。

2. 鼓励孩子克服困难，坚持到底

在孩子参加实践的过程中，一定不是一帆风顺的，总会遇到各种各样的困难，孩子往往自制力差、意志不坚定、缺乏毅力，因此家长要有意识地鼓励引导孩子战胜困难。此时，家长要多多鼓励儿童，为孩子提供解决困难的线索，在孩子顺利解决问题后，家长要给予表扬，增强孩子的自我成就感和自信心。比如，当孩子学习滑轮滑时，不断摔倒，想要放弃了，此时家长应该首先理解孩子害怕摔倒的感受，告诉孩子："摔倒是正常的，大人练习轮滑也会摔倒，但是爸爸妈妈相信你通过练习一定可以滑得很好。"在安慰后，再教授孩子滑轮滑的方法，陪伴在孩子身边。

3. 实践锻炼要持之以恒

养成好的习惯和行为并非一时、一日之事，需要持之以恒，反复训练。在进行一项活动时，孩子往往具有三分钟热度的特点，当新鲜劲儿一过，就会松懈下来，或者放弃活动。因此，家长应不断督促孩子坚持下来，让孩子吃苦，持之以恒；家长还应在生活中做好表率，做事坚持到底，不三分钟热度；同时，家长可以和孩子共同制定完成任务的条件，鼓励孩子坚持完成任务。

4. 加强对孩子实践锻炼的指导

首先，要求孩子做自己力所能及的事，量力而行。家长要根据儿童的身心发展特点和实际能力来选择实践内容，在实践开始前制定具体要求，在实践过程中进行指导，循序渐进，不能操之过急；鼓励孩子将所学运用到实际中，活学活用。此外，要正确对待孩子在实践中的失误。由于孩子缺乏实践经验和相关能力，往往会在实践过程中出现失误，家长要正确对待，不要过多斥责，应帮助孩子分析事物的原因，总结经验教训，鼓励孩子在此基础上进行实践。

四、环境熏陶法

（一）环境熏陶法的含义

心理学家布朗芬·布伦纳的生态系统理论提出：家庭作为微观系统直接影响着儿童的生活习惯、个性特征、思维方式和行为风格。环境熏陶法强调环境对孩子成长发展中的作用，是指家长有意识地创设一个和谐、良好、优美的家庭生活环境，使子女在其中受到潜移默化的影响，以培养子女优良的思想品德、高尚的道德情操和良好的行为习惯，最终促进子女德智体美劳全面发展的教育方式。

（二）环境熏陶法的实施

1. 家长要重视家庭环境的影响

家庭是孩子的第一所学校，家庭作为孩子人生第一个和持续时间最久的生活环境，对孩子的各个方面的发展有着重大的影响。在家庭中，儿童习得最初的社会生活技能、道德规范、行为准则等，因此家庭对孩子起着潜移默化的作用，这种潜移默化是无意识的，孩子不知不觉间就接受了教育。试想，当孩子回家看到的是烟雾缭绕、父母在打麻将的环境，他会有什么反应？可能他会厌恶家长，无心学习，开始学习成年人的抽烟、赌博，最终走上歧途。

2. 创设良好的家庭环境

家庭生活主要分为物质生活和精神生活。父母需要从物质和精神两个方面，创设良好的物质环境和精神环境。

（1）物质生活环境方面

首先，家长要安排好家庭的经济生活。家庭的收入多少、生活水平高低不是对子女产生积极影响或是消极影响的决定性因素，父母如何对待、如何安排家庭的经济生活才是决定性因素。若家长能够科学地安排收入，使收入支出大体相抵，略有结余，使得家庭生活过得平静、和谐，那么孩子就会觉得家庭是温馨的、幸福的、安全稳定的。这样的家庭环境有助于孩子身心健康的发展。因此，家长要科学安排经济收入，与此同时可以尝试让孩子参与到家庭经济管理中，增加孩子的家庭融入感和责任感。

其次，家长要根据家庭条件，优化家庭硬件建设。房间的陈设、家具布置、色彩的搭配都会对孩子产生重要影响，因此在家庭布置中，应让儿童参与进来，听取儿童的意见，尤其是孩子自己的房间，这样有利于陶冶孩子的情操；此外，在家庭清洁卫生方面上，家长也应该让孩子主动参与，培养孩子的劳动意识。与此同时，家长要重视为孩子创设属于儿童自己的小天地，给孩子放置一些玩具、饲养一些小动物，为孩子营造更多自由玩耍的空间，创设一个自由、平等和宽松的环境，使儿童能够根据自己的兴趣爱好进行活动。

（2）精神生活方面

首先，每个家庭成员都应秉持正确的社会道德规范。在一个家庭中，如果每位家庭成员都自尊、自爱、严格要求自己，互相敬爱，那么家庭氛围一定会愉快、轻松、和睦。在这种家庭环境中成长的孩子一般具有性格开朗、心地善良、积极向上等性格品质；其次，家长要不断提高自己的文化道德素养，追求高尚的精神情趣。家长的道德修养和情操以及文化程度，对子女的生活和学习态度具有直接的作用。因此，家长要不断提高自己的文化道德修养，为孩子的发展提供一个良好的家庭智力环境，如果家庭精神生活丰富，那么孩子也会成为一个爱学习、爱生活的人。

五、表扬奖惩法

表扬奖惩法主要包括表扬奖励法和批评惩罚法。美国心理学家赫洛克通过实验发现，对事件结果进行评价可以对事件的参与者起到促进作用，其中表扬的作用大于批评、忽视和隔离。与此同时，美国心理学家斯金纳提出了惩罚理论，惩罚是指当有机体做出某种反应后，若及时使之承受一个厌恶刺激或者消除其愉快刺激，那么在以后类似的情景中，该行为出现的概率会降低或受到抑制。由此可见，表扬可以强化孩子好行为的出现，而惩罚可以抑制或消除坏行为的出现。因此，家长要正确运用表扬和批评，及时给予孩子反馈与评价，抓住时机，掌握尺度，促进孩子的发展。

（一）表扬奖励法的含义和实施

1. 表扬奖励法的含义

表扬奖励法主要指对孩子的好的思想品德、行为表现进行积极肯定的评价的教育方法。表扬奖励有三种形式：一是赞许，二是表扬，三是奖励。表扬奖励作为一种正强化，对孩子会产生激励作用，使孩子感受到愉快的情绪体验，激励其不断巩固和发展自己的优点和长处，使孩子具有自信心。表扬、奖励对于所有孩子都具有重要意义，尤其对表现不太好的孩子，经常对其进行表扬、奖励，可以帮助他了解自己同样有优点和长处，使其对自己充满信心，改变自己的行为。

2. 表扬奖励法的实施

（1）家长要实事求是，恰如其分

家长在进行奖励时要实事求是，根据孩子表现的实际情况进行奖励。表现一般可采用赞许的方式，当表现有进步、具有突出性时，可以采用奖赏的方式。表扬奖励不能过高或过低，要根据孩子的性格特点，调整表扬的方式。实事求是、恰如其分地表扬孩子可以使孩子明确自己为什么被表扬，使孩子对自己的能力、个性和意志品质做出自我评价，有利于孩子自我意识的形成。

（2）家长要及时奖励

当孩子出现好的思想品质、行为时，家长应及时给予奖励。孩子的思维情绪具有不稳定性、易动摇、反复等特点，及时奖励可以对他们的好行为进行强化，使他们更希望上进，好行为得到进一步巩固。反之，孩子则会不求上进。因此，家长要注意观察，了解孩子的实际表现，随时掌握孩子的状况。例如，当孩子把自己的饭菜都吃完后，家长可以说："宝宝真棒，今天把饭菜都给吃完了。"这样孩子会对自己进行肯定，之后把饭菜吃完的概率的可能性也会随之上升。

（3）精神奖励为主，物质奖励为辅

一味的物质奖励会使孩子只贪图物质上的享受，不利于孩子在思想上的进步。因此，家长应以精神奖励为主，物质奖励为辅，多对孩子进行精神上的奖励，如走亲访友、带孩子去旅游、做一些能够满足孩子精神层面的事。在物质奖励方面，家长可以购置文具、书籍或者文体用品、玩具等作为奖励，慎将现金作为奖励。

（4）物质奖励要与说服教育相结合

在给予物质奖励的同时要进行说服教育，让孩子明白自己为什么会获得奖励，告诉孩子他哪里做得好，哪里仍需要改进，取得进步有哪些意义，以后应该怎么做。这样可以使孩子在获得物质满足的基础上，获得精神动力，取得更大的进步。当孩子犯错后，勇于承认错误并进行道歉后，家长可以给予孩子一块糖果，告诉孩子："爸爸妈妈奖励你是因为犯错后你承认了自己的错误，并认真道歉了，爸爸妈妈认为你很棒，很勇敢；但是下次想要东西的时候不许打小朋友了，可以问一问他，我可不可以玩儿一下你的玩具，这样小朋友们也会很喜欢你的。"采取这种办法既可以帮助孩子纠正错误，又可以使孩子树立自信心，明白知错就改、勇于承认错误的重要性。

（二）批评惩罚法的含义和实施

1. 批评惩罚法的含义

批判奖惩法是指家长对孩子的不良行为、思想品德进行否定评价的家庭教育方法。其目的是帮助孩子认识到自己思想品德、行为上的错误，从而使其从中吸取教训，克服自己的缺点和错误，有助于孩子形成知错就改的品质，成为一个自强自律的人。批评和惩罚有所不同，批评主要用于一般的缺点和错误；惩罚则用于性质和后果较为严重的缺点和错误。

2. 批评惩罚法的实施

（1）端正批评惩罚的目的

批评惩罚的目的在于端正孩子态度，纠正孩子的不良行为和习惯，让孩子变得更好，是出于使孩子获得良好发展为目的，而不是家长因孩子的缺点或过失损伤自己的感情和面子而拿孩子出气的方法。因此，家长在批评惩罚孩子时，要端正自己的态度，保持冷静，克制自己的感情冲动，让理智战胜自己的感性。

（2）批评惩罚要客观合理，就事论事

家长在批评惩罚时往往会扯旧账、将错误和过失归结到孩子能力不行，对孩子进行责备惩罚，这往往会增加孩子的心理压力，导致孩子不能明确自己的缺点，降低孩子的自信心，不利于错误的改正。因此，家长在使用批评惩罚时要全面了解情况，弄清原因，就事论事，让孩子知道自己错在哪儿。这样孩子既能够感受到家长的关心，也能够接受家长的批评，从而取得良好的教育效果。

（3）批评惩罚要及时，讲究方式方法

由于孩子的辨别是非观念不强，往往做错事自己也不清楚，所以家长要及时对孩子进行批评惩罚，使孩子能够及时认识到自己的错误，进行改正。家长在进行批评惩罚时态度要严肃，批评不是否定，也不是讽刺、挖苦、谩骂；批评惩罚的时间、地点、场合也要注意；批评要有始有终，不能没完没了，要留有余地，让孩子认识到自己的错误即可；要坚持一分为二、实事求是地看问题，既看到孩子的缺点，也要看到孩子的优点。

（4）惩罚不等于体罚

惩罚是要给孩子以痛苦的体验，强制执行，剥夺孩子的某种权力，限制某种精神上的需要，不允许孩子做他想做的事，不使其某种愿望得以实现；体罚是指通过对人身体的责罚，特别是造成疼痛，以此来进行惩罚教育的行为。适度的惩罚对孩子身体、心理并无伤害，而体罚则会对孩子生理、心理上造成伤害，让孩子被动改变。由此可见，惩罚不等于体罚，体罚会造成孩子心理不健康和其他社会问题，家长要学会控制自己的愤怒，接受孩子淘气、顽劣的事实，合理地使用批评和惩罚。

（5）正确运用自然后果法

法国教育家卢梭曾提出"自然后果法"，是指孩子体验其造成的不良后果，从中认识错误，汲取教训，自行进行改正。采用此法的目的在于使孩子从自己行为的后果中吸取教训，杜绝此种错误行为的发生，从根本上提高孩子对过失行为的认识。采取这一办法会避免家长与孩子之间的矛盾，使家长和子女之间保持和谐愉快的关系。采用自然后果法，必须与说服教育相结合，使孩子不仅停留在少吃苦上，而且从根本上提高思想觉悟，并明白各种道德行为的范围，增强行为的自觉性。家长要注意使用此方法时，不能伤害孩子的身体健康，禁止使用体罚，同时注意表扬。

六、健康心理培育法

（一）健康心理培育法的含义

健康心理培育法是指父母采取一定的教育方式培育子女健康的心理，通过一定的教育方法对子女异常心理进行矫治的方法。当前，我国青少年学生存在厌学、沉迷网络、失眠、抑郁症等心理问题，中国科学院心理研究所发布的《中国国民心理健康发展报告（2019—2020）》中的数据显示，我国青少年抑郁检出率为24.6%，其中重度抑郁的检出率为7.4%。家庭教育对青少年儿童的心理产生着重要影响，因此各位家长应重视采用正确的教育方式，帮助儿童养成正确的心理。

（二）健康心理培育法的实施

健康心理培育融入人们生活的各个方面，与每个家庭教育方法也都是融会贯通的，本部分仅介绍几种常见的家庭心理矫治方法。

1. 精神安慰

当孩子遇到困难挫折，会感到不安、焦虑，此时父母应及时发现，通过语言和非语言的方式相结合进行安慰，如支持性话语加上拥抱、摸头等方式来对儿童进行抚慰，帮助儿童平复情绪，最终通过交流找出问题的根源所在，帮助孩子走出困境。例如，当孩子在比赛中没有取得理想成绩时，家长此时应及时给予孩子安慰、鼓励。父母可以拥抱孩子，抚摸孩子后背，告诉孩子：没关系的，这次没有取得好成绩肯定是因为有些地方还没做好，爸爸妈妈和你一起努力，分析原因，下次肯定会取得很大进步的。此时站在孩子的角度看问题，能够让孩子感到自己是被关心关注的，通过安慰使孩子情绪得到平复，帮助孩子走出失败的挫折。

2. 强化期望行为

根据斯金纳的强化理论，强化是指能够增强反应率的后果。他将强化分为正强化和负强化：正强化即通过呈现想要的愉快刺激来增强反应频率；负强化即通过消除或终止厌恶、不愉快刺激来增强反应频率。在实际教育中，奖励某种良好行为会使良好行为再次出现；惩罚某种异常行为，减少对极端行为的过度注意，可以使异常行为较少或消除，从而达到所期望的行为。然而，在当前家庭教育中，父母对孩子的极端行为过于重视，会对孩子的不良行为产生强化，导致不良行为不断出现。因此，父母在对子女的异常行为进行矫治时，应采用恰当的手段转移子女的"注意中心"，从而减少非期望行为的出现，增加期望行为的出现。例如，当父母辅导孩子写作业时，孩子总是做不对这种类型的题，家长经常会说："你怎么这么笨，这么简单的题都不会。"不断强化"你很笨，这么简单都不会"，久而久之孩子就会产生"习得性无助"的心理，厌恶学习，认为自己就是很笨。

3. 适度期望

美国心理学家罗森塔尔曾去到一所学校，对班级里的学生进行"未来发展趋势测验"，之后罗森塔尔随机抽取了几个孩子，并告诉校长和老师名单上的孩子是"最有前途的孩子"，过了8个月后，罗森塔尔重新进行了测试，发现凡是"最有前途的孩子"，成绩大大进步，且各方面发展都很优秀。这个实验说明，教师对学生殷切的希望可以取到意想不到的效果。这一效应同样可以应用在家庭教育中，即家长要对孩子抱有适当的期望，家长应根据孩子的身心发展特点和实际情况提出适当的期望，并引领孩子达到期望。父母提出的期望应以孩子的实际情况为基础，循序渐进，让孩子逐步发展。例如，孩子在学习游泳时，家长就要求孩子游得很好，这是不切实际的。家长可以先期待孩子准确掌握游泳要领，然后期待孩子带着辅助器材游25米，再期待孩子不带辅助器材游25米……，循序渐进地对孩子提出期望。

以上方法可以给家长很好的借鉴和启示。然而，由于每个家庭和每个孩子都具有独特性，因此在家庭教育中，不能直接照搬别人的成功经验，也不能仅用一种方法，应该根据自己的家庭、孩子的实际情况灵活地综合使用这些方法，将方法融会贯通地使用，最终使孩子得到长久健康的发展。

本章小结

家庭教育立法背景下的家庭教育理念主要包括以家庭为基础、家长作为责任主体、儿童为本、协同教育。以家庭为基础、加强家庭建设是家庭教育的前提；家长不仅是教育子女的法定主体也是教育子女的第一责任人，因此家长要作为不断学习的学习者，掌握科学的方法促进孩子的健康成长；其次，儿童为本是新时代的儿童观，家长要懂得促进儿童的全面发展；最后，协同教育是指国家、社会和学校共同支持家庭教育，给家庭教育提供保障。

良好的家庭教育原则，可以帮助家长形成正确的家庭教育观念。在家庭教育中，应坚持以下原则：首先，应顺其自然，尊重孩子，尊重儿童的人格和尊严；其次，家长要以身作则、率先垂范；再次，教育应观念统一、协调一致。这既包括家长之间的协调一致，也包括家长与学校教育之间要彼此协调一致；最后，家长要注意促进孩子全面发展，因材施教。全面发展是指孩子在德智体美劳和心理健康等方面的全面发展。因材施教是指家长要从孩子的实际情况和个别差异出发，有的放矢地对孩子进行有差别的教育，使孩子能够扬长避短，从而获得最佳的发展。

科学的家庭教育方法能够更好地完成家庭教育的任务，对家庭教育目的和任务的实现、提高家庭教育质量起着决定作用。主要包括以下六种方法：榜样示范法、聆听沟通法、实践锻炼法、环境熏陶法、表扬奖惩法以及健康心理培训法。

思考与练习

1. 请简述你对家庭教育法背景下的家庭教育理念的理解。
2. 请简述你对家庭教育法背景下的家庭教育原则的理解。
3. 请简述你对家庭教育法背景下的家庭教育方法的理解。

拓展阅读

1. 李跃进. 对体罚说"不"：关爱每个孩子健康成长［M］. 长沙：湖南大学出版社，2016.
2. 陈琦，刘儒德. 教育心理学［M］. 北京：高等教育出版社，2011.
3. 教育部.《关于加强家庭教育工作的指导意见》，2020.
4. 教育部.《中华人民共和国家庭教育促进法》，2021.

第三章 0~2岁婴幼儿身心发展特点

学习目标

❶ 了解0~2岁婴幼儿脑和神经系统的发育特点；

❷ 清楚0~2岁婴幼儿的感觉和知觉的发育特点；

❸ 掌握0~2岁婴幼儿心理发展的规律，并能够针对具体案例进行分析。

相信很多人都经历过这样一个情境：当自己见到了许久不见的2岁儿童时，会很惊讶地发现他的变化如此之大，可能会观察到这个儿童长高了不少，抱抱他感觉又比之前沉了不少，这个孩子之前都不能自己单独坐着，现在却能跌跌跄跄地满屋跑了……，但这些可以观察到的身高的增长、体重的增加、运动技能的增强都只是外在的变化，还有一些特征无法用肉眼观察到，例如婴儿的大脑和神经系统、感知觉、心理变化等，但是却真真实实地也在不断发展中。本章将从脑和神经系统的发展、感知觉发育特点、心理发展特点三个方面阐释0～2岁婴幼儿的身心发展特点。

第一节　0～2岁婴幼儿脑和神经系统的发展

一、0～2岁婴幼儿脑的发展

（一）脑重量的变化

大脑是人体最重要的、最关键的"控制台"，也是人体最"精密"的零件。单单一个大脑，却控制着整个人体的活动。0～2岁的儿童大脑发育速度极快。新生儿出生时，其大脑的重量仅为350克左右，占正常成人脑重量的25%；婴儿从刚出生到1岁是一生中大脑增长最快的时间，1岁时的脑重约为950克，约占正常成年人脑重的60%；婴儿2岁时，脑的重量约为1050～1150克，占正常成人脑重的75%。相比于身体的其他部位，一个新生儿出生后的大脑和神经系统的发展最快，成熟最早。脑和神经系统的发展为儿童心理的发展提供了物质基础。

（二）头围的增加

人们在日常生活中也会发现，新生儿或者婴儿一般都是头比较大，相比之下身体较小。头围的大小对婴儿的神经系统的发展有着至关重要的影响。婴儿头围的大小也有性别差异，一般来说，女婴的头围平均比男婴小1厘米左右。正常足月生产的新生儿的头围平均为34厘米，在婴儿一个月时可以达到36～37厘米，增长了2～3厘米。在2个月时，男婴的平均头围是39厘米左右，在婴儿9个月前，会逐月增加1～2厘米，9个月后，头围增加的速度逐渐减慢。1岁时男婴的平均头围为46厘米，女婴的平均头围为45厘米。到婴儿2岁时，男婴的平均头围为48厘米左右，女婴的平均头围为47厘米左右。到婴儿3岁之后，头围增长会更加缓慢，直至几乎定型。

（三）大脑皮层偏侧化现象

大脑看似是由一个极其对称的左右半球组成的，但是左右半球的功能却不尽相同。大脑的左半球负责由右侧身体传达的信息，包括动作记忆中枢、言语加工中枢、言语中枢、积极情感表达中枢等，例如，左半球会负责阅读、朗诵等动作。而相反，大脑的右半球主要是负责由左侧身体传达至大脑的信息，包括非言语声音中枢、触觉中枢、消极情感表达中枢、空间触觉中枢等,例如,右半球的发展可以让孩子进行绘画和看图。正是因为大脑两半球不同的分工,被称作大脑皮层的偏侧化,从婴儿刚刚出生,大脑偏侧化就开始了。大脑的偏侧化主要体现在"左右"上,例如,大部分婴儿在翻身时习惯于向右翻身而不是向左翻身,向右翻身也方便了以后他们使用右手的频次较多。少数婴儿会使用左手去握勺子或者拿东西,对此许多家长会担心自己的孩子将来会变成"左撇子",从而硬生生地将幼儿经常使用左手的习惯"纠正"为使用右手。婴儿使用左手正是体现了大脑皮层的偏侧化发展,左手的使用也有利于右半脑功能的开发。

(四) 0~2岁婴幼儿处在脑发育的敏感期

0~2岁婴幼儿的大脑发育正处在敏感期,美国心理学家布卢姆经过20多年对1000多个人的跟踪研究后,得出一个结论:假设一个人在17岁时的智力为100%的话,那么在4岁时能获得50%,4~8岁时能获得30%,8~17岁只能得到剩余的20%。可见婴幼儿期是大脑开发的优良时期,也是关键期,而对于0~2岁的婴幼儿,此时也可以对其进行适当的早期教育,为他们提供丰富的材料和环境刺激,最大程度地对婴幼儿脑的潜能进行发掘,从而为其今后的学习、生活打好基础。脑潜能的开发不仅能够使正常的儿童变得更加聪慧,也能使那些早期大脑受过损伤的儿童得到最大程度的康复,使其大脑充分发育,赶上或超过正常儿童。婴幼儿大脑发育大部分是由遗传决定的,但是后天的教育、环境、文化等也会对其产生影响,这就是大脑的可塑性。但是,对婴幼儿的早期教育的方式和内容要适度,切忌"揠苗助长",否则不仅不会对婴幼儿的大脑发展有帮助,反而会适得其反。

二、0~2岁婴幼儿神经系统的发展

神经系统对人体来说至关重要。人体心理活动离不开神经系统的支持,婴幼儿神经系统的发展直接影响并且制约着其心理发展的过程。神经系统在胚胎阶段就已经开始得到发育和发展,婴儿出生后,神经系统则会继续生长直至成熟,这个过程是一个动态的且持续变化的过程。

(一) 神经元的发育

神经元也称作神经细胞,是大脑和神经系统的基本单位。神经元由胚胎的神经管发育进化形成。除了神经细胞之外,人脑还有一种细胞,称作神经胶质细胞。神经胶质细胞的数量远远大于神经细胞的数量,约是神经细胞数量的十倍之多。人脑中含有1000亿到2000亿个神经元。神经元的主要作用是接收、传递和处理信息。神经元还会迁移到不同的部位,因此也承担了许多特定的功能。例如,如果一个应该迁移到听觉区的神经元迁移到了其他的区域,那么此时这个神经元将不会再承担听觉区的任务,将会分化为一个其他区的细胞。突触是一个神经元与另一个神经元相联结的部位,其作用是负责信息传递和整合。神经元通过突触释放一种被称作"神经介质"的化学物质,从而将信息传送给另外一个神经元。60%~80%的神经元表面积都是突触,如果没有突触的话,则神经元和神经元之间没有了连接的"桥",

神经元尽管数量再多也变得毫无意义。刚出生的婴儿突触的数量约为50万亿个,三个月大的婴儿突触的数量达到高峰,约有10000万亿个。丰富的环境刺激,对于神经元的发育非常重要。比如,提供不同质地的、软的、硬的、冷的、热的温度,给婴幼儿感知觉刺激,促进其神经系统的发育。

(二)神经胶质的髓鞘化

髓鞘化是指在胎儿末期和新生儿初期,神经元和神经纤维会迅速地被一层蜡质状的磷脂所覆盖。神经胶质主要负责促进神经系统之间沟通功能的提高,而神经纤维的髓鞘更像是一个绝缘体,可以使神经元准确无误地进行信息的传递。

婴儿神经胶质的髓鞘化也是一个动态且持续的过程。新生儿的神经元结构较为简单,也正是由于此时的神经纤维较为细小,多数的神经纤维并未髓鞘化。不同的部位神经完成髓鞘化的时间也不一样,例如,较早完成髓鞘化的神经纤维是感觉神经,其次是运动神经,这便是为什么婴幼儿的动作跟不上感觉,动作总是比感知觉发展慢的原因。髓鞘化在一年内发展速度较快,当婴幼儿的运动系统和大脑之间神经的髓鞘化逐渐完成,婴儿便可以做出更为复杂的动作,例如,从一开始的大肌肉群的粗大运动(跑、跳跃)进一步可以发展为小肌肉群的精细动作(学会抓握勺子、会使用筷子等)。

(三)皮质兴奋机能增强

在日常生活中,人们可以观察到婴儿在刚出生的那一段时间几乎都在睡眠,而越长大睡眠时间与刚出生相比越少,这就是婴儿的皮质兴奋机能增强的表现。在婴儿刚出生的时候,其皮质兴奋机能较弱,所以睡眠的时间较长,清醒的时间较少,新生儿每日可睡20个小时左右。随着年龄的增长,到婴儿1岁时,其睡眠时间已经降到了14个小时左右。另外,相较于新生儿,婴儿形成的条件反射较多,也巩固得多。这些表现都反映了随着年龄的增长,婴儿的皮质兴奋机能的增强。

(四)皮质抑制技能的发展

皮质抑制分为条件抑制和无条件抑制。条件抑制,顾名思义,是在一定条件下逐渐形成起来的。条件抑制主要包括消退抑制、分化抑制和延缓抑制。消退抑制是指条件反射由于没有受到强化而发生的抑制,如出生后严格按照作息制度的婴儿对喂奶的时间已经形成了条件反射,一到喂奶的时间便会产生食欲,如果换个环境,每到吃奶的时间吃不到奶,那么原来形成的条件反射就会消失。分化抑制是指只对条件刺激物加以强化,而对其近似的刺激物不强化,经过若干次后,只有此条件刺激物才能引起条件反射性反应,近似刺激物引起的反应会受到抑制。例如,出生不久的婴儿就能分辨"嘀嘀"和"沙沙"的声音,听到不同的声音就会把头转到不同的方向。延缓抑制是指当条件刺激物出现后,稍微停一会儿再用非条件刺激物进行强化,这样,反应出现的时间延缓了,这就是延缓抑制。例如,当婴儿一看到母亲或者阿姨做喂奶的动作准备时,就会迫不及待地哭叫或伸开小手抓奶瓶,但因为需要一定时间准备,不能马上满足他的要求,这样经过若干次后,有些婴儿就能安静地等待一会儿。

无条件抑制是有机体与生俱来的先天性抑制,它包括外抑制和超限抑制。外抑制是指额外刺激物出现，对正在进行的条件反射发生的抑制，如室外的喧闹声打断了婴儿听故事的活动。超限抑制是指当刺激物过强、过多或作用时间过久时，神经细胞不但不能引起兴奋，反而会发生抑制，例如，新生儿的睡眠较多，就是超限抑制的表现。

婴儿天生就有无条件抑制，在婴儿出生半个月左右时，条件抑制逐渐开始发展。条件抑制只能存在于大脑皮层，皮层抑制机能的发展为婴儿今后认识客观事物奠定了基础。

第二节 0～2岁婴幼儿感知觉的发展

一、感知觉的概述

感觉是指人脑对直接作用于感觉器官的客观事物的个别属性的反应。没有感觉，人们不可能去了解世界和认识世界，也不会去感受复杂的心理过程。在日常生活中，婴儿每时每刻都在与外界的客观事物接触，而这些客观事物的特性都不尽相同，如颜色、味道、温度等。当这些事物的特性作用于人体的感觉器官时，对于颜色、味道、温度的感觉便产生了。感觉对婴幼儿至关重要，这是他们认识客观世界的基础。著名的教育家蒙台梭利指出，儿童主要是通过基本感觉从周围的环境中获得经验。

与感觉不同，知觉是人脑对作用于感觉器官的客观事物的整体的反映，知觉是对感觉信息组织和解释的过程，主要说明感觉信息传达出来的作用于感官的事物是什么。例如，人们根据胡萝卜的大小、形状、颜色、味道等因素把其整合起来，知道其是胡萝卜。

感觉和知觉既有相同点，又有不同点。首先，感觉和知觉是相互联系的。感觉和知觉都属于感性的认识阶段，都是人脑对直接作用于感觉器官的客观事物的特征的反应。如果没有感觉，何谈知觉，如果没有知觉，那么感觉信息也得不到整合，从而客观事物也不得而知。感觉和知觉又有所不同，从概念上看，感觉是对客观事物个别属性的反应，强调的是个别，而非整体；知觉是对客观事物整体的反应，强调的是整体，依赖的是多个感觉器官共同的作用。

二、0～2岁婴幼儿感知觉发展特点

婴儿刚出生的时候，感知觉就开始发育了。心理学家皮亚杰将儿童从出生到15岁划分为四个阶段，其中第一个阶段就是感知运动阶段，相对应的年龄是0～2岁。可见2岁之前的婴儿大部分都是靠感知觉去认识客观世界的。感知觉是婴儿探索世界并且认识客观世界的一个重要基础，也是心理发展的重要基础。而注意、记忆、想象等心理活动都是在感知觉的基础上发展而来的。

0～2岁的婴儿主要通过发掘感知觉和运动之间的关系从而获得一系列的生活经验，他们会通过感知觉了解外部环境，适应外部环境，进而探索外部环境。人们在日常生活中也可以观察到，大多数0～2岁孩子会把玩具抓在手里，然后再把其放在嘴里，这其实也是婴儿通过感知觉对外部事物的认识。

（一）0～2岁婴儿感觉发展特点

1. 视觉

大量研究已经证实，视觉最初发生的时间是在胎儿中晚期，4～5个月的胎儿已有了视觉反应能力以及相应的生理基础。新生儿已具备了一定的视觉能力，获得了基本的视觉过程，并具备了原始的颜色视觉。

一般来讲，胎儿和新生儿的视觉极差，因为双眼还无法对焦，所以只能看见一片模糊的场景。而婴儿1个月的时候，尽管眼前还是模模糊糊的一片，但是却已经能够感受到光线的存在并且可以做到追着光源看。2个月左右的婴儿对焦仍然较差，看物品也只是粗略的轮廓，但却能够区分对比强烈的颜色，如黑白色，并且能够感受亮度的高度。婴儿6个月的时候处在视觉敏感期，此时婴儿会对颜色比较感兴趣，对不同的颜色会有不同的反应和注意。同时，6个月的婴儿也会注意到不同的形状，如圆形、三角形、正方形等。1岁左右的幼儿大多都会形成深度知觉，即客观事物在他们眼中从"2D"变成了"3D"，他们会观察到客观事物的高低、远近等特性。1岁半左右的婴儿已经可以对比相似的物品，其视觉水平得到了较大的提升。

（1）视敏度的发展

视敏度是辨别物体（或物象）细微差别的能力，俗称视力。新生儿能够看见一片模糊的东西，说明他们是具有视敏度的，但是此时的视敏度较差。据研究统计，一个正常的成人可以在2米的距离看清的物体，新生儿需要在0.2米的距离才能够看清。但是对于婴儿来说，视敏度的发展较为快速。有关研究表示，新生儿的视力通常在0.05～0.1之间，2个月的婴儿视敏度则会提高到0.15，而6个月左右的婴儿视力已经接近成人的水平。

（2）颜色视觉的发展

新生儿辨别不出彩色，因为他们视觉中包含的颜色只有黑白灰三种，没有彩色。慢慢地他们会分辨彩色与非彩色。研究表明，出生只有两周的新生儿，能够区分红色和灰色。2个月的婴儿能够从白色中区分出红色、橙色、绿色、蓝色，但是不能区分出黄绿色。11个月的婴儿能够辨别出红色、绿色、蓝色、黄色四种颜色。13个月左右的婴儿能够分辨出红色、绿色、蓝色、黄色、黑色、白色六种颜色的名称。18个月开始的婴儿能够认识紫色、棕色、橙色、粉红、浅绿、浅黄和灰色。到婴儿2岁的时候，可以说出15种颜色。成人应当在孩子的婴儿阶段采取一些适当的方法促进孩子对颜色的敏感。首先，可以在孩子生活的周围多布置一些色彩鲜艳的小物品，例如，在房间上贴上一些色彩温和的照片或者挂历，在婴儿床上铺上颜色柔和的床单、被套，窗户旁边的墙壁上挂一些七彩的绘画；在孩子的视线内还可以经常放一些色彩鲜艳的气球或玩具等，对孩子进行视觉刺激。当孩子再长大一些，大约1岁左右，可以开口说话时，家长在和孩子玩亲子游戏时，可以指着东西问孩子："这是什么颜色的气球呢？你能说出来哪个是蓝色的，哪个是红色的吗？"如果孩子回答正确，可以给其奖励，如果回答不正确，可以继续鼓励孩子，并且拿其他相同颜色的东西做对比，让其认识更多颜色。

（3）视觉调节能力的发展

婴儿所看到的物体都是比较模糊的轮廓，他们的视觉调节能力较差。在出生后的最初几周，婴儿的视觉范围非常窄，他们仅能看到一小片。2个月的婴儿可以根据物体离自己的远近程度来调节自己的视力,到婴儿3个月大时,对于他身前不同距离的物体,能够用双眼同时盯住。婴儿4个月大时,其视觉调节功能发展得较快,甚至已经可以接近成人的水平。

在日常生活中,成人要有效地保护婴幼儿的眼睛。首先,要做好婴幼儿眼睛的保健和卫生情况;其次,注意营养均衡,切忌用强光或者手机光去照射婴幼儿的眼睛,这样会给其眼睛造成一定的伤害;另外,成人平时应当尽量不去揉孩子的脸蛋,尤其是眼部附近的皮肤;成人也不要轻易抚摸孩子的睫毛,因为睫毛可以有效地对眼睛起到保护作用。

2. 听觉

有相关研究表明,听觉在胎儿时期已经开始发育了。胎儿在5个月的时候具备了听觉能力,6个月的时候,听觉的器官基本完善,胎儿可以听见母体以外的一些声音,如外部的汽车按喇叭的声音。除此之外,母亲说话、翻身、踢腿的声音,胎儿也可以感受得到。

婴儿可以辨别不同的声音。婴儿出生三天后就可以分辨不同的声音,并且对母亲的声音更为敏感。有实验表明,当依次播放其他女性的声音和婴儿母亲的声音时,婴儿吮吸奶嘴的频率会加快。3个月大的婴儿可以辨别不同方位传来的声音,并且根据声源而转头。研究表明,婴儿更喜欢高音调的、悦耳的、富有感情的声音,对刺耳的、尖锐的声音较为恐惧。例如,华生的"小艾伯特实验"中,华生与助手会敲击悬挂的铁棒,发出刺耳而又响亮、尖锐的声音,可以明显看出小艾伯特受到了极大的恐惧。

婴儿1周岁左右,已经具有了较为成熟的听觉辨别能力,并且能够根据大人所发出的指令做出正确的动作,能够根据所听到音乐的旋律进行律动。例如,家长对婴儿说"摸摸你的小鼻子",婴儿就会照做。1岁半到2岁的幼儿喜欢听儿歌、听故事。

成人应当采取一些有效的方法去保护婴幼儿的听力。首先,应给婴幼儿提供一个安静舒适的生长环境,避免孩子的听力因一些噪声而受损。在家里放音乐时,尽量放一些较为舒缓的音乐,音乐声音切忌太大。其次,成人不要经常给孩子掏耳朵。一些家长会认为孩子的耳屎太多会影响到孩子的听力,因此经常会给孩子掏耳朵,其实耳屎是可以随着人的咀嚼而自动脱落的。婴幼儿的耳道比较短,成人给孩子掏耳朵很有可能会对孩子的耳朵造成伤害。

3. 嗅觉和味觉

婴儿的味觉比嗅觉发展得要早。一般来说,4个月大的胎儿的味觉感受器已经开始发育。在日常生活中,人们会经常发现,婴儿偏爱甜食,而不喜欢苦味、酸味等,并且对于不同的食物,婴儿脸上呈现的面部表情也不尽相同。在婴儿时期,孩子味觉比较敏感,对于不同味道的食物,他们都可以尝出来差异,所以此时家长应当使孩子习惯吃各种味道的食物,防止挑食。

婴儿七八个月大的时候,嗅觉就已经发展成熟,可以辨别几种不同的气味,并且能够根据这些不同的气味做出不同的反应。例如,当婴儿嗅到甜味时,他们面部的表情会很放松和开心,但是如果他们嗅到中药的苦味,他们会皱眉头甚至哭出来。

4. 肤觉

(1) 温度觉

婴儿对温度非常敏感,一般来说,新生儿就已经能辨别出冷热。当周围温度较低时,他们会不停地哭闹或者活动来保证身体产生热量。6个月的婴儿可以根据温度不同来分辨两个一模一样的东西。

（2）触觉

触觉是肤觉和运动觉的联合，婴儿想要去初步认识客观世界，触觉起着非常大的作用。新生儿的触觉十分敏感，表现为他们刚出生就会用手去抓握、触摸物品，4个月左右的婴儿的够物行为已经相当成熟，5~6个月的婴儿触觉和听觉开始协调，而6个月左右的婴儿手眼协调能力已经发展起来，1周岁的婴儿可以通过触觉去触摸物体从而认识客观世界。

（3）痛觉

婴儿自出生就会产生痛觉，但是与大人相比，新生儿对疼痛的感受性较低，对疼痛也不太敏感。因为婴儿的神经系统并没有发育完全，所以假如婴儿去打疫苗或者预防针，他们对痛觉的反应会比较迟钝，即使很疼，他们也会延迟几秒才会哭出来，甚至有时候都打完针一会儿了，他们还在不停地哭。痛觉感受性会随着婴儿年龄的增长而提高。

（二）0~2岁婴儿知觉发展特点

根据知觉所反映的事物类型的特性，可以把知觉分为空间知觉、时间知觉等。

1. 空间知觉

（1）形状知觉

婴儿在很小的时候就已经拥有了形状知觉，他们可以辨别出不同的形状，如窗户是方形的，盘子是圆形的等。婴儿也喜欢去看较为清楚的图像，胜过看处在运动状态的复杂图像。美国心理学家通过给新生儿不同形状的实验，发现新生儿对人脸注视的时间最长，新生儿对人脸较为敏感。随着婴儿年龄的不断增长，他们对较为复杂的形状越来越感兴趣。3~4个月的婴儿已经能够从一些静止的情境中观察到吸引他们的图像，9个月的婴儿能够从一些与人的轮廓近似的光点中判定是一个人的形状，1周岁的婴儿已经可以自主建构图形。成人可以在日常生活中多给婴幼儿提供一些形状，增加其对形状和图形的敏感度。

（2）方位知觉

婴儿的方位知觉是指婴儿对物体所处的空间以及空间关系和自己身体在空间所处的位置的知觉，如上下、左右、前后等。婴儿在3岁左右才能正确地辨别上下方位，左右方位的辨别发展得更晚。所以在孩子0~2岁的时候，成人可以通过进行一些游戏来促进婴儿方位知觉的发展，例如，叫出身体各部位的名字让孩子进行指认，成人说出"左眼睛"，让孩子用手指自己的左眼睛，让孩子逐渐明白方位的基本概念。还可以通过"藏玩具"的游戏来促进婴幼儿方位知觉的发展，例如，将其最喜欢的玩具藏在家中不同的方位，但玩具要藏在孩子容易找到的位置，切忌放在太高或者有可能会伤害到孩子的位置，然后用生动形象的语言去描述玩具的具体位置，例如，"我看见小狗躲在柜子的最下面一层了"，让孩子去寻找，加强对不同方位的认知。

（3）深度知觉

婴儿的深度知觉是判定物体与物体之间以及物体与婴儿之间距离的一种能力。对于婴儿深度知觉究竟是先天获得的还是后天形成的，学者们有不同的观点。有许多学者做了有关婴儿深度知觉发展的实验，较为著名的实验是美国心理学家沃克和吉布森的视崖实验。此实验将36名6~14个月大的婴儿放在一张较高的桌子上，观察幼儿是否能够知觉这种"悬崖"并且进行躲避。研究结果发现，6个月大的婴儿已经具有了深度知觉。人们在生活中也会观察到，2岁之前的婴儿甚至年龄更大一些的幼儿在画画时，画出的物体远近大小不分，因为此时他们还没有理解"近大远小"这个概念。并且，深度知觉受后天环境的影响和经验的积累影响较大。从婴儿5个月开始，成人就可以准备好与孩子玩一些锻炼深度知觉的游戏了，最经典的游戏就是够物。这个年龄阶段的婴儿还不怎么会爬着走，但已经可以自己趴在床上和抬头了。成人可以让孩子趴在床上，在其不远处放一个能够吸引其注意的玩具或者小物品，然后再呼唤几声孩子的名字，使得婴儿能够注意到这个物品。这时候，成人可以用手轻轻地拽着孩子的手，帮助孩子伸手去够这个玩具。反复这样玩几个来回，就能够让婴儿明白：原来我看到的东西，是可以伸手去够的。与此同时，婴儿也会开始试着自己伸手去够东西。随着婴儿的长大，其会慢慢明白将手伸到什么程度能够抓到前面的东西，这就是最初步的深度知觉。

2. 时间知觉

时间知觉是指对事物在时间上属性的知觉，是对客观事物运动的延续性和顺序性的反应。2岁的婴儿已经具有了初步的时间知觉。因为时间的概念是一个较为抽象的概念，此时的婴儿对于分钟、小时甚至天、周的概念还不是很清晰，甚至有一些混乱，婴儿必须要借助一定的工具（如钟表、沙漏等）才能对时间有把握。他们对于"昨天""今天""明天""过去""现在""将来"等词语还不够明确，所以有的时候可能是昨天发生的事情，但是婴儿却说是今天发生的事情，这种现象是正常的。

第三节　0~2岁婴幼儿心理的发展

一、0~2岁婴儿认知发展特点

（一）注意发展特点

0~2岁婴幼儿注意发展的总体特点为：无意注意占主导，集中注意的时间较短。无意注意也被称作"不随意注意"，是一种没有预定目的、不需要意志努力、不由自主地对一定事物所产生的注意。例如，婴幼儿正在玩玩具时，旁边传来了一声巨响，婴幼儿都会转头寻找声源。

婴儿最初的注意形式是无条件的定向反射。例如，当有人拍了拍一个婴儿后，他会下意识地看一下拍自己身体的人。当2个月左右的婴儿看见格外显眼、明亮或者色彩鲜艳的东西时，会下意识地进行注视。

3~6个月的婴儿视觉注意进一步发展，并且伴随着此时头部运动能力的增强，他们喜欢在更多事物上进行注意。例如，他们会在自己喜欢的玩具和妈妈身上注意很长时间，此时他们会对更多细致的东西保持很长时间的注意。

6个月到1周岁之前的婴儿不仅仅局限于之前的视觉注意了，此时他们在生活中已经积累了一定的生活经验，出现了有意注意的萌芽，即注意有了一定的选择性。例如，他们的注意较多集中在吮吸、抓握上，此时家长应当给幼儿提供更多的刺激物，促进幼儿注意的进一步发展。

随着年龄的增长，1岁半到2岁的幼儿不仅注意不再那么盲目，而且更有目的性，更加明确，他们集中注意力的时间也会随着年龄的增加而变长。例如，1岁半的婴儿集中注意力的时间仅有5~8分钟，2岁大的婴儿集中注意的时间大概为10~12分钟。随着幼儿言语能力的不断发展，他们可以理解成年人的许多语言，此时对事物的注意就不只是注意一些显眼的事物，他们开始集中注意于成人的语言表达中的一些词汇，或者电视广告，或者是集中注意力去听家长们讲故事。

总之，0~2岁幼儿注意的分配主要是无意识的，尽管1周岁左右的幼儿会有有意注意的萌芽出现，但此时的有意注意还是受大脑发育水平的局限，真正吸引他们注意的还是他们所感兴趣的事物。

（二）记忆发展特点

0~2岁婴幼儿总体记忆发展特点为：无意记忆为主，形象记忆多于语义记忆。无意记忆是指没有预定的目的，也不需要运用特定的方法就能记住的现象。整个婴儿时期，婴儿最主要的记忆形式就是无意记忆，这些记忆的内容都没有预定的目的，大多是源于现实的生活，例如，今天母亲给婴儿讲了故事、唱了歌谣，他会自然而然地记住这些。再如，婴儿看过动画片后，能记住动画片里的人物和情景，这也属于无意记忆。但是由于婴儿此时的记忆系统发育得还不够好，同时记忆系统不稳定，所以尽管婴儿记住得快，但是遗忘的速度也很快。与无意记忆相对的就是有意记忆，有意记忆是指有一定的预定目的，并且需要运用一定的方法进行的记忆。由于0~2岁婴儿记忆系统和语言系统刚处于起步的阶段，所以此时婴儿有意记忆极少，学前期的幼儿有意记忆逐渐增加。

形象记忆是以感知事物的形象为内容的记忆，它主要依靠的是表象。语义记忆又被称作词语逻辑记忆，是以词语概括的逻辑思维结果为内容的记忆，包括一些抽象的公式、概念、定理等，语义记忆较为抽象和概括。由于婴儿的思维形式比较受限，所以此时多以形象记忆为主，例如，他会记得母亲的音容笑貌，或者是动画片里的角色形象。0~2岁婴儿的语言也开始发展，因此他也会记忆一些成人常说的词语。

（三）思维发展特点

0~2岁婴幼儿总体思维发展特点为：处在感知运动阶段。根据皮亚杰的认知发展阶段理论，在新生儿不断成长的过程中，认知结构在环境的作用中不断重构，表现出不同的四个阶段：感知运动阶段、前运算阶段、具体运算阶段、形式运算阶段，分别对应的年龄阶段为：0~2岁、2~7岁、7~12岁、11~15岁。皮亚杰指出，每个孩子发展的速度快慢不同，所以达到各个认知发展阶段的年龄标准只是一种粗略的估计，但是每一个阶段都建立在前一阶段发展完成的基础之上，儿童不可能跳过一个阶段直接到下一个发展阶段。

0~2岁的幼儿处在感知运动阶段，这个阶段的主要特点是婴儿会依靠感知动作来适应外部的客观世界，此时婴儿思维的发展特点如下。

1. 问题解决能力得到初步的发展

由于感知运动阶段的婴儿是根据感知觉与动作的关系认识客观世界，随着婴儿年龄的增长，日常生活经验的增加，他们会运用不同的动作去应付遇到的新问题、新情况。在1岁到

1岁半左右的婴儿，开始运用"试错"的方式去解决新问题，例如，婴儿看到了床单上的娃娃，他想要用手拿到娃娃，但是因为手臂不够长，一直没能拿到。但是他偶然间拉动了床单的一角，娃娃也跟着床单的动作动了一下，此时这名婴儿便发现了床单与娃娃之间的关系，于是他把床单拉下来，拿到了娃娃。这属于婴儿在思维发展过程中的一大进步，他们看到了事物与事物之间的关系，开始运用智慧去尝试解决问题。

2. 获得了客体永久性

客体永久性是指儿童能够理解物体是作为独立实体而存在的，即使个体不能知觉到物体的存在，它们仍然是存在的。皮亚杰想要探索0~2岁婴儿客体永久性的问题，于是他做了一项实验：在一个5个月大的婴儿面前放一只小猴玩具，婴儿会与玩具之间产生联系，但是在玩具和婴儿之间放一个隔板，婴儿就不会再去关心和寻找那个玩具，似乎玩具消失了一样。实验结果说明：此阶段的幼儿的客体永久性概念还没有形成。在对9个月大的婴儿进行实验时，研究人员将隔板换成了布，去蒙住玩具，结果发现，9个月大的婴儿在发现玩具被布盖住后会掀起布去寻找玩具。皮亚杰认为，9个月大的婴儿能够意识到，即使物体被遮挡住，它仍然是存在的，9~12个月的婴儿会形成客体永久性的概念。

二、0~2岁婴幼儿社会性发展

（一）亲子关系：依恋关系建立的关键期

依恋一般被定义为婴儿和其照顾者（一般是母亲）之间存在的一种特殊的情感关系。最早由精神病学家约翰·鲍尔比提出。依恋关系的建立对于婴儿十分重要，不仅关系到与父母亲子关系的建立，还关系到其终身人际关系的建立。心理学家安斯沃斯通过"陌生情境测验"，将婴儿的依恋关系分为三类。

第一类是安全型依恋。这类儿童在陌生情境中，把母亲作为"安全基地"，去探究周围环境。母亲在场时，主动去探究；母亲离开时，产生分离焦虑，探索活动明显减少。忧伤时容易被陌生人安慰，但母亲的安慰更有效。母亲返回时，以积极的情感表达依恋并主动寻求安慰，即使在忧伤时，婴儿也能通过与母亲的接触很快平静下来，然后继续探究和游戏。

第二类是回避型依恋。这类儿童在陌生情境中，母亲是否在场对他们的探究行为没有影响。母亲离开时，儿童不会表现出明显的分离焦虑；母亲返回时，也不主动寻求接触，而且母亲接近时反而转过身去，回避母亲的亲密行为。实际上这类儿童并没有跟母亲之间形成亲密的情感联结。

第三类是反抗型依恋。这类儿童在陌生情境中，难以主动地探究周围环境，而且探究活动很少，表现出明显的陌生焦虑。母亲离开时相当忧伤，但重逢时又难以安慰。实际上，这些儿童抗拒母亲的安慰和接触，他们的行为表现出一种愤怒的矛盾心理，对母亲缺乏信心，不能把母亲当作"安全基地"。当母亲返回时，他们拒绝去探究，仍表现出明显的焦虑不安。在忧伤时，陌生人的安慰效果与母亲差不多，不会表现出明显的陌生焦虑。

0~2岁是母婴依恋关系形成的关键期。依恋的形成有以下四个阶段。

①0~2个月大的婴儿与母亲的依恋属于前依恋阶段。这个阶段的幼儿与母亲的相处时间较长，也逐渐熟悉了母亲的声音、味道。但此时的婴儿与母亲分离时并没有表现出焦虑的情

绪，其暂未与母亲形成依恋关系。

②2~7个月大的婴儿处在依恋关系的建立期。此时婴儿与照料者（母亲）之间的关系更加亲密，开始对陌生人和熟悉的照料者之间做出不同的反应。同时，其渴望更多的爱抚和拥抱，但是这个年龄阶段的幼儿不会拒绝来自陌生人的关注。

③7个月到1岁半的婴儿处在依恋关系的明确期。此时婴儿也将经历第一个分离焦虑期，表现出与照料者有着很明显的依恋关系，一旦与其照料者分离，就会表现出很明显的焦虑，会用哭声表示抗议。

④1岁半至2岁的婴儿与母亲的依恋关系处在交互关系的阶段，此时婴儿语言能力、思维能力迅速发展，因此其可以知晓母亲的动向，于是分离焦虑并没有像第一分离焦虑期那么明显。

在婴儿0~2岁期间，是依恋关系不断形成的阶段。照料者（尤其是母亲）更应该担负起自己的责任，以促进与孩子建立起安全型的依恋关系。首先，成人应经常与孩子进行亲密的肢体接触。父母与孩子进行肌肤的亲密接触，例如摸摸孩子的头、拉拉孩子的手，会让其感受到爱，让其认为自己所处的环境是安全的。当父母经常拥抱孩子时，孩子可以通过父母的肢体行为来感知爱，从而建立起安全感。给孩子拥抱并不代表宠溺，拥抱是亲子关系的连接，是温暖与爱的传递。其次，成人应积极回应孩子的需求。不论是生理需求还是精神需要，如果父母可以积极地回应孩子，那么孩子产生消极情绪的频率一定会降低。尤其是对于0~1岁的婴儿，他们此时正处于建立安全感的关键阶段，不会表达、听不懂话语的婴儿只会用哭喊声来表达自己的需求，只有成人做到及时回应，孩子才能够很好地缓解、消除紧张不适的负面情绪。最后，成人要采取合理的方式去缓解分离带给孩子的痛苦。长时间与亲人分离会给孩子的心灵带来极大的痛苦，而父母所要做的是要理解和尊重孩子的这种痛苦，而不是不管不顾或者大声斥责孩子。家长要为分离提供一个理由，对于孩子来说，不知道亲人去了哪里，什么时候回来，这是让他们最焦虑的事情。因此，家长要注意，对于分离的理由，解释越简单，效果越好。例如，和孩子说"妈妈去买好吃的，很快就回来"，同时也不需要提前几天就告诉孩子要分离的事实，以免孩子提前就会产生焦虑，最重要的是家长切忌向孩子撒谎。总而言之，在孩子小的时候，尤其是学龄前阶段，家长尽量不要与孩子进行长时间的分离，在孩子第一分离焦虑期的时候，照料者应当陪着婴儿顺利地度过，与孩子建立起安全型的依恋关系。

（二）同伴关系：较为原始和简单

婴幼儿的同伴关系也是一个持续发展的过程，即从原始的、简单的、单向的关系到各种复杂的、互惠的关系的过程。在婴儿6个月大的时候会出现最初期的同伴关系，但此时的表现还较为简单，表现为两个婴儿之间会相互触摸或者观望，有一个孩子哭泣，另一个孩子也会跟着哭泣；6个月以后，婴儿之间交往的社会性逐渐加强；1~2岁的婴儿会与其他孩子一起玩游戏，表现为初步的同伴交往能力。

学者缪勒和白莱纳将2岁以前的婴儿的同伴交往从简到繁分为三个阶段：第一个阶段是物体中心阶段，此时的同伴关系只是婴儿单向的社交行为，婴儿大部分的注意都指向玩具或者物体，所以此时多把对方当成玩具对待；第二个阶段是简单的互相作用阶段，此时婴儿能够对同伴的行为做出反应，但是因为处于自我中心阶段，因此会出现婴儿试图去支配其他儿童的行为；第三个阶段是互补的相互作用阶段，此时复杂性的互动行为出现，婴儿容易模仿他人的行为，并且出现互补角色关系。

三、0～2岁婴儿自我意识开始逐步发展

自我意识是主体对其自身作为客体存在的各方面的意识，它是个性的重要组成部分，是个性发展水平的标志。自我意识包括三个部分：物质自我、心理自我和社会自我。物质自我是指自己的外貌、穿衣打扮、言行举止等；心理自我是指自己的智力、情感与人格特征以及所持有的价值取向和宗教信仰等；社会自我是指在人际交往中对自己所承担的角色和权利、义务、责任等，以及自己在群体中的地位、声望的认识和评价。

［微视频］
宝宝对镜子中的自己的反应

为了研究婴儿的自我意识水平，心理学家阿姆斯特丹对88名3～24个月的婴儿进行了点红实验。点红实验就是在婴儿毫无察觉的情况下，实验人员在他们鼻子上点涂一个红点，然后观察婴儿照镜子的反应，结果为：6～10个月的婴儿会对镜子中的映像感兴趣，但是却认不出是自己；13～20个月的婴儿会对镜子中和现实的东西一一对应，非常感兴趣，但还是认不出自己；20～24个月的婴儿的自我意识属于快速发展的阶段，此时的婴儿能够看到镜子里的自己鼻子上有红点，并且用手去摸自己的鼻子。通过这个实验可以得出结论：2岁左右的婴儿已经具备了自我意识。

孩子拥有自我意识主要表现在成人能够感到其有脾气了。当孩子不顺心、不如意的时候就会发脾气，甚至耍赖和乱扔东西；孩子最常说的话就是"我的"，不管是自己的玩具，或者是自己想要的玩具，还是别人的玩具，只要孩子想要或者已经拿到自己的手里，就会说"我的"；孩子还很爱说"我不"，任何事情都喜欢和成人对着干，甚至顶撞成人。

其实以上的行为表现对于初具备自我意识的孩子来说都是很正常的。成人在0～2岁婴幼儿自我意识发展的时期，应当采取一些措施，让孩子更早地了解自我、更准确地认识自我。首先，成人应当承认并且尊重孩子的独特性和独立性，在保证安全的情况下，创造机会让孩子展现自己的能力，例如，让孩子自己吃饭，自己穿衣服，自己整理玩具等；其次，成人要给予孩子积极的评价，要自然而然地向孩子表露自己的爱，承认孩子的自我价值，理解孩子在发育的不同阶段表现出的不同行为；最后，成人可以逐渐帮助孩子建立规则，养成一些良好的习惯，例如，饭前洗手，玩完的玩具要及时收起来。有时孩子并不一定会听话照做，这就需要成人起示范作用，积极地引导孩子培养良好的习惯。

四、0～2岁婴幼儿处在信任对不信任的阶段

心理学家埃里克森认为，人的一生整个发展过程可以划分为八个阶段，0～2岁的婴儿处在第一个阶段，即信任对不信任阶段。

成人切忌将刚出生的幼儿看作一只不懂事的、只要喂饱并且不哭的小动物。0～1岁半的年龄阶段是信任和不信任的心理冲突期，新生儿已经开始逐渐认识人了，当孩子哭或饿时，父母能够及时回应对于婴儿建立信任感具有重要的作用。刚出生没有多久的婴儿非常孤弱，

他们缺乏对这个世界的安全感，对成年人（尤其是照料者）非常依赖。如果照料者能够经常对其爱抚、关心，满足婴儿的需要，他们就会形成信任感，如果照料者不能很好地满足他们对于安全感的需求，则他们就会对这个世界产生不信任感。信任在人格中形成了"希望"这一品质，它起着增强自我的力量。具有信任感的儿童敢于希望，富于理想，具有强烈的未来定向；而缺乏信任感的孩子则不敢希望，时时刻刻都担忧着自己的需要得不到满足。而对于一个成人来说，如果他在人生最初阶段建立起了信任感，将来在社会中就会成为易于信赖和满足的人；反之，他将成为不信任别人和贪得无厌的人。

另外，1岁半左右的幼儿自主感增强。埃里克森八阶段理论中第二个阶段为"自主对羞愧"，对应的年龄阶段为1.5～3岁。在这一时期，幼儿掌握了大量的技能，其中有动作技能，如坐、爬、走等，也有语言的发展。同时，在这个年龄阶段，婴儿出现了"第一个反抗期"，其生活内出现了一对矛盾，一方面是由于此时婴儿年龄较小，父母对其行为的控制逐渐加强，渴望让孩子自小就能养成良好的习惯，例如，让孩子不挑食、训练孩子自主进行大小便等；另一方面，此时的婴儿自主意识增强，他们会重复使用"我""我们"这样的词汇，并且他们此时会说"不"这个字以示反抗。如果父母对幼儿的控制较为严格，会伤害婴儿的自主感和自我控制能力，使其对自己的能力产生怀疑，进而对自己产生不自信的心态。因此，父母要对幼儿进行良好习惯的培养和管教，因为这个阶段的幼儿会有一些错误行为，例如，幼儿会故意将饭碗摔到地上，或者出于好奇心将手伸进滚烫的水里，遇到这些情况成人要及时制止，并且制定好规则，培养幼儿的规则意识和良好的习惯。同时，要使其有一定的自主性，在保证安全的情况下可以允许孩子积极主动地去探索。这种"度"父母应当做好把握。

本章小结

0～2岁婴幼儿脑和神经系统发展主要体现在脑重量的变化、头围的增加、神经元和神经胶质细胞的发展。总体来说，0～2岁婴幼儿处在脑发育的敏感期，要求成人对0～2岁的婴幼儿进行适当的早期教育，为他们提供丰富的材料和环境刺激，最大程度地对婴幼儿脑的潜能进行发掘，从而为今后的学习、生活打好基础。

0～2岁婴幼儿处在皮亚杰认知发展阶段中的第一个阶段——感知运动阶段，即婴儿大部分都是靠感知觉去认识客观世界的。感知觉是婴儿探索世界并且认识客观世界的一个重要的基础，也是心理发展的重要基础。0～2岁婴幼儿的感觉，包括视觉、听觉、嗅觉、味觉、肤觉和知觉等都在不断地发展当中，而注意、记忆、想象等心理活动都是在感知觉的基础上发展而来的。

0～2岁婴幼儿心理发展体现在认知发展、思维发展、社会性发展、人格发展、自我意识发展等方面。由于受到年龄的限制，0～2岁婴幼儿的注意、记忆的发展都处在无意阶段，思维的发展也处在最初的阶段——感知运动阶段；婴幼儿0～2岁的阶段正处于与母亲建立依恋的阶段，因此家长应在这个阶段多多陪伴孩子，以建立起安全型的依恋关系；除了亲子关系的发展，0～2岁婴幼儿同伴关系也有所发展，但是总体特点还是较为简单和原始；另外，0～2岁婴幼儿的自我意识也在不断地发展。

思考与练习

1. 0~2岁婴幼儿感知觉发展的特点是什么？
2. 如何使0~2岁婴幼儿与母亲建立起安全型的依恋关系？

拓展阅读

1. Karen, R. 依恋的形成：母婴关系如何塑造我们一生的情感[M]. 赵晖, 译. 北京：中国轻工业出版社, 2017.
2. 雷雳. 发展心理学[M]. 3版. 北京：中国人民大学出版社, 2017.

第四章 0~2岁婴幼儿家庭教育常见问题指导

学习目标

❶ 了解0~2岁婴幼儿免疫系统、语言能力、创造力、社会交往等方面的发展特点；

❷ 掌握培养婴幼儿语言能力、社会交往、创造力等方面的科学方法。

0~2岁年龄阶段的婴幼儿正处在快速成长的关键期，身心发育速度较快，若在此阶段受到良好的早期家庭教育，将会大大助益婴幼儿的健康成长。由此，本章拟对0~2岁婴幼儿家庭教育常见的问题进行系统归纳和阐述，以帮助家长更好地养育婴幼儿，促使婴幼儿身心各方面全面和谐地发展。

第一节　产后抑郁问题

一、产后抑郁症概述

产后抑郁症（postpartum depression）是指女性于产褥期出现明显的抑郁症状或典型的抑郁发作，与产后心绪不宁和产后精神病同属产褥期精神综合征，发病率在15%~30%。典型的产后抑郁症于产后6周内发生，可在3~6个月内自行恢复，但严重的也可持续1~2年，再次妊娠则有20%~30%的复发率。其临床特征与其他时间抑郁发作无明显区别，以情绪低落、精神抑郁为主要症状：易激惹、恐惧、胆怯、情绪不稳、心神不安、内疚、焦虑、沮丧、对自身及婴儿健康过度担忧，常失去生活自理及照料婴儿的能力。

大约80%的女性在分娩后都会体验到"情绪低落"。不过大部分研究者都认为产后情绪低落是一个正常现象，因为婴儿出生后会伴随着激素的改变，在其他社会心理的共同作用下，使得妈妈容易出现悲伤、哭泣和易怒等情绪。产后抑郁症状不仅危害产妇的身心健康，而且对母婴关系、婴儿的情绪、行为和认知发展都有负面影响。

党的二十大报告强调把保障人民健康放在优先发展的战略位置，建立生育支持政策体系，及时调整生育政策，这是国家重视保障妇女儿童合法权益的生动体现。在幼有所育、幼有优育的社会图景下，妇女的产后抑郁问题更加值得关注。守护好妇女儿童这一社会上的柔弱心脏，整个社会义不容辞。

二、产后抑郁症的成因

产后抑郁症的严重程度和具体持续时间取决于一系列因素：诊断和治疗的速度，女性对怀孕和产后激素变化的敏感性，经济等环境压力因素，分娩经历，或家人的支持程度。当然，有些女性可能具有家族遗传的抑郁症或其他情绪障碍倾向。

1. 神经内分泌的变化

这是产生精神障碍的生物学基础。随着妊娠的结束，妊娠期升高的肾上腺皮质激素、雌激素、孕激素等迅速下降，比较明显地影响产妇心理，诱发抑郁症。

2. 分娩情况的影响

初产妇无生育经验，缺乏妊娠、分娩知识及心理准备，特别是难产、手术产、产后出血、环境的陌生、分娩的疼痛、其他产妇的尖叫等都会使产妇紧张、恐惧，导致神经紊乱、内分泌失调。

3. 妊娠结局的影响

新生儿窒息、畸形、死产、早期夭折、母婴分离或新生儿性别与其所期盼不符也会影响产妇情绪，导致抑郁症。

4. 社会因素的影响

夫妻分离、夫妻关系紧张、婚姻破裂、缺少丈夫及家人的关心、缺少周围人的帮助和社会有力的支持、下岗失业、亲人重病或亡故、家庭经济条件差、难以承担医疗费用、医务人员冷漠粗暴的服务态度等，都可能成为产褥期抑郁症的诱因。

5. 人格特征

好强求全、保守固执、自我为中心、与人相处不融洽、情绪不稳定、幼稚、过分自我控制或过分追求完美等，具有上述不成熟人格特点的产妇是产后抑郁症的高危人群。

6. 身心相互影响

生理与心理的不良刺激相互促进、恶性循环，使生理应激与心理应激超过了个体的承受极限，从而诱发产褥期抑郁症。

三、产后抑郁症的表现

1. 生理上的表现

抑郁情绪会导致食欲低下，从而体重减轻；容易失眠、早睡、疲倦和乏力；抑郁情绪会降低免疫系统的功能，从而使人更容易患病，如冠心病、哮喘、头痛和溃疡病。

2. 情绪上的表现

容易焦虑，总是担心宝宝和自己的身体状况；容易被激怒，无缘无故对家人发脾气，很小的事情都会引起自己的不满；害怕和恐慌，总是幻想宝宝会突然死亡，家庭会发生重大变故等情形不能自拔。

3. 认知上的表现

注意力不集中、思维迟钝、反应缓慢、比较健忘；很难做决定、缺乏行动力、缺乏信心；对多数活动缺乏兴趣或愉悦感；感觉活着无用或有罪恶感；有时候很难对宝宝提起兴趣甚至有厌恶感，过后又会自责。

4. 行为上的表现

莫名地落泪；采取懒惰等消极的生活方式；缺乏锻炼、不愿运动；不愿意参加社交活动；厌世并有自杀念头，有自残、自杀倾向。

四、产后抑郁分类

1. 产后沮丧

大家都熟悉的"儿童忧郁"，26%~85%的女性产后出现这种症状。症状包括：会没有明显理由地感到悲伤和焦虑而常常哭泣。这种症状开始于产后第一周（1~4天），通常在没有治疗的情况下两周内减缓下来。

2. 产后抑郁

这是比产后忧郁更严重的症状,在10个产妇中大约有1个受其影响。症状包括:会"高声"与"低声"频繁地哭泣、易怒和疲劳,感到焦虑,不能照顾婴儿和自己。症状的范围从轻微到严重,可能是产后几天出现或者逐渐出现,甚至一年后出现。

3. 产后精神病

这是产后抑郁最严重的情形,1000个产妇中仅有1个患有这种症状。这种症状一般产后很快发生且十分严重,持续数周到几个月。症状包括:会非常兴奋、混乱、感到绝望和羞耻、失眠、偏执狂、错觉或幻觉、极度活跃、说话迅速或狂躁。产后精神病需要立即药物干预,因为有自杀和伤害婴儿的危险。

五、产后抑郁症的诊断

根据《中国精神障碍疾病分类与诊断标准(第3版)》(CCMD-3),关于抑郁症的诊断主要依据4个方面:症状、严重程度、病程和排除标准。

爱丁堡产后抑郁量表(EPDS)是目前国内外运用较多的产后抑郁筛查量表之一(参见表4-1),共有10个项目,分别涉及心境、乐趣、自责、焦虑、恐惧、失眠、应付能力、悲伤、哭泣和自伤等,于产后6周内进行调查。每项内容根据症状严重程度分为4级评分(0~3分),得分范围0~30分,9分为筛查产后抑郁的临界值,12分作为筛查重度产后抑郁的临界值。

总分9分以下,绝大多数为正常。总分10~12分,有可能为忧郁症,需注意及追踪并近期内再次评估或找专科医师处理。总分相加≥13分者可诊断为产褥期抑郁症,应找专科医师处理。

表4-1 爱丁堡产后抑郁量表(EPDS)

条目	从不(0)	偶尔(1)	经常(2)	总是(3)
1. 我开心,也能看到事物有趣的一面				
2. 我对未来保持乐观的态度				
3. 当事情出错时我毫无必要地责备自己				
4. 我无缘无故地焦虑或担心				
5. 我无缘无故地感到恐惧或惊慌				
6. 事情发展到我无法应付的地步				
7. 我因心情不好而影响睡眠				
8. 我感到悲伤或悲惨				
9. 我因心情不好而哭泣				
10. 我有伤害自己的想法				

六、产后抑郁症的治疗

精神病学家丹妮尔·约翰逊曾说:"产后抑郁症可能持续存在的最大原因是因为它没有

得到治疗。虽然女性可能会意识到她有某些症状，但寻求治疗这件事往往会让人感到耻辱。女性不应该因为让人们知道她们正在为抑郁症挣扎而感到羞耻或尴尬。"产后抑郁症应尽可能早期识别，早期治疗，足量足疗程。其治疗过程与其他抑郁症的治疗过程相似，包括药物治疗、精神治疗或两者兼而有之。轻中度抑郁可采用心理治疗，如果持续两周，且症状越来越重，一定要采用药物治疗或药物治疗合并心理治疗。产后抑郁的治疗需要家庭和患者两方面共同努力。

（一）配偶和家人进行家庭护理

良好的家庭氛围对患者的疾病恢复具有重要的作用，家属一定要做好家庭护理必要的常识学习，为患者创造更好的生活环境。家属如果在护理产后抑郁症患者过程中遇到特殊问题，可以咨询专业医生或心理咨询师。

①家属要学习和掌握疾病知识，正确对待疾病，多给予理解、关心和支持。外来的支持可以将负性应激的影响降到最低。学会观察和识别方法，一旦发现，尽早干预，陪伴患者到正规医疗机构治疗，避免病情加重，避免不良的后果发生。

②因患者病后会有各种能力不同程度的下降，配偶和家人要主动承担家务和分担照料孩子的事务。及时告诉产妇育儿经验，帮助其适应新的生活变化，平稳度过陌生和慌乱期。

③为患者创造安静、闲适、健康的休养环境和氛围，对患者日常生活进行照顾，让患者感受到温馨和支持，以利于产妇的身心健康。房间要有充足的阳光，但不宜直射婴儿及母亲，可用窗纱遮挡。每天要开窗通风，保持室内空气新鲜。

④丈夫的配合尤为重要。生产后一个月内，丈夫最好能陪伴在产妇身边，协助产妇护理婴儿，如帮助产妇给婴儿洗澡、换尿布等。有些丈夫怕孩子的哭闹影响自己的睡眠，夜里就独自到其他房间睡，这样会使产妇觉得委屈，抑郁症状加重。丈夫要多陪伴产妇并谅解妻子产褥期的情绪异常，避免争吵。

⑤帮助产妇适应角色转变和心理转变，培养自信、乐观、积极、健康的性格，培养积极的认知模式、情绪和行为模式，提高对环境的适应能力。

⑥简化生活，避免改变。在怀孕和分娩后1年内，不要做出任何重大的生活改变，重大的改变会造成产妇不必要的心理压力，使生活更加难以应对。

⑦在照顾孩子的忙碌中，家人别忘记观察产妇的情绪，多沟通，如发现有产后抑郁的一些表现，及时对产妇的焦虑、忧郁、自责情绪进行劝解、疏导或咨询专业机构，分担产妇的忧郁和担心。注意发现产妇的悲观情绪和自伤自杀、伤害孩子的先兆，避免不良的行为发生。一旦确诊，尽早干预。

⑧如果产妇的病情严重，应考虑住院治疗，避免病情加重，避免不良的后果发生。

（二）产妇自我心理调适

如果女性能了解一些心理学知识和心理治疗的技术就可以学以致用，及时调整和改善自己的情绪。

①焦点转移：如果产后的确面临不愉快的生活事件，甚至难以解决的棘手问题，不要让精力总是陷入不良事件上。越想不愉快的事心情就会越不好，心情越不好越容易钻牛角尖，心情就会越发低落，陷入情感恶性循环的怪圈中。所以要适当转移自己的注意力，将注意力

转移到一些愉快的事情上，关注自己的喜好，不仅思维上转移，还可以身体力行参与力所能及的愉快活动。

②主动求助：产后抑郁的女性内心会有一种无助感，心理专家分析，这种无助感可能是幼年被忽略的阴影的重现。这其实是一种希望获得他人关注的信号，所以主动寻求和接受别人的关注是一种很有效的自我保护方式。

③放松充电法：适当调节变动生活内容，不要时时刻刻关注孩子而忽略了自己，将孩子暂时交给其他人照料，让自己放个短假，哪怕是两个小时、半天，也能达到放松自己的效果。注意避免心理、情绪透支，可以参加产后修复课程，在产后修复课上让身材和体能慢慢恢复，唤起对生活的热爱，偶尔跟朋友们聊聊天，也是一天中最好的放松方式。

④行为调整法：鉴于女性生产后不适于做剧烈的运动，但一些适当的放松活动是非常必要的。例如，深呼吸、散步、打坐、冥想平静的画面、听舒缓优美的音乐、看一些图文并茂的杂志，或读一些幽默的故事来调节身心。

⑤倾诉宣泄法：找好友或亲人交流，大哭一场也无妨，尽情宣泄郁闷情绪。可以准备一个小本，记录自己的心情，如愤怒、沮丧、伤心、失望等，记录的过程也是情绪宣泄的过程。

⑥角色交替法：女性虽然已为人母，但仍是老公的娇妻、父母的爱女，谁也不可能只做24小时的全职妈妈，所以要给自己换个角色享受娇妻、爱女的权利。

⑦鼓励法：自我欣赏，多看自己的优点，多看事物的好处，多想事情可能成功的一面。或者建立一个小而精的妈妈群，大家的背景、消费层次都相当，一起讨论如何育儿，遇到问题互相请教，互相鼓励。

⑧自我实现法：生儿育女只是女性自我实现的一种方式，但绝不是唯一的方式，所以不要忘了还有其他自我实现的潜力和需要。也许趁着休产假的时间还能关注一下自己擅长的事业，等产假结束以焕然一新的新形象出现。

⑨食物治疗法：产妇在"月子"里通常都会吃大量补品，殊不知这些食物很容易令人心烦气躁，失眠焦虑，严重的还会出现种种"上火"迹象。所以要多搭配吃一些清淡食物，多吃新鲜的蔬菜水果，多喝温开水，由内而外地调整身心状态。吃营养丰富又清淡的食物，沐浴在被家人照顾的亲情中，尽情享受一餐一饭的营养和爱。

总之，产妇不要只顾沉浸在增添新宝贝的快乐中而忽略了自己，一方面要积极学习育儿知识，另一方面同时带动配偶和亲人们共同应对育儿的各种问题和困扰，减轻自己的身心压力。哪怕在不被理解、不被关心时，也要学会自我调节，自己治愈自己。

第二节　婴幼儿的身体免疫力问题

一、认识免疫系统

人民至上、健康至上、生命至上是中国式现代化的鲜明底色。党的二十大报告提出，要重视推进健康中国建设，聚焦"健全公共卫生体系，加强重大疫情防控救治体系和应急能力建设，有效遏制重大传染性疾病传播"的目标，稳步、持续、高效地推进公共卫生现代化。作为公民，我们要坚守健康的防线，提升免疫力。

免疫系统是由免疫器官、免疫细胞和免疫分子组成的。例如，大家熟悉的骨髓是中枢免疫器官，负责不断生产和分化免疫细胞。又如，脾脏、全身淋巴结属于周围免疫器官，它们负责支撑稠密的免疫细胞，这样脾脏中就有了大量巨噬细胞，它可以直接吞噬外来异物，还可以直接加工、传递信息给淋巴细胞，使之产生抗体。一旦抗体生成，其他免疫组织就很容易把具有抗体包裹的抗原杀灭。像呼吸道、肠道黏膜、口腔，包括皮肤都有相关的淋巴组织，人们熟知的扁桃体就是其中的一员，它忠实地守护着进入人体的第一道大门。免疫细胞包括造血干细胞、淋巴细胞、红细胞以及血小板等，还包括一些免疫分子如免疫球蛋白等，它们共同担负起捍卫人体健康的责任。

二、0～2岁婴幼儿免疫系统的特点

要保证0～2岁婴幼儿的健康成长，就需要有强大的免疫力来支持。刚出生的婴儿的免疫力是母体提供的，6个月前纯母乳喂养的婴幼儿很少生病，这倒不是因为婴幼儿免疫力特别强，而是他（她）的体内有来自母体的抗体，母乳中也有免疫球蛋白，加上家人对婴幼儿的精心照顾，婴幼儿就会受到双层保护，身体自然就很强壮。到了6个月后，来自母体的抗体作用就会减弱，婴幼儿自身的免疫力还没有完全建立，是抵抗力最薄弱的时期，生病的次数逐渐开始增加，但是这时家长须清醒地认识到：婴幼儿阶段的孩子容易生病是很正常的事，没必要过于紧张，免疫力是在机体与各种致病因子不断斗争的过程中形成并逐渐加强的。机体只有在不断与疾病抗争的过程中，免疫系统得到了锻炼（获得经验），才能真正发育成熟，机体的免疫力从而就会增强。婴幼儿的免疫系统生理状态与成人显著不同，他们的免疫系统发育还不成熟，而且不同年龄段的婴幼儿免疫水平也不同，从而导致不同年龄段的婴幼儿发生的疾病也有所差别。

三、如何提高0～2岁婴幼儿的免疫力

0～2岁婴幼儿自身免疫力的提高既受先天因素的影响，更受后天营养、体格锻炼和预防接种等后天因素的影响。

（一）增强自身体质，提高婴幼儿免疫的内力

1. 坚持母乳喂养，是婴幼儿人生的第一次免疫

刚刚出生的婴儿，最理想的食物是母乳。母乳中含有最天然的营养成分，糖、脂、蛋白比例合适，容易消化吸收，能够保证婴儿生长发育的需求，同时母乳中还含有婴儿生长初期所需要的免疫活性物质，可以增强婴儿的免疫力。在分娩后72小时内分泌的母乳，即初乳中，就开始含有非常高浓度的乳铁蛋白。乳铁蛋白不仅可以起到高效补铁的作用，更重要的是，它在免疫细胞和免疫因子的调控中还起到了非常核心的作用，对细菌、真菌、病毒还有细菌形成的生物膜等都有对抗的作用。母乳中的低聚糖，它可以促进小儿肠道双歧杆菌和乳酸菌生长，大量的乳酸杆菌对婴儿的肠道有好处。母乳喂养还减少了细菌感染的可能，可

以预防过敏，能够增强孩子的抗病能力，促进婴儿健康发育，这是任何食品包括婴幼儿配方奶都无法比拟的。所以，世界卫生组织建议婴儿出生后母乳喂养可以到2岁。但需要注意的是，宝宝1周岁后妈妈母乳中的营养成分逐渐减少，不能满足宝宝的生长发育需要，所以应该在婴儿6个月大的时候就要逐渐开始添加辅食，为断奶做准备。断奶时也要采取循序渐进的方法，不要突然将母乳中断，容易导致婴幼儿身体不适应而出现上火等不良现象。需要提醒的是，一般不建议选择夏季断母乳，因为夏季天气过于炎热，婴幼儿容易上火，也不建议选择在冬季断奶，因为冬季天气比较寒冷，婴幼儿断奶时容易引起免疫功能低下而导致生病。所以断奶的最佳季节是在春天或秋后天气比较凉爽时。

2. 科学搭配饮食，保证婴幼儿生长发育的物质营养

只有婴幼儿的身体组织发育正常，才可能对外界有充分的抵抗力和不过激的反应力，这就需要有营养充分且热量适中的饮食保障。因此一定要注意合理搭配膳食，保证婴幼儿营养全面均衡。

出生后1~12个月的婴幼儿生长发育非常快，尤其是前半年，其体重可达到出生时的2~3倍。足月出生的孩子，除了继续母乳喂养外，4个月后可以逐渐添加辅食，比如面糊、米汤、菜汤、蛋、瘦肉、豆浆、饼干等，为1岁后逐渐断奶打好基础。早产儿可以在6个月以后逐渐添加，但前提是婴幼儿身体健康、消化功能正常。切记不要一开始就增加高蛋白、高脂肪的肉类辅食，或者一次给婴幼儿吃好几种辅食。由于婴幼儿出生后一直吃母乳，没接触过辅食，本身心理上就有一种抗拒心理，如果给他一次性添加多种辅食，不仅会不适应，还可能会引发积食、消化不良等肠胃疾病，所以辅食的添加一定要遵循循序渐进的原则。

3. 提供健康的环境，是提高婴幼儿免疫力的基本保障

这个阶段的婴幼儿身体各方面都非常脆弱，一个健康的环境对婴幼儿的成长尤为关键。首先，要提供的是物质环境，一定不要让婴幼儿吸二手烟。平时注意居室通风换气，注意婴幼儿与大人的个人卫生，做到饭前、便后、外出回家后要洗手，少带婴幼儿去人员密集的公共场合，尽量减少接触病原体的机会。需要指出的是，环境健康并不代表过分干净，过于干净、过于消毒的环境也不利于婴幼儿自身抗体的形成，会导致婴幼儿免疫力下降。其次，要提供的是心理环境。要给予婴幼儿充满安全感的环境。很多实验都指出，人在惊恐或者压抑的环境中是很容易生病的，这与精神压力对免疫力的削弱有重大的关系。所以应给婴幼儿营造出安全温馨的家庭氛围，哪怕再年幼的孩子，也不能在他们面前吵架和冲突，在家中时刻注意这些能给予婴幼儿安全感的细节。

4. 生活规律、适当运动，促进婴幼儿健康成长

家长应保证幼儿生活规律，养成早睡早起的习惯。睡眠对于婴幼儿来说是必不可少的，在孩子身体发育的高峰期，睡眠不仅有助于婴幼儿身体的发育，还有助于婴幼儿白细胞的发育，抵抗疾病的发生，所以充足的睡眠能够有效高孩子的免疫力。科学表明，睡眠在生理上就是脑脊液排毒的过程，这个过程也正是身体修复和分泌生长激素的高峰（人体的生长激素分泌主要高峰期发生在晚上10点到凌晨2~3点）。培养良好的睡眠模式，做到生活规律是非常重要的健康习惯，适当的运动更会为婴幼儿的免疫系统保驾护航。越来越多的家长开始重视婴幼儿的运动，对婴幼儿进行"三浴"（温水浴、空气浴、日光浴）训练。婴幼儿长大一些时家长可以在生活中找一些能增强婴幼儿力量的运动来提升婴幼儿的身体素质。比如对于还不会走路的婴幼

［微视频］
利用玩具引导宝宝学爬行

儿，可以继续训练他爬行的能力，当他的灵活性加强以后，再用枕头、箱子和沙发靠垫做成有障碍物的爬行路线；对于已经会走路的婴幼儿，可以多带他去户外进行锻炼。现在很多老人带孩子，总是喜欢把孩子圈在家里，这是不对的。婴幼儿需要进行户外接触，这对他的呼吸系统和内循环系统都是很好的锻炼，平时多让婴幼儿跑跑跳跳，也有助于增强食欲。身体素质提高了，免疫力自然就会加强。

5. 科学使用药物，保护婴幼儿的免疫系统

很多家庭中，婴幼儿一生病家人就慌神，其实前面讲到，生病是婴幼儿自身免疫系统在跟疾病做斗争，不能着急给婴幼儿使用抗生素。可是有的父母因为心急，看孩子不见好转甚至还给孩子打点滴，这点是不提倡的。很多妈妈觉得去大医院太麻烦，会选择去小诊所，吃药见效特别快，但很多小诊所爱给婴幼儿用"猛药"，看上去是效果不错，可是忽略了循序渐进的原则，下次婴幼儿再吃这种药，可能就产生抗药性了。婴幼儿自身的免疫力得不到锻炼，体质自然就会变差。有时候药物也会对婴幼儿的身体健康造成危害，比如婴幼儿用药之后，出现严重的腹泻、呕吐，这都是胃肠功能受损的表现，甚至会导致婴幼儿免疫力下降。当出现这种情况后，家长应该立即停药。这里要提醒家长，一些生理性感冒对于婴幼儿来说是可以自愈的，尽量不要喂药，给孩子多喝热水，补充维生素C或者多糖乳清都能有利于身体恢复。婴幼儿的免疫力需要家长用心维护，这样婴幼儿才能健健康康地成长。

（二）进行预防接种，增强孩子免疫力

孩子在生长发育过程中需要从两个方面来提高对疾病的抵抗能力：一方面是提高体质发展自身的免疫机制，即主动免疫；另一方面是通过接种疫苗来提高机体免疫力，即被动免疫。0～2岁孩子的主动免疫系统还没有成长成熟，因此来自外界的助力就显得非常重要。婴幼儿应该严格按照国家规定进行预防接种，包含两个程序：一是全程足量的基础免疫，即在1周岁内完成的初次接种；二是1周岁以后的加强免疫，即根据疫苗的免疫持久性及人群的免疫水平和疾病流行情况适时地进行复种，这样有利于巩固免疫效果，达到预防疾病的目的。

第三节　培养婴幼儿的语言能力

作为人类所特有的一种高级神经活动形式，语言是信息传递的主要载体，是人类进行交流的重要工具，语言的存在为人与人之间的沟通提供了极大的便利。对于新生的婴幼儿来说，"哭"是他们唯一的语言，它传递着饥饿、尿湿、不舒服等信号。从婴幼儿出生后的第一声啼哭开始，他的人生之旅就开始了。随后，从6个月的咿呀学语到2岁时说出完整的句子，从听懂成人的语言、学说单词句，发展到能用基本完整的句子表达自己的意思，每一个阶段对于婴幼儿来说都非常重要。此外，语言也是人类沟通的桥梁，对于一个人的一生有着重大的影响。正如爱因斯坦所说："一个人的智力发展和形成概念的方法，在很大程度上先取决于语言。"对于婴幼儿来说，在掌握语言之前，他们基本上都是通过直接感知觉来探索世界，比如婴幼儿会用眼睛看、用鼻子闻、用耳朵听、用小手抓握，他们借助这种手段对世界进行感知，来判断知觉

对象的颜色、气味、声音、形状等。当他们掌握语言之后，语言能力的发展给婴幼儿开辟了更进一步认识世界、探索世界的机会和途径，能够极大地促进其认知能力、思维和脑神经的发展，进而为成长为德智体美劳全面发展的社会主义建设者和接班人而打下良好的基础。

可以说，婴幼儿时期是宝宝学习语言最敏感、最关键的时期，也是储存词汇最迅速的时期。家长是婴幼儿最好的启蒙老师，家庭就是婴幼儿最好的语言启蒙学校。如果在婴幼儿0～3岁大脑发育的关键期给他们创造良好的语言环境，就能最大化地促进婴幼儿的语言发展。相反，如果婴幼儿出生后缺乏相应的语言环境，那么他们的语言能力将受到不同程度的影响，甚至出现语言发育迟缓。因此，在婴幼儿时期，家长们如果能够抓住此关键期，给其创造良好的语言环境，对孩子进行有效的语言指导和刺激，不仅可以帮助婴幼儿的语言得到更好的发展，而且还能为促进婴幼儿的全面发展奠定基础。

一、0～2岁婴幼儿语言能力发展的特点

大量研究表明，婴幼儿语言的发展是一个连续的、有次序的、有规律的过程，是不断地由量变到质变的过程。不同的婴幼儿达到某一阶段水平的时间有早有晚，但发展的基本阶段和先后顺序大体是一致的。例如，0～1岁是婴幼儿语言发生的准备阶段，又称为前语言阶段；1～2岁是婴幼儿开始进入正式的学说话阶段，是语言的发生阶段；2～3岁是婴幼儿掌握基本口语的阶段；到3岁时，已基本能够掌握母语的语法规则系统。总的来说，婴幼儿语言的发展都遵循着一个基本且相似的规律（见表4-2）。

表 4-2　从出生到 3 岁语言发展的一些重要节点

月份	语言发展的重要节点
出生	可以感知语言，会哭，对声音产生反应
1～3个月	开始发出"咕咕"声，会大笑
3～6个月	与声源互动，可识别经常听到的声音，发出"咿呀"声
6～9个月	可以识别母语的所有音素，能用手势交流，玩手势游戏
9～12个月	有意模仿声音，不能辨别非母语的声音，可以理解某些词汇
10～14个月	理解名字的象征意义，说出第一个词（通常为某事物的标签），词汇量增长，可以使用更多的复杂手势，能使用符号手势
16～24个月	学会更多新词，有表达性的词汇迅速增加，可以使用动词和形容词，说出第一个句子，使用更多手势，说出更多事物名称，理解力提升，能使用多个两词短语，开始想要对话
30个月	每天都能学到新词汇，可以将 3 个或更多的词连接起来说，理解力强，但说话经常出现语法错误
36个月	可以说出近 1000 个单词，有 80% 是可以理解的，但句序经常出现错误

对于0～2岁年龄阶段的婴幼儿宝宝来说，其语言能力发展的大致时间和特点如下。

- 0～1个月时：

* 每个宝宝的哭声不一样；不同的哭声代表着不同的需要；
* 听觉较敏感，具有一定的辨音水平（尤其对高音很敏感）。

- 2～3个月时：
* 宝宝能将声音和形象联系起来，试图找出声音的来源；
* 会发出"叽叽咕咕"声，而且会发a、o、e、u等音；
* 能辨别不同人说话的声音，有不同情感的语调。

- 4～6个月时：
* 咿呀作语，开始发辅音，如d、n、m、b；
* 看见熟人、玩具能发出愉悦的声音；
* 叫宝宝名字后，会转头看。

- 7～9个月时：
* 能重复发出某些元音和辅音，如"ma-ma、ba-ba"的音，但无所指；

例如，7个月大的宝宝萱萱舒服地靠在爸爸怀里，像小鱼儿一样，小嘴里冒着泡泡，时不时地抱着自己的小脚丫啃一啃，还晃着脑袋咿咿呀呀说着谁也听不懂的话。突然，爸爸听到沉默了一小会儿的萱萱叫了"ba-ba-ba"。萱萱的爸爸高兴坏了，连忙大叫道："啊，我的萱萱会叫爸爸了！"

其实，7个月的宝宝能发出"ba-ba"这样的声音，但却并不是有意识地叫爸爸。这是婴儿在练习发音的过程中必然会出现的现象，并不是知道自己的爸爸在身边而叫爸爸。所以小萱萱学会了"ba-ba-ba"这个发音，却并不是真的在叫自己的爸爸。

* 发音越来越像真正的语言；
* 开始懂得一些词语的意义；
* 会挥手再见、招手欢迎、拍手。

- 10～12个月时：
* 能懂得一些词语的意义；
* 能按要求指向自己的耳朵、眼睛和鼻子；
* 能说出最基本的语言，如"爸爸""妈妈"，而且有所指；
* 出现难懂的话，能自创一些词语来指称事物。

- 13～18个月时：
* 对熟悉的物品和人，能说出名称和姓名；
* 会使用"动词"，如抱、吃、喝；
* 喜欢用一个发音来泛指一类事物；
* 能听懂发出的短指令，用手势交流。

- 19～24个月时：
* 会表达自己的需要，如说"尿尿"；
* 开始用名字称呼自己；
* 能说3～5个字的句子；
* 听完故事能说出什么人、什么事；
* 能随大人念几句儿歌，会回答最简单的问题。

二、如何培养0～2岁婴幼儿的语言能力

家庭是婴幼儿成长的第一环境，家长则是婴幼儿最佳的语言教师。家长只有抓住婴幼儿语言发展的关键时期，采用科学的方式方法培养婴幼儿的语言能力，才能达到事半功倍的效果。

（一）针对不同情况的婴幼儿采取不同的干预方法

对于未能说出单字词的孩子：家长可以跟随孩子的兴趣来提供语言刺激；鼓励孩子用声音和手势来表达需要；鼓励孩子模仿成人的动作、口型和声音等。

对于单字词阶段的孩子：可以将孩子不完整的说话加以修正，扩展成为完整句，如孩子说："nai-nai"，成人可回应说："啊，喝牛奶！"；或者把宝宝的声音和身体语言翻译出来，比如孩子指着小狗说："狗"，家长可翻译为"你看到狗狗啦！是狗狗呀！"；或使用简单问句引发孩子说话，如用"什么？哪一个？在哪里？"；再或者利用问题或未完成的句子引发孩子说出，如"你想吃……"，孩子说："蛋蛋、鸡蛋"。

对于短句阶段的孩子：家长可以延展孩子的表达，将孩子完整的说话加入新内容，使说话内容更丰富。例如，孩子说："我去喝水"，家长便可以说："哦，宝宝渴了，要喝水呀？"；或者使用开放式的问题与孩子交谈，如多问孩子"为什么？""怎么了？""什么时候？"等。

（二）在适宜的年龄阶段进行适宜的引导

在正常环境下成长的婴幼儿会经历语言发育的几个关键阶段，作为家长，应在不同的阶段给予适宜的引导，有效地促进婴幼儿的语言发展。

1. 1～6个月：学习发音阶段

这个阶段家长要经常面对面与孩子说话，语速要慢，口型要适当夸张些。虽然婴儿一开始不会给家长任何的回应，但他已经开始对家长的口型有所记忆了。婴儿通过不断听声音和看口型，渐渐会发出"啊""呀"之类的简单音节，这个时候家长可以用同样的声调模仿宝宝的发音，肯定宝宝的语言。这就是家长与婴儿最基础的语言交流。

大约5个月时，婴儿以发音作为游戏，出现元音和辅音的结合，如"ba、pa、ma"，虽然毫无意义，但婴儿可以从中得到快乐，如果家长误以为婴儿已会"叫人"而表现出喜悦的表情，将对婴儿是一种莫大的鼓励，更能调动婴儿发音的积极性，到9个月时咿呀语达到高峰。通过咿呀语，婴儿学会调节和控制发音器官的活动，为以后真正的语言产生和发展创造条件。

2. 7～12个月：咿呀学语阶段

婴儿到此月龄能逐步理解成人的一部分语言了，家长现阶段需要做的是帮助婴儿认识周围的人和物，教婴儿把实物和名称一一对应起来，这是一个漫长的积累词汇量的过程。

此时家长的角色类似于活体"复读机"，每教婴儿一个词，语言都要统一、准确，而且需要不断重复。比如：认识台灯时，家长可以抱着宝宝坐在台灯前，拉着宝宝的手去摸灯罩，把灯打开再关上，反复几次，增加宝宝的兴趣。以后每次经过，家长都可以问："宝宝，台灯在哪儿"，以此不断强化。

在语言的准备阶段，宝宝虽能模仿发音，这时婴儿的发音还不是很清楚，宝宝可以听懂的词很少，需要大人去猜测，才能够理解其含义。这个阶段家长可以教宝宝认识自己的家

人、熟悉的玩具、经常接触的生活用品、自己的五官等。

3. 13~36个月：口语中句法结构的发展、单词单句阶段

①1岁~1岁半时，婴幼儿会出现不完整的单词和句子，可以用一个单词来表达更丰富的内容。例如，"饭饭"可表示"我想吃饭"，也可表示"这是食物"。成人理解儿童单词句时要与说话时的情景及其他动作相结合后再进行理解。

②1岁半~2岁时，婴幼儿会出现"电报语"，即2个或3个词组合的句子，例如"妈妈抱抱""宝宝吃饭"，表达的意思比单字词明确一些，但句子断续、简略、不完整。1岁以前仅说出1~2个词，以后迅速增加，1岁半时词数达到100个，2岁时词数达到300~400个。

③通常2岁左右的婴幼儿语言大部分是完整句。形容词、代词、连接词也逐渐增多，由松散的句子逐步成为结构严谨的句子。

此阶段，家长需要教婴幼儿把一个个零散的单词连成简短的语句，这需要让婴幼儿理解语句之间的逻辑关系。在日常生活中，多发出一些简单的指令让婴幼儿执行，比如"宝宝，帮妈妈把×××拿过来"，当婴幼儿做出相应行为后家长要及时回应，给予其赞扬和肯定。

（三）创造各种条件和机会，丰富语言环境

具体来说，家长可以给予婴幼儿倾听各种声音的机会，让他们学会分辨不同声音的区别，如不同动物的叫声、汽车声、乐器的声音、风声、雨声等。同时家长可以创设丰富的语言环境和对话条件，多和孩子说话，引导孩子多多表达。例如，家长可以不断地对宝宝说话、唱歌，并且配合微笑的表情，都能够刺激宝宝的大脑语言中枢，促进他的大脑神经元加速成长。其次，应尽量减少或避免宝宝跟手机、平板电脑等电子产品的接触，多与宝宝进行语言交流，逐渐扩大孩子的认知范围。正如美国儿科学会建议2岁以下的孩子不要看电视，2岁以上的孩子每天可以看不超过2个小时的高质量节目。因为虽然一些教育节目可能对孩子有益，但这些电视节目无法与孩子形成互动，难以做到锻炼孩子的语言表达能力。此外，在和宝宝交流的过程中，家长应耐心倾听，有意识地培养宝宝说话的信心，多称赞和鼓励宝宝，激起孩子表达的欲望。

（四）发展婴幼儿的语言表达能力，丰富孩子的词汇量

词汇量的丰富与否，直接影响到婴幼儿口语表达的能力强弱。然而，婴幼儿词汇量的积累，并不是一天两天就能解决的，必须要依靠婴幼儿在长期的语言学习环境中，周而复始地学习和被刺激的长期性历程，没有任何捷径可言。因此，家庭中，家长要带领婴幼儿多进行亲子阅读和互动，适当引导婴幼儿读一些儿歌、古诗，鼓励孩子多表达，一点一滴地积累、巩固和发展婴幼儿的语言表达能力。

（五）多与婴幼儿交流，多让孩子发声

提高婴幼儿语言能力的方式有很多，其中最有效的方式就是多与婴幼儿说话，多说话并不是意味着说一些简单的词汇，比如"吃饭""过来"等单词，而是需要把词汇的范围扩大，从生活当中延展出去。此外，家长要允许孩子频繁的发声。因为对于初学语言的婴幼儿来说，语言的魅力是非常强大的。家长要做的，就是避免阻碍宝宝的练习，让婴幼儿能够充分地释放自身对于语言的兴奋感，从而达到多练习的目的，这样孩子自身的语言能力也会在不知不觉中提升。

美国心理学家贝蒂·哈特（Betty Hart）和托德·里斯利（Todd lisley）曾经做过一个研究，他们调查了低收入家庭、中产家庭和富裕家庭的小孩从小和家长谈话的词汇量大小，发现：富裕家庭的孩子平均每小时能听到2153个单词；中产家庭的孩子平均每小时能听到1251个单词；而低收入家庭的孩子平均每小时只能听到616个单词。简单看这好像是一个很小的差距，但根据学者们的研究，长期下来，富裕家庭的孩子在4年后会比低收入家庭的孩子多听大概三千万个词汇，这是多么惊人的差距。那些在小时候获得了更多交谈机会和词汇量的孩子，其语言表达能力远远超过同龄人。由此可见，多跟孩子交流，多让孩子输出语言非常重要。

（六）注意交流的技巧

家长在和婴幼儿说话时，要坚持正确的语法和发音，尽量放慢语速，力求清晰、准确地说话，让婴幼儿听清楚正确的发音后，再让其说出正确的字词。在婴幼儿还不能借助语言表达时，家长要当孩子的"解码器"。当孩子有需求时，家长不要直接给予，而应先说出孩子的需求，如询问孩子"宝宝是要喝水吗？"；当孩子指向某物品时，要问其"宝宝是想要苹果吗？"，通过这种方式能够让孩子将语言和事物情境联结起来，从而促进宝宝的语言记忆。此外，家长要有意识地刺激婴幼儿开口表达。例如，当宝宝想要出去玩时，家长可以询问宝宝："你想去哪里玩呢？跟谁一起去呢？"这样可以刺激婴幼儿开口说话，提升孩子的语言表达能力。最后，在与宝宝交流的过程中，家长的声音与语调可以适当夸张一些，并伴随一些手势，以吸引孩子的注意。

（七）借助亲子阅读助力语言发展

和婴幼儿一起阅读绘本，是最为推荐的语言互动方式。在阅读的过程中，家长可以用丰富的感情、表情、声音、肢体等，对书里的故事进行演绎。家长还可以反复地给婴幼儿阅读同一个故事，但每次都可以用不同的方式来讲述。譬如，这一次教婴幼儿认识绘本里面的小动物；下一次就可以描述故事的情节，告诉婴幼儿故事中都发生了什么；再下一次家长就可以和孩子进行问答互动，或是借机让孩子学习书中的生活习惯。每一次的阅读，都会延伸非常丰富的语言输入与互动交流。

此外，对于喜爱的绘本中的语言，婴幼儿常常挂在嘴边，进而产生一种成就感，即自我掌控感，也就是孩子感觉自己能掌控这些语言，这样也有助于提升婴幼儿的胜任感，更加乐意阅读和表达。

（八）借助儿歌、游戏锻炼婴幼儿的语言能力

在培养孩子语言能力的过程中，除了上述的亲子阅读等方法，还有两种非常好的能使孩子愿意学、乐意说的方式，那就是儿歌和游戏。儿歌短小精炼，文字规范，生动形象，富有节奏，易于上口，便于记忆，婴幼儿也能较快地学会。此外，游戏也是发展婴幼儿语言能力的好方法。对于婴幼儿来说，游戏能帮助他们认识世界、学会很多必备的技能。当然，在游戏的过程中，家长也需要掌握玩游戏的要领，与孩子有目的、有技巧地玩，并且学会通过游戏互动激发婴幼儿的表达欲望，扩大婴幼儿的词汇量，提升婴幼儿的表达水平。

总的来说，婴幼儿学习语言、开口说话，是其生命中一个重要的里程碑。家长在感到欣

喜和激动的同时，要多多关注婴幼儿的语言表达和水平，深入地了解婴幼儿的语言发展特点，促进婴幼儿语言能力的发展。

第四节　培养婴幼儿的社会交往能力

0~2岁的婴幼儿是新兴的花朵，也是社会中重要的群体。0~2岁的婴幼儿宝宝的社会交往圈主要聚焦在家庭，最主要的交往对象就是家人和同伴。着眼于我国教育方针，作为坚定贯彻新时代中国特色社会主义思想和坚持社会主义制度的国家，我国旨在培养德智体美劳全面发展的社会主义建设者和接班人。因此，作为家长，要从小培养孩子的社会交往能力，为其以后步入社会、完成社会化，成长为国家所需要的人才打下一个良好的基础。

一、社会交往的内涵与意义

社会交往，简称"社交"，是指个体通过语言、文字或动作、表情等表达手段将某种信息传递给其他个体的过程。比如和朋友聊天、聚会，回应他人的提问、向父母撒娇等，都是社会交往。

对于0~2岁的婴幼儿而言，在其社会交往的过程中，所接触的所有个体都会对其产生很大的影响，0~2岁的婴幼儿社会交往能力的发展对其今后的成长有着十分重要的意义。例如，婴幼儿与其父母的交往对其语言能力发展的作用尤为显著。当婴幼儿宝宝与父母在一起时，尤其是与妈妈在一起时，能够为幼儿提供最多的语言刺激和丰富的表达内容，从而引发婴幼儿的表达愿望，建立亲子互动和链接。

婴幼儿的社会交往行为有助于幼儿的认知能力发展。在与同伴交往或者游戏的过程中，婴幼儿的认知能力能够得到极大的发展。例如，婴幼儿的模仿力是非常强的，他们会相互模仿同伴的行为，或把同伴的行为作为另一不同行为的基础，从而扩展自己对事物的认识，发展自己认知操作、解决问题的能力。这些将有助于他们建立起一种认知结构，为其将来的学习打下良好的基础。

婴幼儿的社会交往行为有助于幼儿情绪情感的发展。有研究表明，婴幼儿在同伴交往中会表现出更多的、明显的积极情感模式，如具有更多的微笑，愉快地发声，高兴地拍手，友好地抚摸等。同时，婴幼儿也可以在与同伴游戏中宣泄和调节不良的情绪，平衡自我的心理状态。婴幼儿在具有愉快、积极特征的交往中，得到分享与合作的欢乐，并产生对他人情感的注意、理解与同情。

二、社会交往的类型与特征

（一）社会交往的类型

对于0~6岁的幼儿而言，社会交往包括亲子交往、同伴交往、师幼交往和与其他人的交往四种类型。而对于0～2岁的婴幼儿宝宝而言，其交往行为和交往范围主要是围绕与父母的交往和同伴的交往。

亲子交往是婴幼儿最早接触到的一种社会交往。比如宝宝一出生就享受着妈妈母乳的喂养、爸爸的抚慰和爷爷奶奶、外公外婆的精心照料。婴幼儿宝宝开心了就会笑、饿了疼了就会通过哭声来表达自己的需要，这就是婴幼儿最初的交往方式。等到婴幼儿宝宝成长起来，进入到托育机构或幼儿园时，就会产生与老师、与其他人员的交往。

除了与爸爸妈妈的亲子交往，婴幼儿的社会交往还包括与同伴的交往。同伴交往是婴幼儿社会认知和发展的又一个重要途径。例如，6个月以后，宝宝看见旁边的婴儿时，能发出微笑以及"咿呀"的声音；1岁半时，喜欢与同伴接近，孩子之间容易互相吸引，如看到同伴的玩具很有趣，也会伸手去摸摸，拿来玩玩。这些都是同伴交往的体现。良好的同伴关系，有助于婴幼儿获得成功的社交技巧；有助于他们形成安全感和归属感，从而心情轻松、愉悦；有利于他们发展自我概念和优秀人格；同时，同伴交往也为婴幼儿提供了大量同伴交流的机会，有助于婴幼儿扩展知识，丰富认知，发展逻辑思考和解决问题的能力。

（二）社会交往的特征

不同年龄段的婴幼儿宝宝的社会交往特点是不同的。心理学家缪勒（Mueller）和白莱纳（Brenner）研究发现，0～3的岁婴幼儿之间的交往，确切来说是一种同伴相互作用。

根据年龄特征，可以大致划分为以下三个阶段。

1. 客体中心阶段（0～1岁）

婴幼儿的社交能力，很早的时候就已经崭露头角。比如在哺乳的过程中，婴幼儿宝宝如何含住妈妈的乳头，如何开始吸吮第一口母乳，这些对母子双方都是一个"社交"的起步。等到宝宝出生2～3个月时，宝宝开始展露"社交性微笑"，即这种微笑是为了社交而不是表达情绪的微笑。当父母对着婴幼儿宝宝笑的时候，他也会露出笑脸，甚至可以模仿父母的一些动作和表情，或者当宝宝看到妈妈的时候，他会将手张开，躺在那里"手舞足蹈"，这些都是婴幼儿宝宝最初的社交，家长均应及时做出回应。4～7个月的婴幼儿宝宝喜欢跟人一起玩耍，没人陪着玩耍，可能会出现哭闹情绪。此时对待他人的情感表现会有反应，例如，对于爸爸妈妈的逗引，他会很开心。8～9个月的宝宝面对陌生人会害羞或者不安，更加喜欢自己亲近的人，也可能出现试探行为，会想办法吸引大人的注意力。

总的来说，客体中心阶段对婴幼儿宝宝来说非常重要，因为这是他们不断认识自我、了解自我的过程。孩子之后所有的社交发展，都建立在孩子拥有稳固自我的基础之上。

2. 简单的相互作用阶段（1～1.5岁）

如果说1岁以前婴幼儿的社会交往能力不明显的话，1岁以后会逐渐显现出来，这也是家长们开始担心的年龄。这个阶段的宝宝喜欢观察其他小朋友，会模仿他们做的事情，尤其是人群中有比他年龄大的孩子。另外，这个年龄段的孩子占有欲很强，尤其是对待自己的玩具，他们会表现出很强的以自我为中心的特点。还可能会因为不知道如何表达好感，不小心伤害到其他孩子。

需要指出的是，此阶段的孩子虽然比较以自我为中心，但是也开始能够注意到别的小朋友，并且对对方的行为做出反应。只不过孩子们之间的互动也仅仅停留在看一看、摸一摸、各玩各的程度，因为对他们来说，同龄的小伙伴还远没有玩具有吸引力，所以他们之间最激烈的互动，可能会是抢玩具。不过，这些种种表现，也代表着婴幼儿已进入新的发展阶段，婴幼儿的社会交往取得了巨大进步。

3. 互补的相互作用阶段（1.5～3岁）

在这个阶段，婴幼儿会发展出正式社交活动的雏形。虽然婴幼儿仍以独自游戏居多，但婴幼儿的交往模式会变得复杂，比如会和其他孩子进行简单的互动，会模仿别人、追逐打闹……同时也会出现打人、争抢等负面行为。

一般到3岁以上，幼儿才会慢慢进入合作游戏的阶段，他们真正学会了合作，能够跟其他小朋友一起做游戏，开始发现交朋友的乐趣，也有了团队合作、分享等意识。

三、0～2岁婴幼儿社会交往的观念误区

0～2岁是培养婴幼儿社会交往能力的重要时期。在对待婴幼儿社会交往问题上，要努力避免以下几种不正确的认识。

①许多家长认为孩子的交往能力是天生的，无所谓培养不培养。其实，交际作为一种能力，需要经过后天的培养才能逐步形成和完善，培养的方法主要是靠练习和实践。

②让孩子难堪。社会交往的第二个观念误区就是让孩子难堪。例如，有的家长喜欢在公共场合逗弄自己的孩子，又或者出于炫耀心理，在亲戚面前强迫孩子表演。如果孩子性格活泼，爱表现，无可厚非。但有的孩子性格比较内向，根本不愿意在他人面前展示或者说话，家长若是一味要求甚至指责的话，这会极大地损伤孩子的自尊心和自信心，同时也不利于建立良好的亲子关系。此外，家长也要注意不要强迫孩子和别人沟通。对于内向的孩子，只有在其感到舒服的时候才会乐意跟别人互动，做出回应。如果强迫孩子和别人交流互动，不仅不会有任何效果，反而会起到反作用。

③公共场合批评婴幼儿，损害孩子尊严。社会交往的第三个误区是批评、贬低婴幼儿，损害孩子尊严。例如，内向的孩子自我意识很强，性格比较害羞。当家长在亲戚面前批评、贬低或者给婴幼儿贴标签时，婴幼儿会感到羞耻、难堪。实际上，婴幼儿对大人对于自己的消极评价其实很敏感。家长一味地贬低孩子，只会适得其反，打击到孩子的自尊心和自信心。

④社交场合比较局限。社会交往的第四个误区是孩子没有良好的社会交往条件和环境，社交场合比较局限。随着电子产品的普及，越来越多、越来越小的宝宝沉迷于游戏世界，而不愿意与小伙伴一起玩耍，见到生人就躲避，性格也越来越内向。这种原因导致的社交问题，解决办法是提供充分的社会交往环境和氛围，让孩子多接触新的事物和人。

四、提升0～2岁婴幼儿社会交往能力的方法

婴幼儿在无自主社交意识之前，其社交能力是与其自身的气质类型相关联的。比如：内向的宝宝会比较慢热，喜欢观察，要融入群体的时间会比较长，看起来害怕社交；热情外向的宝宝很快能和其他小朋友玩得火热，像一个社交小达人。但总的来说，婴幼儿的社交能力是需要训练和培养的。家长可以有很多"作为"来引导婴幼儿发展他们的社交能力。

（一）家长以身作则

婴幼儿的年龄特点决定了他们的学习带有随意性和无意性，同时也带有极大的模仿性。作为家长要以身作则，当家长有健康的生活方式和正能量的社交浸润时，才能给宝宝提供一个健康的成长土壤，发展他们的社交能力。因此，在日常生活中，家长要有意识地创设良好的交往氛围和家庭环境，使婴幼儿耳濡目染，其认知、行为、情感、性格等才能不断朝父母所期望的方向发展。

（二）创造社交环境

很多宝宝日常生活中跟周围同伴间的互动比较少，所以家长应尽可能多地给宝宝创造社交条件和良好的社交环境。比如经常带宝宝去小区楼下、公园遛弯，去儿童乐园玩耍或者邀请朋友家宝宝来家里做客等，让孩子能够和同龄的小伙伴多多交往，逐渐适应同龄孩子的存在，寻找自己喜欢的社交方式。实际上，无论是公园散步、外出就餐、超市购物，还是外出旅行，婴幼儿都会从这些日常生活的线索了解周围的世界，学习人与人之间的相处。

（三）给婴幼儿充足的爱和安全感

亲子关系是一切关系的基础。当家长给予孩子充足的安全感后，孩子也会更容易适应新环境。此外，当家长给予孩子充分的尊重，愿意站在孩子的角度去考虑问题时，孩子在社交生活中往往也能够照顾别人的感受，发展出宝贵的同理心。而具有同理心的孩子，更容易获得别人的尊重和好感，在人际交往中更受欢迎，有助于孩子社交能力的发展。

（四）不强迫婴幼儿社交

家长需要注意，无论如何不能强迫孩子社交。日常生活中常常看到有些家长强迫孩子和陌生长辈打招呼，孩子不顺从就被贴上胆小、不懂事的标签，或者当孩子和同伴一起玩耍的时候，强迫孩子分享玩具等。这些行为不仅不能培养孩子的社交能力，反而让孩子对社交产生压力、恐惧和反感，效果适得其反。孩子的社会交往能力的发展有其自身的规律，而且个体存在差异性，作为家长不能强迫，只能根据孩子的年龄和遇到的问题，适时地给予鼓励和引导。

（五）不轻易干预孩子社交中的小摩擦

在婴幼儿与同伴交往的过程中，当孩子之间发生了一些冲突或者矛盾时，在确保安全、孩子也没有哭闹、向父母求助的情况下，家长应克制自己干预的冲动和欲望，先观察孩子之间的冲突情况。若冲突问题并不是很严重，家长完全可以先给孩子独立解决问题的时间和机会，让孩子尝试自己应对和解决问题。

（六）培养孩子的同理心

同理心是婴幼儿社会交往的基础。同理心强的孩子能够感知同伴心情的变化，对他人的情绪产生共鸣，并设身处地地为对方着想，理解对方的感受，有效减少社交冲突，建立友好和谐的同伴关系。因此家长应有意识地培养婴幼儿的同理心。比如当孩子有了消极情绪和行为后，父母要看到孩子的情绪，听到孩子的心声，不压抑孩子的感受，不否认孩子的需求，不漠视孩子的处境，应充分理解孩子的感受，尊重孩子的想法，认可孩子的决定。

总之，家长和教育工作者应明白，婴幼儿社会交往能力的培养不是自然发生，也不是一朝一夕的事情，它需要在实际生活中进行漫长的训练。因此，在日常生活中，应该持之以恒，多花一些时间和精力对婴幼儿的人际交往提供必要的帮助和指导，培养出活泼的"社交宝宝"。

第五节　培养婴幼儿的创造力

一、什么是创造力

创造力是人类在进化过程中产生的特有的一种综合性本领。创造力是指产生新思想，发现和创造新事物的能力，是成功地完成某种创造性活动所必需的心理品质，也是知识、智力、能力及优良的个性品质等多因素综合优化构成的。党的二十大报告强调，要加快建设教育强国、科技强国、人才强国，创新才能把握时代、引领时代。人一生中早期创造力的萌芽将为创新性思维的发展创造先决条件。

创造力和智力有着比较密切的关系，但二者的含义不完全相同。一般的规律是中等以上的智力水平就能保证创造力的发展。历史上很多有成就的人都是中等智商，高智商的人不一定有高水平的创造力，这是因为创造力除了智力因素以外，还包括敏觉力、变通力、独创力、精进力、流畅力。同时思维能力也与创造力密切相关，其中创造性思维就是创造力的关键影响因素，它让人们能拥有提出问题、解决问题、创造新事物、适应环境的能力。其实在生活中创造性思维并不是少数杰出人物和发明家的特殊能力，只要有敏锐的观察力和探索精神，思维健全的成人和儿童都具有或多或少的创造性思维和创造力。诸如一个孩子发现了玩具的新的玩耍方法，一个学生想出了数学题的新的解题思路，一个人设计布置他的新房子等，这些都是日常生活中司空见惯的创造性思维及能力的例子。即创造性思维的核心在于一个"新"字，提出新问题，用新的方式解决目前面临的问题，创造出新的物质和精神成果。

二、0～2岁婴儿创造力发展水平和特点

3～5岁是孩子创造性能力的高速发展时期，而0～2岁可以看作创造性能力发展的前期，这一时期是培养孩子好奇心的最佳阶段，他们爱问为什么，思维慢慢打开，求知欲也变得越来越强，为他们创造力的发展奠定基础。

（一）动作发展是创造和探索的基础

一切的探索和创造始于动作。瑞士著名心理学家、教育家皮亚杰认为，儿童从婴儿期就开始用他们的感知觉来探索世界。儿童生来就是好奇的，他们看看、摸摸、闻闻、听听、尝尝，想知道周围环境的一切。他们从婴儿期开始就

［微视频］
宝宝学攀爬
小楼梯

学习大小、重量、形状、时间和空间的概念。当他们四处观察的时候，感觉到了自己相对较小。他们抓住一些东西，发现有些东西适合他们的小手，而另外一些却不适合。当婴儿发现相同大小的物体却不能像往常一样被提起来时，他们学到了重量的概念。当他们把某些东西放在某处的时候，发现有些东西会待在那里，而另外一些却会滚动时，他们也学习了关于形状的概念。他们还学习时间序列：当他们睡醒时，感到又湿又饿，就会哭。照料者会闻声而来，给他们换尿布，然后喂食。接着他们玩耍，感到疲倦了，就上床睡觉。当婴儿被放在婴儿床里、轻便围栏里或起居室中央的地板上，他们第一次通过观察周围环境发展出空间感，当婴儿开始能够移动时，发现了有些空间大，有些空间小。当学习爬、站立、走路时，会自由地发现自己身上更多的秘密，并学习对自身进行思考。他们会把握和考察更多的事物，他们会越过一个大的物体，钻到它的下面，又钻进它的里面，以此来发现这个物体相对于自己的大小。蹒跚学步的儿童喜欢对物体进行分类，他们以同样的颜色、同样的大小、同样的形状或同样的用途把东西摆放成堆。他们把沙子和水倒进不同大小的容器里，探索物体体积的守恒。他们把积木堆成高大的建筑，然后看着它们倒下，又变成一块块小的部分，探索整体与部分的关系。他们模仿成人的世界，创造属于自己的规则：在玩具商店里购买食物，用玩具钱币付款；烹饪想象的食品时，他们测量着假想的面粉、盐和牛奶；他们坐在玩具厨房的餐桌旁，把每样东西都摆放到位，如同在家里一样。

（二）感知觉发展是创造和探索的途径

在婴幼儿生命的头两年里的自由探索和创造，给他们提供了发展肌肉协调能力、味觉、嗅觉、视觉以及听觉的机会，大脑是思维的主体，动作的发展（特别是四肢的精细动作）对大脑的灵活度起催化作用，所以父母应尽量陪伴左右，使孩子的动作得以全面发展，激发他们的创造力。以视觉锻炼进行说明：很多父母在孩子很小的时候经常做鬼脸就是很好的练习方法，他们通过模仿和夸大面部表情来刺激孩子的视觉感知，激发孩子潜在的探索力，从而加深对父母面部的印象。

三、0~2岁婴幼儿创造力的培养

（一）提供自由探索空间，孕育创造性心灵

［微视频］
婴儿探索磁力小鱼

生活中人们经常看到这样一幕：一两岁的孩子一刻不停地跑来跑去，不一会儿就把玩具扔得到处都是，就连家里的卫生纸也不能幸免于难，被他撕成一条一条的，甚至连大人的鞋也碍他的事，非得给换个地方。几分钟的时间，家里就像个灾难现场了。其实，对孩子来说，这是再正常不过的现象了，扔东西、撕纸，把家里弄得乱七八糟，都是孩子探索的过程。这个时候的孩子，对周围的一切都感到好奇，他想探索、想体验、想亲自尝试，这些都是他必须要经历的过程。大人要做的，不是限制、指责和打骂，而是引导、鼓励和支持。

在日本物理学教授上田正仁的《思考力》一书中强调：实现力—思考力—创造力是金字塔关系。拥有创造力的人才是真正的稀缺人才，也是顶尖人才。"脏脏的"沙子、泥土、草地，会弄脏衣服的水和颜料，这些都是孩子的最爱，更是最能够激发孩子创造力的玩具。

那些看起来毫无章法的涂抹，却是孩子启动内心创意开关的表达，是任何老师都教不出

来、任何技巧都达不到的境界。在同一片草地面前，被允许在草地上奔跑、放肆摔跤、打滚的孩子，他弄脏的只是衣服，但收获的是鲜草的触感、是对草地美妙的认知，是自由奔跑的快乐。在这一刻，他爱上了草地，也许正因此，他爱上了风景，爱上了自然，他的心开始广阔。

没有了"脏"这个局限，孩子解决问题的方式便更加多元。而相反，被时刻要求整洁的孩子，这种自由与放肆成了一件"错事"。他失去了躺在草地上看天空的机会，失去了在沙堆里打滚的美妙、失去了水流通过指尖时温柔的体验。孩子的成长只有一次，那些灵光一闪的时刻，正是他们创造力肆意生长的时刻。从某种意义上说，给孩子一个有点"脏"的环境，允许孩子"脏"，其实是在给予孩子更多的自由。不打断孩子的行为，是对孩子探索力的守护。

（二）打造有利于创造性活动的心理环境

蒙台梭利认为，在孩子的内心存在着两种不同的心理：一种是正常、善良、自然而富有创造力的心理；另一种是因为受到强者压制而产生的自卑心理。而决定孩子这两种不同心理的，正是父母面对孩子的行为所采取的态度。孩子的成长和父母之间有着看不见却又深深相互影响的丝线，孩子体验到来自父母的深情，收获足够的安全感，他便能在这份深情中充分而安然地展开自己，释放自己的生命力，勇敢地去创造。爸爸妈妈有时候工作很忙，但如果希望孩子创造力得以激发，那么就一定要挤出时间来陪伴孩子，用爱去唤醒、浇灌这一颗幼小的种子。在婴幼儿初期孩子有很多自由的空间，去随意地玩、随意地想、随意地发挥。随着孩子年龄的增加，他们的好奇心也会越来越强烈，感兴趣的问题也会层出不穷，家长难免有一些消极的态度，甚至出现错误的做法：

①忽视孩子的想法。即使在成人看来孩子的想法很幼稚、可笑，但那一定有孩子自己的道理，家长都应该俯下身子去认真地倾听。

②漠视孩子的行为。当孩子在进行游戏或艺术等活动时，家长不要不闻不问，而是应该认真观察，当他有创造性的表现时，应该给予鼓励和赞美，这样孩子创造性的主动性、积极性就会更高。

③占用孩子自由活动时间。家长不要按照自己的意愿去安排孩子的一切事情，把孩子本该自由活动的时间都霸占，强迫孩子做孩子不喜欢的事情，这对孩子的创造性思维的发展将会造成压制、束缚和阻碍。

④不尊重孩子。婴幼儿年龄很小，但他们也是一个个独立的个体，具有独特的人格。家长要从内心尊重孩子的独特人格，不要轻视孩子，以为孩子什么都不懂，当孩子提出一个在成人看来已经超出了他的智力水平的问题时，也要尽量地向他解释，而不是粗暴地对他说："说了你也不懂！"孩子一旦开始面对学习活动，这时的家长就变得"严厉"起来，孩子的行为又随时受到成人的监督和评价，当孩子没有按照成人教给他那样去做，孩子就会受到批评和惩罚。这样孩子为了迎合成人，会渐渐放弃自己的"胡思乱想"，逐渐失去独特的人格。

（三）生活中潜移默化地培养孩子的创造力

生活即教育。创造力的培养也是在日复一日、年复一年的平淡生活中潜移默化地完成的。了解孩子、读懂孩子，是每个父母和老师的义务。用恰当的方式"守护"孩子的创造力和探究欲，更是每个父母的必修功课。父母是孩子的榜样，在孩子懵懂无知的时候，他们常常会模仿父母的行为，所以家长们在培养孩子的时候，要带头去做一个好的榜样。那么，家长在孩子0~2岁时可以做些什么呢？最初可以收集一些不同纹理、不同颜色和不同声音的东西，引起孩子的注意，激起孩子的好奇，促进孩子感知觉的发展。随着年龄增长，家长的教育方法也需要做相应的改变，旨在积极促进孩子的创造性思维的发展。家长可以通过以下途径培养孩子的创造性思维：

①发展孩子的语言能力，包括语言理解和语言表达。语言是思维的工具和表达形式，语言能力的发展可使思维更加清楚地呈现。

②日常生活中注意培养孩子的观察力，丰富社会经验。知识源于生活，日常生活经验会给孩子的思维提供丰富的素材。

③日常生活中启发孩子的思维。家长应随时随地启发孩子，就日常生活中简单的事物展开联想、进行发散性思维和求异思维的训练。

④利用故事调动孩子的想象力。故事是孩子喜欢的一种形式，让孩子借助故事在头脑中产生形象是一种培养创造思维的有效方式。

⑤创境设疑。家长有意设置一些情景疑问，引导幼儿以自己的思考方式来看待貌似普通的问题，鼓励幼儿进行创造性思维。

⑥利用游戏进行教育。如藏猫猫、模仿性游戏（模仿动物的样子、动作、声音）、表演游戏和运动游戏等。

⑦利用看图改错。例如：将动物身体部位移动后还原、猜谜语、连贯提问、归类对比、找异同等方法训练孩子思维的灵活性、敏捷性、准确性和创造性。

⑧艺术熏陶。家长可能觉得蹒跚学步的孩子还太小，不懂艺术和工艺，但他们对周围的一切充满好奇。只要家长为孩子们准备一些简单易于操作的材料，孩子就完全可以创造一些属于他们的杰作，比如拓印，孩子把恐龙的脚浸在颜料里，然后踩在纸上，在它们身后留下五彩缤纷的脚印，家长一定会为孩子的创造力感到惊奇。

总之，成长之路总是充满着意外和惊喜，即便孩子的表现和别人不尽相同，做法也让人捉摸不透，但只要懂得在孩子身上找寻他的成长密码，用正确的爱陪伴指引，相信孩子享受快乐的同时也能获取创造力的力量。

第六节　培养婴幼儿的安全感

一、什么是安全感

什么是安全感呢？简单地说就是让人感到稳定和可控的感觉。对于孩子来说，安全感是一种信任感，它表现为以下几个方面：对他人的信任、对自己的信任、对环境的信任。对他人：在我的世界里，只要我需要，就会有人来保护我。对自己：我可以掌控自己（包括身体、头脑和精神），我有能力照顾自己。对环境：这个世界是安全的，我可以自信并且没有后顾之忧地进行探索。

对于0~2岁的婴幼儿来说，安全感主要是指对妈妈的信任。0~3岁是安全感建立的最关键时期，安全感建立好的孩子往往自信、乐观、积极向上，在面对任何问题的时候，都能够做到相信自己，并且有克服困难的决心。如果6岁前还不能形成健康的安全感，这种负面影响将会伴随孩子的一生，他们日后对环境适应力差，更容易胆怯退缩、对人不信任、缺乏自信心、常常担心自己会被拒绝，情绪不稳定，易焦虑、易怒、易崩溃，导致人际交往也会受到影响，难以和别人建立良好的亲密关系。

二、0~2岁婴幼儿安全感发展的特点

英国著名的心理学家约翰·鲍尔比（John Bowlby）提出的依恋理论认为，0~2岁的婴幼儿依恋行为及安全感的发展有以下四个阶段。

（一）前依恋阶段（0~6周）

婴儿用抓握、微笑、哭泣和凝视成人的眼睛等方式开始与他人亲密接触。这一阶段的婴儿从母亲那里获得食物和舒适抚慰。孩子可以识别母亲的气味和声音。但是还没有实现对人际关系的客体的分化，可以接受来自陌生人的关注与爱护。

（二）依恋形成期（6周~6到8个月）

婴儿开始对熟悉的照料者和陌生人做出不同的反应，当他发出信号时，期望照料者做出反应，但孩子开始有分离焦虑的苗头，主要表现为不愿让生人抱。

（三）依恋明确期（6到8个月~18个月）

婴儿对熟悉照料者的依恋很明显，表现出分离焦虑，但是程度不同。当孩子没有安全感的时候，会用最直接、最本能的方式来表达，比如哭、黏人，或者到了一个陌生的环境不愿意离开妈妈。因此，不要担心"宠坏"一个小婴儿，也不要担心溺爱婴儿。当他/她还是一个婴儿的时候，适当地回应并满足他/她的需要，是建立安全感的基础。

（四）互惠关系阶段（18个月~2岁之后）

语言的迅速发展使得婴儿能够理解妈妈的离开以及预测妈妈的返回，于是分离抗拒下降。而且，这时的婴儿还会与照料者协商，使用请求和劝说来改变离去的现实。也就是说，孩子学会了为了达到特定的目的而有意地行动，并考虑他人的情感与反应。他们的哭泣不再是一种机体内部状态的完全自动化反应，而是召唤母亲的手段，他们能根据妈妈的反应和妈妈与他们的距离调整哭喊的强度。

三、影响0~2岁婴幼儿安全感发展的因素

（一）抚养人与环境是否稳定

一般来说，0~3岁是孩子安全感建立非常关键的时期，在这段时间内如果频繁地更换抚养人或抚养环境，则会对孩子的安全感建立十分不利。孩子3岁之前，心理上与妈妈是一个

共生体。虽然在出生的那一刻孩子与妈妈的身体分离了，但心理脐带却要3岁左右才能被剪断。在这段时间内，孩子会一直吸收父母给他的安全感，尤其是妈妈。孩子1岁之前，安全感更需要父母的辅助，和父母之间依恋关系的形成也在这个时期。如果没有建立好依恋关系，孩子会把这种依恋转移到某个玩具或者衣服上面，无论他们走到哪里，这件玩具和衣服都不想放手。如果妈妈确实不能在身边，那么一定要有一个固定的抚养人。

（二）亲子关系是否和谐

对于孩子来说，最重要的抚养人莫过于妈妈。妈妈的情绪越稳定，孩子的安全感会越充足。一个脾气暴躁的妈妈会严重打乱孩子的情绪，而一个情绪稳定、平和的妈妈，则会是孩子安全感的最好来源。曾有脑科学家证实：在长期的责骂环境中，孩子大脑中负责愤怒和恐惧情绪的杏仁核，被不断刺激，导致孩子随时生活在恐惧的环境中。决定亲子关系远近的关键，从不是成绩也不是金钱，而是最容易被忽略的日常琐碎，而这些都握在父母手里。孩子遇到困难后，父母不经意的鼓励语气和动作，不但能让孩子感知到积极、乐观的暗示，还有利于孩子安全感的建立，这份包容会在孩子的世界里被无限放大，甚至影响他们一生。

（三）家庭氛围是否良好

党的二十大报告及相关政策文件都非常重视家庭教育对教养孩子的重要作用，提出家长是孩子的第一任老师，好家庭、好家风将创造好人生。和谐的家庭氛围能够为孩子早期发展建立安全稳定的环境。心理学家埃里克森认为，想让孩子形成依恋、具备安全感，父母持续稳定的关爱是必不可少的条件。父母吵架是婚姻中的常事，但是对孩子而言就是天塌下来了。当孩子经常处于父母言语不合或是肢体冲突的不安环境中时，孩子会有恐惧的猜测，爸爸妈妈是不是因为我不乖才吵架？他们是不是不爱我了？他们会不会离开我？由于孩子对大人们的争吵无能为力，因此只能躲在角落里暗自哭泣，或是独自生自己的闷气，这些都会使他们的安全感受到很大冲击，严重影响孩子安全感的建立。著名作家桑达克说过："不要轻视童年时代的恐惧和不安，他们将伴随人的一生。"因此，父母应尽量给孩子一个和谐、美好的环境，即使夫妻间有矛盾、有争论，也最好要避开孩子。

（四）关键时刻是否给予孩子支持

教育孩子懂是非确实很重要，但在孩子最需要父母伸出援手的时候，父母的及时回应和帮助将是他的安全感来源。比如当孩子玩玩具遇到下面的情况时一定要给孩子支持。

①玩具被别人恶意抢走时，帮他要回来。玩具被抢意味着孩子的主权被别人侵犯，孤立无援的他，需要父母的"营救"。聪明的父母，绝不会轻易忽略孩子内心的求助，要孩子委屈自己，出让自主权，而是坚定地站在孩子的背后，教导孩子"不要心软，勇敢地拿回属于自己的东西"。

②当别人问孩子要他心爱的玩具时，不要强迫孩子分享，要尊重他的意愿，征询他的意见。

③帮助孩子礼貌拒绝。当孩子不想分享心爱的玩具时，家长要向对方解释清楚，这个玩具对孩子有着特殊意义，是他喜爱的东西，所以不能借出。如果对方实在很想要这个玩具，可以告诉对方家长这个玩具的购买方式。

④当有人当面训斥孩子时，家长要及时叫停，不能让孩子被别人当场责骂训斥却不以为然，甚至跟着外人一起责骂自己的孩子。这会使孩子惊慌无助，严重危害安全感的建立。要做到既能教育孩子，又不让孩子受到伤害，这是父母的义务。

四、如何培养0～2岁婴幼儿的安全感

（一）母亲的乳汁和怀抱是婴儿安全感形成的来源

精神分析的理论认为，母乳满足了婴儿基本的生理需要，也使其从吮吸中得到快乐和满足感，同时母亲的怀抱温暖舒适，能够为孩子隔绝危险。母乳和怀抱给予孩子的满足感和安全感，正是儿童早期的两种基本需要。所以当母亲满足了这两种需要，就会成为孩子获取情感和安全感的最初对象，这是孩子后续情感发展的基础。

（二）肢体接触会给孩子更温暖的安全感

安全依恋建立的基础是拥抱，因为拥抱能让孩子获得舒适感，也是对孩子情感上的支持。通过肢体接触来建立亲密感，让孩子感受到爱意。而爱是安全感的核心，孩子0～2岁时是建立信任和安全感的重要时期，父母要做的就是去满足孩子的感情需求，多抱抱、多触摸，让孩子感受到父母全心全意的爱。只有照顾得足够周到，孩子的自我力量感才能被建立起来。

（三）长时间、高质量的陪伴，对孩子来说至关重要

陪的本质，是心的交流，而不是身的靠近。"陪"这个字里有个"立"，但重点是有"耳"和"口"，是要有说有听。所以"陪"，不是"有我在"就可以，不是有个"立"就可以。如果父母陪着孩子时在看手机、电视，那不是高质量的陪伴。陪伴的时间不在多，而在精：一起做泥塑作品、一起搭积木，和孩子进入一起玩乐的状态；在孩子睡前给他读故事，传达真实的情感和价值观，即便只有15分钟；关注孩子的感受，及时沟通。

（四）注意在孩子哭时要积极回应

或许有早教机构的人员会对父母说：孩子哭时，不要抱，哭够了再抱，这样会建立条件反射，养成乖孩子。的确，这是个让孩子变安静的有效办法。但是，最新研究表明，如果孩子向父母发出信号，父母能在7秒之内给予回应，孩子就会得到满足感。如果超出7秒，他会产生受挫感。很多家长担心，如果总是去满足孩子的要求，会不会把他宠坏？其实对于0～2岁的孩子这点担心是没有必要的，这个阶段的孩子最需要的并不是事情的结果，而是父母的第一时间回应。父母要做的是去满足孩子的感情需求，即给他及时的亲吻和拥抱，安抚他的情绪，帮助他建立存在感和足够的安全感。

（五）谨慎对待孩子的"分离焦虑"

心理学上指出，孩子6～8个月时会出现分离焦虑，到1岁半时达到高峰。孩子出现分离焦虑本是正常现象，但如果把握不好则可能会加重孩子的分离焦虑。比如，孩子眼前的东西如果不见了，他会认为这个东西就会永远消失了。妈妈如果离开，他会认为不再回来了。父

母不用教他去理解分离，因为孩子根本就做不到，如果强迫式地与他分离只会破坏孩子的安全感，以至于每当孩子要面对分离时，眼里看到的只有恐惧。所以爸爸妈妈一定要谨慎对待分离，切不可过激、情感粗暴。比如，生活中跟孩子沟通离开的时间，让道别成为一种习惯，建立分离时的秩序感和安全感。

（六）仔细找出孩子不安的原因

孩子没有安全感一定是有原因的，父母首先应分析一下，是什么原因引发孩子安全感缺失的呢？找到它，并且改正它。有些大自然或外在环境上的灾害可能使孩子感到不安，比如说地震、天空中的闪电等，或者是过大的声响、突然的惊吓等，都有可能成为孩子不安的来源。这时父母可以寻求心理治疗师或其他音乐、艺术的治疗，协助孩子重建安全感。

本章小结

在本章节中，从日常生活家庭教育中的实践问题出发，针对如何处理0～2岁年龄阶段婴幼儿家庭教育的问题，就如何快速走出产后抑郁或焦虑等负面情绪、如何增强婴幼儿的身体免疫力、如何培养婴幼儿的语言能力、如何发展婴幼儿的社会交往能力、如何激发婴幼儿的创造力、如何培养婴幼儿的安全感等问题，从"是什么""为什么""有何理论支撑""如何科学处理"等角度进行系统梳理和阐述，从家长、幼儿自身等角度给出科学的解决方法与对策，以期为0～2岁婴幼儿家庭教育指导提供有益参考，助力0～2岁婴幼儿家庭教育质量的提升。

思考与练习

1. 什么是产后抑郁症？产后抑郁症的主要表现是什么？
2. 0～2岁婴幼儿免疫系统有什么特点？如何增强婴幼儿的身体免疫力？
3. 提升0～2岁婴幼儿社会交往能力的方法有哪些？
4. 0～2岁婴幼儿语言能力发展的特点有哪些？如何培养和发展0～2岁婴幼儿的语言能力？
5. 有人说2岁多的婴幼儿年龄太小，根本无法培养所谓的创造力，结合所学知识谈谈你的看法。
6. 0～2岁婴幼儿安全感发展有几个阶段？

拓展阅读

1. 鲁鹏程. 0～3岁敏感期教育方案设计［M］. 上海：华东师范大学出版社，2017.
2. 张明红. 学前儿童语言教育与活动指导［M］. 上海：华东师范大学出版社，2014.
3. 薛俊楠. 学前儿童发展心理学［M］. 北京：北京理工大学出版社，2018.
4. 谢尔夫. 美国儿科学会育儿百科［M］. 7版. 北京：北京科学技术出版社，2020.
5. 心心妈. 童年不缺爱：如何给孩子一生的安全感，北京：人民邮电出版社，2020.
6. 斯坦利·格林斯潘. 培养孩子的安全感［M］. 北京：华夏出版社，2017.
7. 艾米莉. "暖暖的家"儿童安全感培养绘本［M］. 长沙：湖南少年儿童出版社，2020.
8. 刘召芬. 孕产妇身心健康手册［M］. 北京：人民卫生出版社，2021.

第五章 3~6岁幼儿身心发展特点

学习目标

① 了解3~6岁幼儿脑部和神经系统的发育特点；

② 清楚3~6岁幼儿感知觉的发育特点较0~2岁的婴幼儿感知觉的发育特点有什么进展；

③ 掌握3~6岁幼儿认知、思维、人格等心理发展特点，并能够根据理论解释分离焦虑等普遍现象。

3~6岁阶段的儿童正处在幼学前期，这一时期是儿童正式进入学校之前的一个时期。这一时期的儿童相比于0~2岁的婴幼儿，脑和神经系统发展较快，体格发育速度相对减慢，但仍然保持着稳步增长；其心理也在不断地发展当中，例如自我意识的进一步增强，初步产生了参加社会生活的愿望，开始一些独立活动，如渴望自己穿衣、吃饭、收拾玩具、当值日生等，渴望从事一些力所能及的活动。学前期是人生发展的关键阶段，是人生最重要的启蒙时期，这个时期的儿童具有较高的可塑性，因此父母和老师的教育方式与良好习惯的养成对于孩子来说格外重要。本章将从3~6岁幼儿脑和神经发展特点、感知觉发展特点、心理发展特点三个方面来阐述3~6岁幼儿身心发展特点。

第一节　3~6岁幼儿脑和神经系统的发展

一、脑部的发育

（一）脑重量的增加

人类从受孕变成受精卵开始，脑重量就在日益增加，新生儿直至婴儿期的大脑一直在迅速发展，一直到幼儿期发展速度逐渐放慢。3岁的幼儿脑重约为1011克，占正常成年人脑重的75%~80%。

（二）脑耗氧量的增加

学前儿童在正常基础代谢的状态下，脑的耗氧量约占全身总耗氧量的一半，而成人的脑部耗氧量则仅占全身耗氧量的20%。这就表明了学前儿童大脑的血流量占心排血量的比重较大，脑部的神经组织对缺氧的感觉非常敏感，对缺氧的耐受力也很差。因此，对于学龄前儿童来说，要保持环境空气的干净和清新对于大脑的发育有着重要的作用。在室内，成人谨记要及时通风，保持空气的流通。

（三）学前期是幼儿右脑开发的关键时期

经研究表明，幼儿在6岁之前的年龄阶段是大脑开发的关键阶段，尤其是右脑的开发。人的大脑分为两个半球，为左脑和右脑。其功能也各不相同。左脑除了控制人的右侧身体，还负责逻辑思维能力，如数量与数字技能、算数和科学能力，语言表达能力，分析、逻辑和推理能力。右脑除了控制人的左边身体外，还负责人的思维能力，如想象力、创造力、记忆力、观察力等。右脑主要是通过图形或者影像去记忆，也被称作"图像脑"。主要是负责人的思维能力，大部分的伟人都有着较为发达的右脑，如居里夫人、爱因斯坦、达芬奇等。因此，右脑开发有着非常重要的作用。首先，右脑开发是提升幼儿智力的关键，孩子的记忆力、想象力和反应能力都是由右脑控制的。所以开发右脑能够提升幼儿的智力，并且对幼儿的学习有帮助。其次，右脑还负责掌握情商和社交能力，这是维持人际关系不可缺少的要素。因此，如果孩子的右脑能够得到很好的开发，那么他们能够在未来的学习、工作和生活中有着很好的表现。

开发右脑的潜能主要有以下几种方法：

①训练使用左手：在幼儿平时做操或者进行其他球类运动的时候，成人应当有意识地引导幼儿运用左半边的身体（左手、左腿）活动起来，重复运动，以刺激到右脑。此外，可以引导幼儿使用左手进行画画、写字、做手工。右脑在活动的过程中随之而来的鲜明形象和细胞激发比静止时更快，由于右脑在不断活动中，因此左脑的活动则会收到相应的抑制，人对事物的思考则会脱离惯有的思维模式和思维方法，就会涌现出一些新的灵感。

②提高认识能力：在教学过程中可以只给幼儿看某只小动物身体的一部分，从而让幼儿想象整个小动物是什么样子的。或者将一幅画遮上一半，让幼儿想象整幅画是什么样子的。这些教学技巧都是通过幼儿记忆、想象事物的形态，从而提高右脑对事物整体结构的认知能力。

③多听童话故事：听童话故事是幼儿右脑开发的重要方法之一。童话中有着丰富的幻想情节，孩子在听童话故事的同时会不由自主地随着情节的发展想象故事中的人物和场景，这使得右脑在不停地运动。家长可以选择在睡前给幼儿讲童话故事，因为这时最放松，所以此时右脑呈现最佳状态，想象力也比在白天大脑紧张的情况下要好很多。

④手指活动：人体的每一块肌肉在大脑皮层中都有着相应的"代表区"——神经中枢，而手指运动中枢在大脑皮层中所占的区域面积最大。成人可以引导幼儿做一些手部的精细运动，如抓豆豆、玩石子、用剪刀剪东西等。也可以让幼儿学习弹钢琴、做手指操，锻炼手指的灵活性，更好地开发大脑。

二、神经系统的发育

（一）神经的髓鞘化在学龄前末期学龄初期基本完成

一般来说，新生儿已经完成了50%的神经髓鞘化，这50%的髓鞘化发生在脑部的低级部位（感觉神经和运动神经），直至幼儿3岁时已经完成了70%~80%的髓鞘化（高级思维和高级情感），儿童6~7岁时，儿童神经系统的髓鞘化基本完成。在髓鞘化的过程中，大脑皮层的各区域呈现非均衡性的发展。首先是发展与感觉运动有关的部位，然后是与运动系统有关的部位，最后发育的是与智力活动直接有关的额叶、顶叶区的髓鞘化。大脑各皮层髓鞘化的顺序依次是：枕叶→颞叶→顶叶→额叶。髓鞘化是脑内部成熟的重要标志，儿童髓鞘化发育成熟对幼儿有着非常重要的意义。

幼儿髓鞘化发育良好，能够对于外界的刺激做出及时的反应。例如，当孩子被针扎后会猛地一下缩回手，被虫子咬后知道及时跑去治疗，遇到危险时会逃离。幼儿髓鞘化发育不良最主要的表现就是难以集中注意力。例如，在平时的上课过程中不能专心听讲，而是过了一段时间就容易分心，呈现"坐不住"的状态；在画画或者做手工的过程中容易做到一半就离开，容易半途而废。

髓鞘化发育不良既有先天的原因，也有后天的原因。先天原因是孩子可能会因为感染上病毒、窒息中毒或者免疫力的疾病而造成髓鞘发育不良。后天的原因大部分是孩子的活动受到了限制。例如，在孩子成长的过程中，家长对其太过严格，造成了一种"不让干这个不让干那个"的局面，有的时候，孩子正在非常专注地玩游戏，此时家长在旁边指手画脚，做一些无用的干预，如一会儿喂孩子水，一会儿喂孩子西瓜……久而久之，孩子的思绪被打断，专注力被打断，髓鞘化的过程也被迫中断，长期如此下去，孩子会出现髓鞘化不良的问题。

如果发现孩子有髓鞘化不良的问题，家长应当及时带孩子去治疗。髓鞘化早期需要大量的激素冲击，减轻神经根的病变，防止过度损伤导致不可恢复。可以采用一定的针灸或者电刺激来刺激有关的部位，使局部的神经脱髓鞘逐渐发育成正常；可以增加相应的康复性训练，如智力训练、手功能训练、感觉功能训练等；饮食上也应当多加注意，食用一些含钙量较多的食物，如牛奶等。家长在孩子小的时候就应当保护好孩子的专注力，孩子在专注地做一件事情时，家长非必要不要去打扰，不要去干预，更不要去催促。

（二）高级神经活动的特点

高级神经活动，指的是大脑皮层的活动。高级神经活动影响着人类的语言、思维和实践活动。高级神经活动最早是由苏联生理学家巴甫洛夫提出的。巴甫洛夫指出，高级神经活动的基本过程有两个，包括兴奋和抑制。兴奋是指神经活动由静息状态或者较弱的状态转为活动或较强的状态；抑制是指精神活动由活动的状态或较强的状态转为静息的状态或较弱的状态。对于学前儿童，其高级神经活动具有以下几个特点。

1. 兴奋过程占优势

学前儿童高级神经活动的特点为：兴奋过程强于抑制过程，兴奋占优势。具体表现为：学前儿童容易激动，自我控制能力较差。

大脑皮质功能会随着年龄的增长而逐步完善，兴奋过程的加强，则会使幼儿的睡眠时间逐渐减少，觉醒时间不断增加；抑制过程的加强，使得幼儿能够更好地控制自己的情绪、行为和活动。学前儿童的注意力很难集中很长时间，并且抑制过程不完善，这都是由于幼儿大脑皮质的神经细胞比较脆弱造成的。而随着年龄的增长，睡眠时间会逐渐缩短，新生儿的睡眠时间需要18～20个小时，几乎一天的时间内都在睡觉；1岁的婴儿睡眠时间为14～15小时；2岁的婴儿所需的睡眠时间为12～13个小时；4岁的幼儿所需的睡眠时间为11～12个小时；5～6岁的幼儿所需的睡眠时间为10～11个小时。由于学前儿童兴奋过程强于抑制过程，因此孩子可能会表现出好动、容易兴奋并且兴奋时间较长的状态，这是正常现象。孩子兴奋好动未必不是一件好事，活泼好动能锻炼孩子的骨骼和肌肉发育，但是建议睡觉前一个小时一定要让孩子的情绪尽可能地平静下来，家长不要逗孩子，否则会影响孩子睡眠。应当跟孩子谈谈话，讲讲故事，保障孩子的睡眠质量和时间。

2. 建立的条件反射较少

条件反射是指人在出生以后在生活过程中逐渐形成的后天性反射，是在非条件反射的基础上，经过一定的过程，在大脑皮层的参与下完成的，是一种高级的神经活动，是高级活动的基本方式。例如"望梅止渴"这个成语，反映了条件反射的现象：多次吃过梅子的人，当他看到梅子的时候，也会流口水。这表明了其在曾经吃梅子的时候是在流口水的基础上完成的，因此建立了条件反射。

学前儿童条件反射建立得较少，一方面是学前儿童的大脑还在发育的过程之中，所以大脑皮层还有大脑各种机能还不够成熟；另外一方面是幼儿对外界的感知较少。因此大脑皮层条件反射建立得较少，这就导致幼儿的知识和经验较为匮乏，表现出对一切事物都有着非常大的好奇心，爱模仿，并且有着强烈的兴趣。孩子对很多事都有着强烈的兴趣，成人切忌去打击幼儿的兴趣。对于孩子的一些积极向上、有益于健康的兴趣爱好，如观察大自然、运动、阅读等兴趣，成人不能将其看作是"阻碍学习的动力"，而应保护幼儿的兴趣；对于一些不利于健康的活动，如电子游戏等，家长要及时地制止并引导其向健康的兴趣上靠拢。兴趣是最好的老师，但是最忌讳的是孩子做什么都没有兴趣，作为家长应考虑去主动培养孩子的兴趣，多带孩子出去走走看看，多让孩子接触一些事物和活动，刺激他去寻找自己的兴趣所在。

3. 第一信号系统发育早于第二信号系统

第一信号系统与第二信号系统是由巴甫洛夫提出的生理学专门术语。第一信号系统是现实的具体刺激，如声、光、电、味等；第二信号系统是现实的抽象刺激，即语言文字，或者具有抽象意义的词语的信号。第二信号系统是在第一信号系统的基础上建立起来的，但又反过来影响和支配第一信号系统。当婴儿尚未学会说话时，只能用自己的感知觉去认识周围的事物，随着婴儿语言的发展，第二信号系统随之也会得到发展。在日常生活中，幼儿获得的外部经验越来越多，与周围人之间的交流也日益增加，使得两种信号系统之间有了更加紧密的联系，这表现在幼儿既可以用感知去左右自己的行为，也可以用言语去左右自己的行为。因此，幼儿期的心理便产生了一种转变的趋势——具体形象向抽象概括性转变，无意性朝着有意性转变。

但是，整个幼儿期，第一信号系统还是占主导地位，第二信号系统发育得并不成熟。学龄前的幼儿左右脑的发育较不平衡。孩子的左脑还没有定型，大脑的语言中枢还不成熟。这个时期的幼儿较多的是利用右脑进行观察和分析事物。因此，幼儿对于具体的、形象的、鲜明的、直观的事物比较感兴趣，而对语言和一些抽象的文字符号比较不敏感。因此，幼儿的教育教学应当多以直观形式为主。

第二节 3～6岁幼儿感知觉的发展

一、视觉

（一）视敏度的发展

视敏度是辨别物体（或物象）细微差别的能力，俗称视力。3岁的幼儿视力可以达到1.0左右，4～5岁的幼儿视力日渐趋于稳定，基本上能够达到正常成年人的视力水平。据研究表明，在对4～7岁幼儿的视敏度进行调查中发现，不同年龄的幼儿在看出圆形图上缺口所需的平均距离是不同的。4～5岁幼儿所需的平均距离为210厘米；5～6岁幼儿所需的平均距离为270厘米，6～7岁幼儿所需的平均距离为300厘米。幼儿的视敏度会随着年龄的增长而不断提高，但是其发展的速度是不均衡的。学前儿童容易弱视。弱视是指儿童的视力发展达不到正常水平，双眼无法同时注视一个目标物体，缺乏立体感，无法判断自身的空间位置，不能知道物体与自己之间的距离，定位不精确，难以完成精细动作。一旦发现儿童有弱视的情况，要及时去医院治疗。相关研究表明，大部分的儿童患有弱视，只要是无器质性病变的弱视，经过有效的治疗，都可以获得正常视力。弱视的最佳治疗时间为3~5岁，在这个时间内进行相关的治疗有利于视力的恢复，如果再拖延几年不治疗的话，弱视极容易巩固定型，难以治疗。

因此，3~6岁幼儿视力的保护也是家长应当注意的一个重要问题。学前儿童的眼部还是比较娇弱的，因此，要保持眼部的干净，早晚用温水洗脸以及每天的定时洗手会减少眼部感染的概率；每次外出或者游玩回来把手和脸洗干净，并且家长要提醒幼儿不用脏手揉眼睛；叶黄素对幼儿视力发育比较有益，包含叶黄素的食品有动物肝脏、鱼肝油等；增加幼儿的户外生活，可以经常性地组织幼儿踏青、探索大自然，不仅能够使幼儿的视力得到保护，还能够使幼儿锻炼好身体；家长应尽可能地减少幼儿看电子产品的频率，注意眼部的劳逸结合。

（二）颜色视觉的发展

颜色视觉是指对几个颜色进行辨别出细微差距的能力。颜色的透明度、色调和饱和度与颜色视觉有关。幼儿在日常生活中获得的经验和外界的教育促进着幼儿颜色视觉的发展。

在3~6岁的年龄阶段，幼儿的颜色视觉在不断地发展。据研究表明，学前儿童，不管是男孩还是女孩，都喜欢较鲜艳和明亮的颜色，如大红色、黄色和橙色。3岁的幼儿尚未有能力分清基本的颜色，很难区分出各种颜色的色调，如蓝色和天蓝色、红色和粉红色。4岁的幼儿区分各种色调细微差别的能力渐渐发展起来，开始认识一些混合色。5岁的幼儿除了能区分不同的色调以外，还可以注意到颜色的透明度和饱和度，能够辨别更多的混合色。据实验研究，在让6岁的儿童根据照明度和饱和度选取相同的图片时，正确率达到了80%。

颜色视觉失常会导致色盲。色盲是一种非常常见的先天性疾病，幼儿如果出现色盲是很难治疗的，也很难彻底治愈。所以应当合理地调整，日常应当帮助孩子分辨红色和绿色，根据病情的严重程度不同，进行合理地调整。

二、听觉

幼儿的听力会随着年龄的增长，尤其是在日常生活中学习语言、接触音乐环境和接收听觉训练的过程中迅速发展。

（一）听觉感受性

幼儿的听觉感受性有着极大的个体差异，有些幼儿感受性较高，有些幼儿的感受性较低。听觉感受性包括绝对感受性和差别感受性。听觉的绝对感受性是指幼儿分辨最小、最细微声音的能力；听觉的差别感受性是指幼儿分辨不同声音的最小差别的能力。

随着年龄的增加，幼儿的听觉感受性会逐渐提高。听觉阈限是指使人能够产生听觉感受的最小声音刺激量。这一最小强度因人而异，且会因为声音频率的不同而不同。听觉阈限是衡量一个人听觉敏锐度的标准。所需的声音刺激强度越大，则说明其听觉敏锐度越差；所需声音刺激强度越小，则说明其听觉敏锐度越好。4~7岁的幼儿对纯音的听觉阈限要比成人高2~7分贝。在辨别声音细微差异方面，也就是听觉的差别感受性方面，幼儿年龄越大，则辨别声音细微差异的能力越强。例如，5~7岁的幼儿听觉差别感受性就比4岁的幼儿听觉差别感受性强。据研究表明，5~6岁的幼儿在55~65厘米距离处能听到表的走动声音，6~8岁的幼儿在100~110厘米的距离处能够听到表的走动声音。婴幼儿的语音听觉和音乐感知能力与年龄呈正相关,其中,早期的语言及音乐环境对幼儿的听力的提高有着积极的促进作用。

(二)言语听觉发展

言语听觉是个体言语发展的一个方面,是指儿童对话语声音的听辨和理解能力的发展。随着年龄的增长,幼儿对词的言语听觉也在发展。据研究表明,幼儿中期的孩子能够辨别不同声音的细微区别,而到了幼儿晚期,其能够辨别出本民族语言包含的所有语音。

幼儿的听觉还在发展的过程中,因此如何保护幼儿的听力是成人应当重视的问题家长应当注意幼儿的耳部卫生。人的耳部可能会偶尔有一些分泌物,家长一定不要经常随意地给幼儿挖耳朵,也不要用力地去洗耳朵。如果幼儿习惯性地用手挖耳朵,要及时纠正,以免对外耳道造成影响进而造成外耳道炎、中耳炎等病症,影响正常的听力功能。如果幼儿外耳道瘙痒或者有脏东西,家长可以用棉签轻轻地刮一刮、掏一下,切忌太过用力或者太深;应当保护幼儿防止异物进入耳朵。幼儿的好奇心和探索心较强,但是也缺乏一定的自我保护意识和安全意识。可能他们在日常玩耍的时候会将一些异物塞进耳朵里,这样容易形成外耳道异物。面对这样的情况,家长需要及时地将异物取出,如果异物太大或者被塞得较深而无法自行处理时,需要就医治疗;防止噪声污染。长期受到噪声刺激容易对听觉造成损伤,而且很有可能会造成耳聋。因此,家长要给幼儿提供一个良好的居住环境,减少刺耳的声音,远离喧嚣吵闹的环境;定期进行听力测试。不仅是新生儿要定期进行听力检查,6岁前的幼儿都应定期去进行听力测试,有利于更好地了解孩子的听力情况。

三、知觉

(一)方位知觉

方位知觉即对自身或者物体所处方向的知觉。例如,对上下、东西南北、前后、左右的辨别。据实验研究结果表明,3岁的幼儿能够辨别上下方位,4岁左右的幼儿能够辨别前后方位;5岁左右的幼儿能够以自身为中心辨别左右方位;6岁的幼儿虽然能够正确地辨别上、下、前、后四个方位,但是以自身为中心判断左右方位仍然存在着困难。

幼儿方位知觉的发展顺序依次是:上、下、前、后、左、右。其中左右方位的辨别要以自身为中心而转移到以客体为中心。所以,成人要求幼儿使用左右手或者左右腿、脚做运动时,或者要求幼儿向左右转时,应当考虑到幼儿的年龄的局限性。由于幼儿辨别左右方位较为困难,因此教师在教学活动中进行动作示范时要用"镜面示范",即从幼儿的角度来进行示范。

(二)形状知觉

形状知觉是指对物体轮廓和边界的整体知觉,是触觉、视觉、动觉相互协同作用的结果。在三者的协同活动中,幼儿对几何形体的感知效果最好。对幼儿期形体的感知的研究主要是通过让幼儿用眼睛或者手去辨别不同的几何图形进行的,实验结果表明,3岁的幼儿基本上能够根据范例找出相同的几何图形;而随着孩子年龄的增长,5~7岁的幼儿找出几何图形的正确率会比3~4岁的儿童要高。对于幼儿来说,对不同的几何图形辨别有着不同的难易程度，由易到难的顺序依次为：圆形、正方形、半圆形、长方形、三角形、五边形、梯形、菱形。幼儿说出图形名称要比正确地辨别出图形要晚，因为幼儿对形状的知觉发展较早，而语言发展则较晚。通过进行一定的游戏，可以提高幼儿的形状知觉水平。

（三）大小知觉

大小知觉是指个体对物体长短、面积和体积大小的知觉。3岁的幼儿有能力辨别相同图形的大小，例如，一个较大的正方形和一个较小的正方形，但是不能辨别不同图形的大小，如三角形和正方形。幼儿从2岁半到3岁判别平面图形大小的能力急剧发展。

第三节 3~6岁幼儿心理的发展

一、3~6岁幼儿认知特点

（一）注意发展特点

3~6岁幼儿注意发展特点为：无意注意占主导，有意注意初步发展。无意注意是指没有预先目的，也不需要付出意志努力的注意，也被称作"不随意注意"。无意注意是一种消极被动的注意，是由于环境的变化而产生的一种应答性的反应。有意注意是指有着预先的目的，需要付出一定的意志努力的注意，也被称作"随意注意"。例如，当学生听到上课铃声响，他们就会进入教室，坐到自己的座位上，安静下来，努力将自己的激动心情克制住，转变平静。有意注意是一种积极的、主动的注意形式。

首先，3~6的幼儿仍然以无意注意为主。在幼儿期，一些新颖的、具体的、有着强烈刺激的、颜色鲜艳的刺激物都会引起幼儿的注意。例如，在刚开始上课的时候，许多幼儿都不能很好地集中注意力去听讲，有时候即使老师抬高了声音，幼儿也不一定能够安静下来。这时老师如果突然放低声音或者停止说话，这样反而能够引起幼儿的注意，幼儿也能停止喧哗。另外，吸引幼儿兴趣的事物也能够引起幼儿产生无意注意。由于幼儿年龄不断增长，其活动范围也在进一步增大，在日常生活中获得了较多的经验。因此，他们会对一些事物逐渐表现出兴趣和爱好，进而他们会对这些事物产生无意注意。因此，教师在为3~6岁的儿童组织集体教学活动时应当合理地设置引入环节，调动起幼儿的兴趣，再逐渐进入教学环节。另外，在幼儿无意注意发展的过程中，有意注意也初步得到了发展，但是这个年龄阶段的幼儿有意注意发展水平较低，稳定性较差，并且需要依赖成人的组织和引导。3~6岁幼儿的有意注意主要有以下特点：①由于幼儿大脑皮质的额叶还尚未成熟，而额叶主要是负责人的有意注意，因此幼儿的有意注意还没得到充分的发展。②这个年龄阶段的幼儿有意注意需要成人的引导。3~6岁的幼儿进入幼儿园后，需要完成教师的教学任务，因此教师成为一个外界的促使幼儿进行有意注意的角色。幼儿需要发展自己的有意注意，使得注意有预定目的并服从他人的要求。幼儿不能像在家里那样放松和随便了，必须遵守幼儿园的各种行为和活动规则，同时还要完成教师下达的任务。③这个阶段的幼儿逐渐开始掌握一定的保持有意注意的方法。由于这个年龄阶段的幼儿集中注意力的时间不长，并且注意力容易分散，因此幼儿会在成人的教育指导下学会一些保持有意注意的方法，例如，一些幼儿在看书时，会用手指去指着书上的文字去集中注意力。

总的来说，在整个学前期，儿童无意注意的性质和对象不断变化，其越来越稳定，且注意对象范围在不断扩大。而有意注意需要人的意识去支配，需要言语和日常生活经验的参与，则发展得比较晚。

（二）记忆发展特点

3～6岁的幼儿记忆的发展特点为无意记忆占主导地位，有意记忆逐渐发展；形象记忆占主导地位，语义记忆逐渐发展。

幼儿初期幼儿的记忆带有很大的无意性，对一些较为具体、形象、显眼的材料更容易记忆，同时，符合幼儿兴趣并且对幼儿有着重要意义的事物，幼儿更能够记忆。多种感官的参与也能使无意记忆的效果更好，并且在学习或者活动中，能够调动幼儿的积极情绪，也能使得记忆的效果变好。随着幼儿年龄的增长，其语言调节功能也在逐渐发展，学前晚期（大约5岁左右）的幼儿的有意记忆逐渐发展起来。有意记忆的发展是幼儿记忆发展中最重要的质的飞跃。幼儿不仅会努力去记需要记住的事物，还能运用一些记忆方法进行记忆。

形象记忆是根据具体的形象来记忆各种材料，它主要依靠表象。语义记忆主要通过词语的记忆来进行材料的识记。由于3～6岁的幼儿思维还处在具体形象思维阶段，语言功能还在发展的过程中，第一信号系统占优势，第二信号系统发展得较差。因此幼儿最容易记住的是直观、具体、形象的材料，其次易记住的是那些关于某些实物的名称和事物形象等词语材料，最难记住的是一些较为抽象的且概括性较强的材料。幼儿的形象记忆和语义记忆的能力都会随着年龄的增长而有所提高，并且到后期语义记忆发展的速度会快于形象记忆的发展速度。但是在整个幼儿期，形象记忆仍然占主导地位，形象记忆的效果要高于语义记忆的效果。

（三）认知发展处于前运算阶段

3～6岁的幼儿处在皮亚杰认知发展的第二个阶段——前运算阶段。所对应的年龄阶段为2～6岁或7岁。这个阶段的幼儿感知动作内化为表象，建立了符号功能，可以凭借心理符号（主要是表象）进行思维活动，进而使思维有了质的发展。处在前运算阶段的幼儿，其认知发展有以下特点。

1. 泛灵论

泛灵论是指幼儿认为自己身边的所有事物都和自己一样是有生命的，会和自己一样要吃饭、睡觉，也会感到疼痛，有高兴、悲伤等情绪。随着年龄的逐渐增长，这一特点就会逐渐消失。一般来说，泛灵论会在婴儿1岁半左右的时候产生，并能延续到3岁左右。比如，看到没有生命的玩具小熊倒在地上，他们会大声哭闹，并且会指着小熊说"小熊摔了"。他们会把没有生命的玩具当成有生命的生物，认为它们也能感受到疼痛和各种情绪。

2. 自我中心主义

自我中心主义是指幼儿在前运算阶段只会从自己的立场与观点去认识事物，而不能从客观的、他人的立场和观点去认识事物。幼儿的这种自我中心主义是非常正常的一个现象，因为这是由人的年龄特点决定的，这与平常人们说的"利己主义"不同。

3. 无法理解整体与部分的关系

据考察幼儿整体和部分的关系的研究发现，幼儿能把握整体，也能分辨出两个不同的类别，但是他们却分不清整体和部分的关系。这也就说明了他们的思维受到眼前的显著知觉特征的局限，而意识不到整体和部分的关系。

4. 思维的不可逆性

思维的不可逆性与思维的可逆性相对，是指幼儿无法在心理上设想一个动作的倒转顺序。例如，问这个阶段的孩子："你是小红的弟弟，你怎么称呼小红？"这时候他无法回答出小红是他的姐姐。

5. 缺乏守恒性

守恒是指掌握概念的本质特征，所掌握的概念并不因某些非本质特征的改变而改变。例如，将两份同样毫升的水倒入高而细和粗而短的杯子里，让幼儿进行比较是否这两个杯子里的水一样多，大部分幼儿的回答都是不一样多。

（四）想象发展特点

受幼儿年龄特点的局限性，3~6岁的幼儿想象的特点是无意想象和再造想象为主导地位，有意想象和创造想象初步发展。无意想象是最简单和最初步的想象，幼儿的无意想象主要是由外界的刺激物所引起，想象并不指向于一定的目的，而是仅仅满足于想象的过程。例如，在绘画的活动中，幼儿想象的主题往往是从看到别人的作画或者听到别人听说的而产生。正因如此，在同一张桌子上画画的幼儿，所画的内容大多都雷同。再造想象是指根据语言的表述或者非语言的描绘（图样、图解、符号记录）在头脑中形成有关事物的形象的想象。在幼儿期，再造想象占主要地位，具体表现为在很大程度上想象具有复制性和模仿性，想象的内容基本上都是重现一些日常生活中的经验或者作品所描述的情节。而到了学前晚期，幼儿的创造想象开始萌芽。创造想象是根据一定的目的、任务，在脑海中创造出新形象的心理过程，是指对已有的感性材料进行深入的分析、综合、加工和再造，是头脑中进行创造性的构思。

在这个年龄阶段的幼儿会出现把现实和想象混淆的现象。例如，幼儿听到自己的伙伴在讲述自己去游乐场玩耍的经历时，他既羡慕着又想象着游乐场有多好玩，就会对小伙伴们说："前几天我妈妈也带我去了。"这并不是说谎，而是幼儿容易将现实与想象混淆。另外，幼儿想象具有夸张性。例如，幼儿在作画时，常把他们感兴趣的东西画得很大。

二、3~6岁幼儿思维发展特点

3~6岁幼儿思维发展特点为：具体形象思维占主导地位，抽象逻辑思维开始萌芽。幼儿的思维方式发展分为三个阶段：直观动作思维、具体形象思维、抽象逻辑思维。

1. 直观动作思维

直观动作思维是3岁之前的幼儿的思维方式，是最低水平的思维，它具有狭隘性。直观动作思维有以下两个特点：①思维是在直接感知中进行的，并且思维不能离开直观的事物，要紧紧依靠对事物的直接感知。②思维是在实际行动中进行的，不能离开幼儿自己的动作。

直观动作思维的典型方式是试错，在不断地尝试错误的过程中会减去很多多余的动作。

2. 具体形象思维

具体形象思维是在直观动作思维之中孕育出来并且逐渐分化的。整个学前期几乎都是具体形象思维占主导地位。此时儿童不再依靠动作而是依靠表象来思考。具体形象思维有三个特点：①思维动作的内隐性。随着幼儿年龄的增长，知识和经验也在不断地丰富，幼儿不再去尝试错误，而是开始依靠关于行动条件以及行动方式的表象进行思维，思维的方式由外显向内隐转变。②幼儿要依靠具体事物形象，如鲜明的颜色、形状和声音等，在头脑中进行思维。③幼儿的思维存在着自我中心性。与皮亚杰认知发展阶段中提到的自我中心性相同，幼儿在认识事物时，会从自己的身体、动作或者观念出发，以自我为认识的起点或原因的倾向，而不能从客观事物本身出发去客观地看待和认识事物。

3. 抽象逻辑思维

到了学前晚期，幼儿的抽象逻辑思维开始萌芽。随着抽象逻辑思维的萌芽，儿童的自我中心主义慢慢地消除，并且会在他人的角度看待问题，开始获得"守恒"的概念。但此时幼儿的抽象逻辑思维发展的水平还较低，因此在进行教学时，切忌教授不符合儿童身心和年龄发展阶段的过于抽象的、概括性较高的内容，切忌向幼儿提前灌输小学阶段才学习的具体教科书的知识。党的二十大报告指出：学前教育是高质量教育体系中最基础的和起始的环节，在高质量体系建设中，不能缺席，不能掉队，要充分发挥奠基性和持续性的作用和影响。学前教育的高质量发展最核心的标志是儿童的全面和谐发展。学前教育应真正为儿童的后继学习和终身发展奠定坚实的素质基础。这也为学前教育指明了方向，坚决杜绝幼儿园小学化的倾向。

三、人格发展特点

3~6岁的幼儿处在埃里克森人格发展阶段理论的第三个阶段，即主动对内疚的冲突的阶段。在这一时期幼儿需要自己去尝试一些事情，探索自己的能力。如果幼儿能够表现出主动探究的行为而且受到他人的鼓励，则会形成主动性，这会为他未来成为一个有责任感和创造力的人奠定基础。如果幼儿长期得不到成人的鼓励和认可，甚至成年人嘲讽幼儿，那么幼儿则会逐渐失去自信心，这会使他们产生内疚和自卑的情绪，使他们更倾向于生活在别人为他们安排好的狭窄圈里，缺乏奋斗的精神和自己开创幸福的主动性。当幼儿的主动性超过内疚感时，他们便有了"目的"的品质，埃里克森把目的定义为"一种正视和追求有价值的勇气，这种勇气不为幼儿想象的失利、罪疚感和惩罚的恐惧所限制"。

四、同伴关系的发展

3~6岁的幼儿同伴关系的特点为：社交对象愈加广阔。研究发现，2~3岁的婴儿相比于年龄大的幼儿更愿意让成人陪伴，并且寻求身体上的亲近。而随着年龄的增长，他们更喜欢与同伴进行玩耍，更希望得到同伴的注意和赞赏。

在一个幼儿游戏研究中，美国学者帕顿（Parten）在自由游戏时观察了2~4岁半的儿童，希望能够确认同伴交往复杂程度的发展变化过程。研究发现，学前儿童游戏活动按照社性程度由低到高依次为：①偶然行为：幼儿不是在玩游戏，而是注视着身边感兴趣的事情；②旁观者游戏：幼儿大部分时间在看其他儿童玩儿，但自己并不参与其中；③单独游戏：幼儿独自玩游戏，通常是玩玩具，而忽略其他儿童玩的游戏；④平行游戏：儿童彼此距离较近，玩着相似的玩具或者相似的材料，但是很少进行互动，也很少试着去影响其他游戏者的行为；⑤联合游戏：儿童在交换玩具或者材料的过程中会有交流与互动，但是他们不会扮演互补的角色或通过合作去完成共同的目标；⑥合作游戏：合作游戏是幼儿游戏最复杂的形式，他们会有着共同的目标，且有一定的角色分工，并且要遵守游戏的规则。

幼儿年龄越大，则玩的游戏社会性程度越高。2～3岁大部分幼儿都在玩平行游戏；3～4岁大部分幼儿有了社会化发展，开始有固定的玩伴，开始进行联合式游戏；4岁以上大部分幼儿进行合作式游戏。

本章小结

3～6岁幼儿脑部在不断地发展，主要体现在脑重量的增加、脑耗氧量的增加。另外，3～6岁阶段也是右脑开发的关键时期，成人应当采取一些恰当的方法去发掘幼儿右脑的潜能；同时3～6岁幼儿神经系统也在不断地发展中，体现在神经的髓鞘化在学龄前末期学龄初期基本完成、大脑皮层兴奋和抑制的功能都在不断地发展中，第一信号系统和第二信号系统也在发育的过程中。鉴于这个阶段的幼儿脑和神经系统发育还未成熟的特点，成人应当摒弃和抵制让孩子尽早地学习较为抽象的内容，避免"幼儿园小学化"的错误。

总体来说，3～6岁幼儿感知觉的发展相较于0～2岁婴幼儿感知觉的发展已经有了较大的进步。感觉方面，不论是从视敏度、颜色视觉还是听觉感受性、言语听觉都有了很大的发展。知觉方面，3～6的幼儿相较于0～2岁的婴幼儿已经能辨别更多的方位、认识更多的形状、判断图形的大小等。随着这个阶段的幼儿感知觉的发展，成人也应当采取一定的措施去保护幼儿的视力、听力等，促进其更好地发展。

3～6岁的幼儿较0～2岁的婴幼儿的认知发展有着较大的进步，主要体现在注意和记忆的有意性在初步发展之中。此外，这个年龄阶段幼儿的思维处在皮亚杰认知发展的第二个阶段——前运算阶段，这个阶段的幼儿感知动作内化为表象，建立了符号功能，可以凭借心理符号进行思维活动，进而使思维有了质的发展。除此之外，幼儿的社会性也得到一定的发展，同伴关系相比于之前更加复杂，也拓宽了社交范围。

思考与练习

1. 3～6岁的幼儿注意、记忆、想象的发展特点是什么？成人应当如何促进其注意、记忆、想象的进一步发展？
2. 你怎么看待"幼儿园小学化"这个现象？

拓展阅读

1. 李燕，赵燕，许玭. 学前儿童发展［M］. 上海：华东师范大学出版社，2016.
2. 周念丽. 学前儿童发展心理学［M］. 上海：华东师范大学出版社，2006.

第六章 3~6岁幼儿家庭教育常见问题指导

学习目标

1. 明确攻击性行为、社会交往、分享行为等含义；
2. 理解并掌握处理幼儿的攻击性行为、老大和二胎的矛盾等的方法；
3. 掌握培养幼儿阅读习惯、生活自主能力、自信心等的方法。

3～6岁是幼儿身心发展的重要阶段。本章对3～6岁幼儿家庭教育常见的问题进行系统归纳和阐述，以帮助家长更好地处理家庭教育问题，提升家庭教育质量。

第一节 如何进行科学的表扬

大量的理论研究和实践证明，表扬对于塑造孩子的行为具有诸多益处。首先，表扬能够增高孩子的自尊心，能使其更爱自己，认为自己是有能力的。因为孩子和成年人一样，自信能让其信心满满，精神舒畅。其次，在幼儿眼中，爸爸妈妈是勇敢、权威、可依赖的代表。爸爸妈妈的表扬对于幼儿来说，就是最好的精神奖励，有助于激励幼儿表现出正向的行为。行为主义学习理论认为，及时的强化能够增强或者是消退主体的行为。例如，给予幼儿正强化，也就是给予孩子赞美和表扬，能给孩子带来愉快的刺激，引发行为之间的联结，增强其行为发生的频率。比如当孩子出现了积极的利他行为（如分享饼干），父母若及时给予肯定和奖励的话，那么在今后就会增强和巩固幼儿的这种分享行为。

一、表扬的取向

在日常生活中，人们经常能听到家长对孩子说："宝宝，你真棒！""你真聪明！"。其实很多时候，孩子并不清楚家长夸奖的理由，孩子不明白自己为何受到表扬。

一般而言，表扬孩子有三种取向：第一，个人取向的表扬，这是对儿童做出的一种整体性判断，反映了儿童的人格特质，指向儿童自身。如：夸奖孩子"你真棒！""你真聪明！""你真是个好孩子！"等。第二，过程取向的表扬，是对儿童在完成任务过程中或所运用的策略进行的反馈，指向行为的过程。如：夸奖孩子"你在做的过程中很努力""这么难读的句子，你却读得这么棒，你一定做出了很多努力！"等。第三，结果取向的表扬，反映行为的客观结果，指向具体行为的适宜性。如：夸奖孩子"你做对了9道题""你取得了一个好成绩"等。

在婴幼儿的家庭教育当中，更为提倡的是过程取向的表扬。

二、表扬幼儿的科学方法

表扬，是家长育儿过程中一种不可缺少的技巧，积极向上的话语能对孩子的行为产生非常正面的影响，家长们可以通过科学地表扬孩子，让孩子更加乖巧懂事，养成良好的习惯。

（一）夸奖努力而非聪明

斯坦福大学的心理学家卡罗尔·德韦克曾提到过，赞美孩子的天赋而非他的努力、策略和选择，会逐渐扼杀孩子的成长型思维。成长型思维对于孩子是很可贵的，拥有成长型思维的孩子做事不会轻易放弃，因为他们相信自己可以通过努力克服困难；拥有成长型思维的孩子更能从过程中享受到乐趣，因为他们面对困难不会畏缩，勇于挑战自我。因此，父母在表扬孩子的过程中，要经常夸他的努力和付出，而非结果或者是聪明。家长们惯用的评语"你真聪明！"最好不要多用。因为家长对孩子的每一个进步如果都用"聪明"来定义，结果只能是让孩子觉得取得好成绩就是因为聪明，一方面他会变得"自负"而非"自信"，另一方面他面对挑战会采取回避，因为不想出现与聪明不相符的结果。

美国的研究人员让幼儿园孩子解决了一些难题，然后，对一半的孩子说："答对了8道题，你们很聪明。"对另一半孩子说："答对了8道题，你们很努力。"接着给他们两种任务选择：一种是可能出一些差错但最终能学到新东西的任务；另一种是有把握能够做得非常好的任务。结果2/3的被夸奖聪明的孩子选择容易完成的；被夸奖努力的孩子90%选择了具有挑战性的任务。

因此，父母在陪伴孩子成长的过程中，当孩子取得了进步和成就时，不要被喜悦冲昏头脑，记得肯定幼儿为此付出的艰辛和努力。例如，家长可以这样夸奖宝宝："哇！你把积木垒得好高！宝宝竟然把这么多积木摆得这么整齐！"这样的表扬对孩子是真正的鼓舞，能够使他学会自我激励，而不是为了他人的肯定去做什么事。

（二）夸奖事实不夸奖人格

"好宝宝"这样的话是典型的"夸奖人格"，家长们会无心地将其挂在嘴边。但"好"是一个很虚无的概念，如果孩子总被扣上这样一顶帽子，对孩子反而是一种压力。换位思考一下，作为成年人，当领导不断夸奖我们时，刚开始我们还会沾沾自喜，但慢慢地就会感觉到有压力，甚至不想做得完美，以便得到喘息的机会。同理，如果家长的称赞总是"言过其实"，孩子也会有压力，觉得自己不配这样的赞美。因此，当孩子有了进步时，家长要注意不应过于吹嘘宝宝，要做到夸奖事实不夸奖人格，侧重强调宝宝的正确行为。例如，不要评价宝宝"你是一个好宝宝"，而是要表扬他的具体行为，如"宝宝在车上很安静""刚刚宝宝帮妈妈浇花了，小花和妈妈都很开心"。这样能够帮助宝宝理解他的行为为什么得到了表扬，真正给到孩子正向的反馈。

（三）夸奖过程而非结果

家长在表扬孩子时，要注意强调过程，而不是结果。要让幼儿知道，整件事情中自己哪里做得好，应该继续发扬，哪里没做好，需要加以改善。具体来说，当幼儿正在学习一个新的活动时，不要总是评价他做得好不好，而应该表扬他的热情和进步。比如，3岁半的果果听到音乐就会扭动身体跳舞，尽管动作不是很规范，但妈妈对果果说："果果的乐感真好，并且妈妈也很喜欢你跳舞时灿烂的笑容，妈妈为你开心。"如此表达，不仅能增强果果的自信心，而且还会激发果果对跳舞的热情。

（四）表扬毅力

当幼儿完成了一件对他来说很有挑战的事情或任务时，比如学会了走路、学会自主进餐等，无数次失败后仍然反复尝试，请记得肯定他的耐心和坚持。相比起"加油，你一定可以的！"而言，"尽管很难，但宝宝一直没有放弃，宝宝你是最棒的！""坚持就是最大的胜利，宝宝表现很好，继续加油！"更能够鼓励幼儿，并且不会给其带来压力导致其半途而废，那么幼儿成功的可能性将会更高。

（五）表扬应具体、清楚

"宝宝真棒"，这样的表扬对家长来说真是轻车熟路。在家长眼里，孩子的每一个成长细节都是值得惊叹和赞美的——宝宝会笑了，宝宝会翻身了，宝宝会蹦了，宝宝会说话了……就是在这种不断的惊喜中，家长已经习惯于对着孩子说出"真棒!""真好!"这样的评价，但总是笼统地表扬孩子，过多使用宽泛的言语，会让孩子无所适从，表扬的效果也会大打折扣。因此，家长和老师们对宝宝的表扬要具体、清楚，具体到每一件小事情、每一次小小的进步。不仅要夸奖得具体，也要夸奖得丰富，夸奖得细腻。多层次多角度地夸奖孩子努力的具体过程，欣赏孩子尝试自我控制的过程，加深他对自己良好行为的印象。例如，当幼儿尝试自主画画，家长与其说"哇! 画得这么好呀!"，不如说"宝宝画的太阳多漂亮啊，还画了云朵，真是了不起!"。这会使得幼儿知道父母是真的注意他的作品，并鼓励他做更多，幼儿会因此备受鼓舞。

此外，家长不仅要表扬，而且要清楚地告诉幼儿，为什么这样的行为是对的，是值得表扬的，让其明白他受到表扬的原因，这样会让孩子更容易理解，并且知道今后应该怎么做，如何努力，进而才能起到表扬的最大化效果。例如，可以说："今天宝宝的小手洗得很干净，很棒!""宝宝关心妈妈了，妈妈很喜欢懂事的宝宝"等。夸奖幼儿很棒是因为他的手洗得很干净，是因为他懂得关心父母，这样孩子就清楚地知道自己哪个地方做得好，是因为他做好了才得到了夸奖。所以这样的表扬才是有效的，对幼儿的成长是有利的。

（六）表扬要适度

表扬作为一种正面强化，需要及时对孩子好的行为习惯、好的表现给予肯定，同时也要把握住"度"，不可太过频繁，更不能滥用表扬。如果频繁地表扬，表扬在幼儿的眼中会"贬值"，表扬的效果也会随之大打折扣。表扬，也易助长幼儿的骄傲、自大的思维。而过于吝啬的表扬，对幼儿的进步和表现视而不见，也会挫伤幼儿的积极性和自信心，这样的做法同样是不提倡的。因此，表扬的度最好要控制在幼儿的"最近发展区"内，既要让其明白要得到这些表扬需要付出努力，同时也要让孩子体验被赞美和成功的喜悦。

（七）表扬方式应多样化

表扬的方式不是唯一的，除了口头上的夸奖，如"你真乖"，还可以是肢体上的，如轻轻摸摸幼儿的头，给予幼儿一个温暖的拥抱或是亲亲小脸、伸出大拇指等；也可以是物质上的，如奖励孩子一些小零食、小玩具。对于年龄小的幼儿来说，这种奖励非常具体，所以幼儿非常喜欢，效果也好。但是，随着孩子年龄的增长，如果给幼儿太多的物质奖励，会造成幼儿对目标的追求太现实、物质化，不利于幼儿长远的发展。所以，物质奖励需把握分寸。此外，对待不同性格的孩子，表扬方式也要有所区别。例如，内向的幼儿能够主动发起互动交往是一种进步，以自我为中心的幼儿学会分享同样值得赞扬，所有的这些都需要家长和老师用敏锐的眼睛去发现幼儿点点滴滴的进步，及时对幼儿的行为进行表扬回应。

(八) 通过感谢的方式表扬

通过感谢幼儿来表扬幼儿的行为是一种非常自然的表扬方法，幼儿也比较容易接受。经常用这种方法表扬幼儿，还能培养其积极对他人表达感谢的习惯。在使用这种表扬方法时，家长和教师可以试着感谢幼儿做的每一件事，就算是分内的事，也要对其表达感谢。比如，可以跟幼儿说："你帮我收拾房间了啊，真厉害！""谢谢你帮妈妈洗盘子！""谢谢你在妈妈打电话的时候保持安静！"等。

(九) 间接表扬

所谓间接表扬，就是不直接对幼儿说出表扬的话，而是向第三个人说表扬孩子的内容，只要当着孩子的面就可以。比如，妈妈可以在孩子听得见的地方打电话给姥姥，说："大宝很乖呢，我用电脑工作的时候，他一直帮忙照顾弟弟"；妈妈可以跟刚回家的爸爸说："儿子很棒啊，一回来就自己去写作业了，都不用我催促"。

(十) 提问式表扬

"提问式表扬"更能提升幼儿的自信，比普通的表扬效果更佳。使用这种方法时，家长和教师不用直接夸奖孩子的言行，而是要对幼儿的"成果"表现出兴趣，并针对这些成果提出问题。家长和教师可以让幼儿自己先讲一讲刚才做了些什么，要对隐藏在幼儿行为背后的想法表现出兴趣，仔细倾听孩子的每一句话，然后通过提出问题来表扬孩子。比如，家长可以这样问幼儿："这张画的颜色涂得好漂亮，能涂得这么漂亮的人可不多。告诉妈妈你是怎么涂的呀？"；"你没有把作业拖到最后一天，而是很快做完了呢。这可不是每个小朋友都能做到的事，你是怎么做到的呀？"；"小明对你做了那么过分的事，你都控制住了自己的情绪。你是怎么让自己平静下来的呀？"等。

第二节　培养幼儿的阅读习惯

阅读是一个人依靠头脑中的原有知识，积极主动地获取信息的过程，是从材料中建构意义的过程。阅读活动的开展离不开个人的动机兴趣、策略运用能力、知识经验以及相应的辅助材料，如文字、图画、音像等。从6个月开始，婴儿就有了视觉和注意力，能注意到书中的图画。这时，尽管他们还不知道图画所表达的意思，但这却是他们开始图画阅读关键的一步。婴儿经常会表现出争抢或抓咬一本图书的行为，这是孩子在身体行为上表现出来的探索和读书的开始，这就是阅读的兴趣。著名阅读专家古德曼先生认为，阅读是思想和语言相互作用的过程。3～6岁幼儿正处于语言快速发展的时期，培养幼儿的阅读习惯有利于促进其语言和思维的发展。

一、亲子阅读的价值

培养幼儿的阅读习惯,亲子阅读是最有效的方法。根据已有的研究来看,亲子阅读具有其独特的价值,其主要体现在以下两个方面。

(一)亲子阅读能够塑造幼儿人格,增进亲子感情

亲子阅读能够加强父母与幼儿之间的沟通,加强情感联系,对于丰富家庭生活具有非常大的积极意义。亲子阅读是家长与幼儿增进沟通的桥梁,在阅读中可以通过绘本内容共同交流、分享与表达,从而增进亲情。

(二)亲子阅读有利于幼儿语言能力发展

在诸多实证研究中表明,亲子阅读能够在很大程度上促进幼儿的语言能力发展,且能够为读写能力的发展打下坚实基础,对幼儿步入小学后的学业成绩也具有明显的促进作用。

二、培养幼儿阅读习惯的方法

(一)亲子共读,让儿童爱上阅读

和儿童一起阅读,做儿童的阅读伙伴,同时做他们的阅读榜样,让儿童爱上阅读。为了达成有效的亲子共读目标,家长应注意以下几点。

1. 家长应先熟悉绘本的内容

在和儿童一起共读绘本之前,家长应自己先读几遍,对故事内容做到了如指掌。还要思考,在故事的哪些部分可以提问,应该给儿童提怎样的问题;哪些词汇、句子,对儿童来说比较难以理解,需要用肢体语言、绘画的方式来帮助幼儿理解;怎样将绘本故事拓展延伸,比如是否可以和儿童一起续编、改编故事等。

2. 亲子共读从绘本的封面开始,封底结束

在和儿童共读时,家长应先和儿童一起看看绘本的封面。这时家长可以提问:"你觉得这会是个关于什么的故事呀?""你觉得封面上的×××在干什么呢?"。然后再和儿童一起阅读绘本的标题。在一些绘本中,结尾会留在封底,甚至有些绘本会在封底留下悬念。所以在亲子共读绘本时,家长不应错过封底,可以带着儿童一起看看封底,做绘本的拓展延伸活动,如故事续编、故事改编、故事复述等。

3. 亲子精读正文,细心读图

照着文字读,在亲子阅读中是最重要的方法。对于学前年龄段的孩子,他们会开始看文字更多、故事情节更丰富、逻辑更严密的绘本,家长逐字朗读,孩子完整倾听,对于孩子的听读理解能力、结构掌控能力、逻辑思维能力等都有很大的帮助。家长在和儿童共读时,要尽量让自己进入故事,并且做个"戏精"。自己对故事有感觉,就可以讲得更生动,孩子也容易受感染,讲和倾听才能达到更好的效果。家长可以和孩子有很多的互动,但是尽量不要破坏故事的完整性。情节丰富的故事,家长可以先完整地讲一遍,然后再进行更多的互动和延伸。

（二）制订计划，让儿童坚持阅读

1. 制定固定的阅读时间段

家长应根据自己和孩子的作息时间，每日规定某一时段为"读书时间"。例如，每天睡前的15~20分钟，并坚持每天和孩子共读绘本，讲故事。

2. 让孩子读纸质书

真正的阅读，是阅读纸质书。真正的经典，也累积在浩如烟海的纸质书中。

3. 带领孩子参加读书会的组织

帮助孩子用阅读将身边的小朋友们聚集起来，大家可以一起读书，一起讨论。

4. 设立家庭读书日

让读书变成家庭的集体活动，选择送一本书作为孩子的礼物，而不是玩具或者电子产品。

（三）端正阅读目的，注重培养阅读兴趣

在培养幼儿的阅读习惯时，家长要正确认识3~6岁幼儿开展阅读的目的。幼儿阅读的目的不是为了让其识字。一般而言，幼儿的阅读并非阅读有文字的书籍，幼儿对于图画的欣赏，对于色彩的理解都可以称为阅读。由于3~6岁幼儿的身心特点，此阶段阅读的主要目的应当是形成良好的阅读习惯以及阅读行为，提高幼儿自主阅读的意识和能力。过度关注阅读的识字功能，会增大幼儿的阅读负担和压力，降低阅读兴趣。因此，在阅读的过程中，家长应当关注幼儿在阅读活动中得到的积极反馈。

（四）选择合适的阅读材料

对于幼儿阅读材料的选择，要符合幼儿年龄的发展阶段，切不可选择过难或者过于枯燥的读物，并且要坚持对读物进行陪伴阅读以及指导。对于3~6岁的幼儿，最适合挑选色彩鲜艳的卡片、挂图、图画书等来进行阅读。

（五）创造良好的阅读环境

阅读的环境能够在很大程度上影响阅读的效果，因此要重视阅读环境的创建，其中既包括物质环境也包括心理环境。物质环境是开展良好亲子阅读的保障，因此，要为幼儿创造一个光线充足且较为安静的场所，选择与幼儿身高相适应的书桌，安置一个适合幼儿取放的书架。在阅读的材料上，应该丰富多样，供幼儿根据自己的兴趣来进行阅读。在心理环境的创建上，要让幼儿感知到家长对于亲子阅读的重视以及关注，重视建立积极的心理环境，鼓励幼儿进行自主阅读探索。

第三节　培养幼儿的生活自理能力

党的二十大报告强调培养德智体美劳全面发展的社会主义建设者和接班人。在促进儿童

智力发展的同时，儿童自身生活自理能力的培养也不容忽视。可以说，3～6岁幼儿生活自理能力的培养是幼儿园教育和家庭教育的重要内容，在不断提倡素质教育的今天，显得尤为重要。《幼儿园教育指导纲要（试行）》提出，健康领域的目标是幼儿具有良好的生活、卫生习惯，有基本的生活自理能力；此外，也指出教师应"培养幼儿良好的饮食、睡眠、盥洗、排泄等生活习惯和生活自理能力"，明确把培养幼儿生活自理能力作为幼儿园教育的一个重要任务。《3～6岁儿童学习与发展指南》进一步明确了不同年龄阶段的幼儿应该具有的基本生活自理能力。幼儿生活自理能力体现了幼儿动作发展水平，促进幼儿动作的发展，对幼儿学会生存、发展个性、适应社会生活环境等都有深远影响。

一、不同年龄段幼儿自理能力目标

《3～6岁儿童学习与发展指南》（以下简称《指南》）在健康领域中明确提出儿童需要"具有基本的生活自理能力"，并对不同年龄段需达到的能力目标做了划分，提出了教育建议。参考《指南》中的相关内容，以及结合3～6岁各年龄阶段幼儿的身心发展特点，提供不同年龄段的幼儿自理能力目标要求，以帮助家长和幼儿教育工作者了解幼儿自理能力培养的核心目标。

- 3～4岁：
  * 在成人帮助下能穿脱衣服或鞋袜；
  * 能将玩具和图书放回原处；
  * 能使用勺子吃饭。
- 4～5岁：
  * 能自己穿脱衣服、鞋袜、扣纽扣；
  * 能整理自己的物品；
  * 能简单了解筷子的拿法；
  * 养成每天按时睡觉和起床的好习惯。
- 5～6岁：
  * 能知道根据冷热增减衣服；
  * 会自己系鞋带；
  * 能按类别整理好自己的物品；
  * 能熟练地使用筷子；
  * 能使用简单的劳动工具；
  * 养成每天按时睡觉和起床的好习惯。

教育建议：

①鼓励幼儿做力所能及的事情，对幼儿的尝试与努力给予肯定，不因做不好或做得慢而包办代替。

②指导幼儿学习和掌握生活自理的基本方法，如穿脱衣服和鞋袜、洗手洗脸、擦鼻涕、擦屁股的正确方法。

③提供有利于幼儿生活自理的条件。比如：提供一些纸箱、盒子，供幼儿收拾和存放自己的玩具、图书或生活用品等；幼儿的衣服、鞋子等要简单实用，便于其穿脱。

二、幼儿生活自理能力较弱的原因

有些幼儿在生活自理方面表现出很强的对家长的依赖性，存在着不同程度的自理能力较弱的问题。例如，有的幼儿缺乏独立进餐的意识或者无法独立进餐，家长必须喂饭才可能好好吃饭；有的幼儿玩玩具时一股脑全部拿出来，玩玩具之后家里一片狼藉，不知道整理自己的玩具；有的幼儿没有自己洗手、擦脸的习惯等，造成这种现象的原因主要包括以下几个方面。

（一）家长过于溺爱

在一些家庭中，有些家长过于溺爱孩子，舍不得孩子"受累"，凡事都为孩子包办代劳。孩子在家可以说就是"小公主""小少爷"，爷爷奶奶、外公外婆、爸爸妈妈等人百般爱护，事事亲力亲为，孩子什么事都不用做，衣来伸手、饭来张口。久而久之，孩子越来越依赖大人，养成唯我独尊、霸道无理、任性自私等不良习性，不仅不利于幼儿生活自理能力的培养，对于幼儿性格的发展也极为不利。

（二）家长缺乏耐心

在家庭教育过程当中，一些家长缺乏耐心，总是害怕孩子自己做不好、不会做，包揽所有的家庭劳动和孩子的生活琐事；或者觉得孩子动作太慢，耽误时间；或者觉得孩子自己会吃得满身满桌满地都是，吃得脏、怕弄脏衣服便不愿等待、自行代劳，没有给幼儿创造培养自理能力的机会。久而久之，孩子容易形成依赖心理，会使得孩子认为起床、穿衣、喝水和吃饭等都有父母帮忙，自己只管听从安排就好。这样，幼儿不仅没有自理意识，也没有劳动的欲望，同时也会使幼儿形成错误的生活观，不利于幼儿生活自理能力的提升与独立人格的发展。

（三）家长缺乏培养幼儿自理能力的意识

现实社会中，许多家长由于望子成龙、望女成凤心切，普遍重知轻能、"重文轻武"，把家庭教育片面理解成为对孩子进行读书、写字、画画、弹琴等知识技能的训练，具体来说就是过度重视孩子的文化知识储备和智力发展，轻视孩子体智德美等方面的发展，导致出现了"高分低能"的现象，忽视吃饭、穿衣、睡觉、个人卫生等生活自理能力的培养，使幼儿失去了自我服务与自我劳动的机会，甚至有些孩子因为需要应付各种兴趣班的学习，自身已经习得的生活自理技能也出现了退化。但殊不知，3~6岁幼儿期是孩子各项能力发展和良好习惯培养的关键时期，一旦依赖性和惰性养成，想要完全剔除就非常困难了，这严重不利于幼儿生活自理能力的发展，同时在德智体美各方面的发展也会受到一定的限制。

（四）家长的教育方法不当

在日常生活中，由于幼儿年龄尚小，在自理以及劳动过程中常常会因为不懂得操作的方法而面临很多实际的困难，若此时父母不能及时将正确的技能和方法教给幼儿，那么幼儿就不能有效学会自理技巧和劳动方法，长此以往，容易挫伤幼儿的自信心，不利于良好自理能力以及优良劳动习惯的培养。比如，幼儿在学习穿衣服的时候通常会将扣子系错，或把衣服穿反，而一旦出现这一情景，家长大多会直接代替幼儿进行纠正，缺乏有效的鼓励和帮助，没有为幼儿创造自我纠正和自主锻炼的机会。

三、培养幼儿自理能力的建议

（一）应遵循科学的教育原则

家庭教育过程中，家长在教幼儿自理技巧、提升幼儿自理能力时，必须遵守以下几个原则。

1. 足够的耐心

对于幼儿来说，由于其身心尚处在发展之中，大脑、手足、肌肉和神经等的发育还未完善，动作的灵活性、准确性较差，无论是学吃饭，还是学穿衣，其自我服务技能的熟练掌握和形成是一个缓慢的过程，成人千万不能因为急躁或怕麻烦，就什么都替孩子包办，这事实上是"剥夺"了孩子的自我锻炼机会。幼儿学习独立生活必须有一个过程，家长不要急于求成，以足够的耐心引导幼儿学会生活自理是培养和提升幼儿生活自理能力的关键要素，只有通过反复地练习，幼儿才会做得更好。因此，要给予孩子更多的自主机会，放手让孩子去尝试、去体验"要自己干、能自己干"的事情，使其在自我服务过程中体验到生活自理以及辛苦劳动给自己带来的成就感和快乐，在不断尝试的过程中逐渐增强生活自理意识、掌握基础的自理技能。

2. 因材施教

由于幼儿之间存在个体差异，不同幼儿在自理能力上表现也不相同，因此，家长要根据幼儿年龄特点和能力培养其自理意识。对于自理能力较强的幼儿，可以以较高水平来要求；对于自理能力较差的幼儿，则需要降低要求的标准。教育不能超越幼儿的能力范围，不可强求，必须要根据幼儿特点来因材施教。例如洗衣服，如果开始就让幼儿洗一件上衣，幼儿尝试之后感觉非常困难，家长就不要再勉强幼儿进行，不适宜的任务安排会使幼儿对其产生抵触心理。家长可以进行调整，尝试让幼儿先洗自己的小手帕或袜子，他或许会感觉很轻松，再加上及时的表扬和鼓励，幼儿尝到了成功的喜悦之后，自然会产生自信心和自理的兴趣。

3. 循序渐进

俗话说："冰冻三尺，非一日之寒。"幼儿生活自理能力的培养也不是一两次教育就能奏效的，这是一个漫长的过程。因此家长在培养幼儿自理能力时，应根据幼儿的身心发展特点，遵循循序渐进的原则，把握好训练的进程，教育幼儿可以先从最简单的事做起，然后再逐步提高要求，由易到难、由简到繁、循序渐进地进行。例如，对于幼儿吃饭这一动作的发展顺序，一般是先学会用手抓东西吃，接着学会用手捏东西吃，最后才会学会用勺子舀东西吃。只有这样，幼儿的生活自理能力才能得到提升和进步。

4. 多多"鼓励"

获得成功的喜悦感是推动幼儿生活自理的动力。当幼儿取得点滴进步时，家长应给予及时的鼓励，经常性地激励幼儿"你真认真""你真能干"等话语，会让幼儿产生充分的成功感和胜任感。当幼儿无法达成预期的目标时，家长更要耐心地辅以鼓励性语言，万万不可挫伤孩子的自信心和进取心。除了给予幼儿正面激励以外，微笑着认真倾听幼儿的话并积极地给出回应，发自内心地给幼儿一个拥抱，这些真诚的夸奖方

［微视频］
宝贝帮妈妈择菜、洗菜

式也会让幼儿变得更好。总之，在幼儿自理能力培养的道路上，家长不要吝啬自己的"鼓励"。

（二）教给幼儿生活自理的技能技巧

幼儿阶段，其身心发育尚未完善，身体的协调性、手指的灵活性都处在发展之中，在成人看来很不起眼的小事对幼儿来说却是不简单的。幼儿不会洗脸，就谈不上把脸洗干净；幼儿不知把玩具放到哪里，就谈不上把玩具物归原处。因此，幼儿掌握自理能力的前提是需要掌握一定的方法和技能，家长应正确看待幼儿的身心发展特点和规律，对其进行具体自理技巧的指导。

在教给孩子生活自理的技能技巧时，家长首先要将各个项目直观地演示给孩子看，把动作、顺序、方法解释清楚，边讲边示范，然后再让孩子练习。比如，对于穿袜子，家长可以按照撑开袜口、袜跟朝下、脚往里游、袜跟套住脚后跟的完整步骤给孩子进行正确的示范；再如，对于穿裤子，按照找出裤子正反面、把腿脚伸进裤腿、裤角拉至脚脖子以上，将内衣塞入裤子里的流程给孩子进行正确示范，进而多给予孩子练习的机会，幼儿才知道怎么做。

此外，在起居作息方面，父母要有意识地规划好幼儿的作息时间，调整幼儿的生活起居习惯及常规，慢慢督促幼儿养成按时起床和睡觉的习惯。在家务劳动方面，家长们要重视劳动教育，让幼儿做一些力所能及的事情，如打扫卫生、整理收纳等，不仅能培养幼儿的动手和自主能力，还能增强幼儿的责任感。在穿衣吃饭方面，很多幼儿在家时衣来伸手饭来张口，以至于到了大班仍然不会穿衣穿鞋，挑食、偏食也特别严重。培养自理能力最关键的一环就是鼓励幼儿自己的事情能够自己做，父母包办得越多，幼儿的自理能力就会越差。父母想要放手，应当从让幼儿学会自己穿衣吃饭开始。

（三）帮助幼儿制订每日作息计划

在平时生活中，家长要注意培养幼儿的时间观念，让他们懂得什么时候应该做什么事，并且要努力做好。因此，在假期里，家长可以结合幼儿园内的活动以及孩子自身的年龄特点，帮助幼儿制作一份假期计划表或每日作息表，有意识地安排幼儿在规定时间内完成一些事情。例如，让幼儿每天从起床开始，自己完成穿衣服、洗漱、吃饭、大小便、整理图书和玩具等事项，帮助父母做力所能及的事情（如浇花、洗水果、摆碗筷等），增强幼儿的自我服务意识。

（四）寓教于乐，利用游戏提高幼儿自理能力

游戏是幼儿在童年生活中的重要活动，也是培养幼儿自理能力的重要方式，既可以增进亲子情感，也可以锻炼幼儿的动手能力以及自主解决生活问题的能力。在培养幼儿生活自理能力的过程中，家长可以通过游戏与幼儿积极地沟通，调动幼儿的积极性，提升幼儿的生活自理能力。例如，孩子不会使用勺子，家长可以带孩子玩沙土游戏，让孩子练习拿小铲子将沙土装入桶中，等孩子的这一动作熟练后，学习使用勺子就方便了。或者是带幼儿玩娃娃家游戏，通过给娃娃穿衣服、梳头、喂宝宝吃饭等，能帮助幼儿将游戏中总结出来的技巧应用到生活中，从而帮助幼儿习得穿衣服和梳头发的技巧。

（五）借助儿歌绘本激发幼儿自理意愿

俗话说："兴趣是孩子最好的老师。"在日常生活中，除了游戏活动和日常生活中的引导，家长还可以借助绘本故事和儿歌来激发幼儿自理能力的意愿，帮助幼儿掌握一些生活自理技能。比如，日常生活中，家长可以挑选一些有关自理能力培养的绘本与幼儿进行亲子共读，如《小威力做家务》《第一次上街买东西》《阿立，会穿裤子了》《起床了，穿衣服》等。在学习叠衣服时，家长可以教幼儿唱儿歌：小衣服，摆摆好，客人来了把门关（把衣服两襟向中间对齐），抱一抱（将两袖叠向中间），点点头（这是针对有帽子的衣服，要把帽子向下叠），最后弯腰问个好（将衣服对折），这样叠衣服的步骤就在儿歌中轻松完成了。系鞋带时可以唱：两个好朋友，见面握握手，钻进大洞口，用力拉耳朵，变成蝴蝶走。同理，晚上睡觉前家长可以教幼儿一些与睡觉相关的儿歌，早起穿衣时可以教幼儿唱与穿衣服相关的儿歌。这样，幼儿边念儿歌边动手，在娱乐中轻松地掌握了自理技巧和方法，长久下来，幼儿就会习得很多自理技能。

（六）家园配合，有效提高幼儿生活自理能力

对于3～6岁年龄阶段的幼儿来说，他们已经进入幼儿园，幼儿园里会进行一日生活常规的培养。作为家长，可以与幼儿园进行配合，家园互助，共同培养孩子的生活自理能力。

在家庭生活中，父母如果没有培养的意识，总是大包大揽，凡事不给孩子做的机会，那么即使教师在幼儿园中教育得再好，也注定会前功尽弃。著名教育家陈鹤琴指出："良好习惯之养成与否，家庭教育应负重要的责任。"在幼儿生活习惯培养方面，家庭起着很大的作用。由此，家长要加强与幼儿园的沟通，了解幼儿在园表现，积极向教师寻求改进建议，在家庭中有针对性地、有意识地培养幼儿的生活自理能力，训练幼儿自主穿衣、进餐、收拾玩具等，真正提高幼儿的生活自理能力。

总之，幼儿生活自理能力的培养不是一朝一夕就能完成的，而是一个漫长的过程。作为家长，在日常生活中需要不断地对幼儿进行生活自理的教育和引导，给幼儿创造充分的生活自理的机会，使他们养成优良的自理能力和劳动习惯，为幼儿以后的生活和学习发展打下良好的基础。

第四节　引导幼儿的分享行为

分享是一种重要的亲社会行为，它是指个人拿出自己拥有的物品或思想情感让他人共享，从而与他人共同拥有物品或思想、情感，并使他人受益的行为。当今社会许多幼儿都是独生子女，缺少能够与之分享物质和情感的兄弟姐妹，在家里，全家人围绕着幼儿团团转，孩子就是家里的"小皇帝""小公主"，好吃的、好玩的、好用的东西幼儿几乎都是独享。进入幼儿园后，集体生活的环境要求幼儿逐渐由独享行为转变为分享或共享行为，导致他们短期内难以适应幼儿园的生活。争抢物品、玩具、图书、场地等行为在幼儿的同伴交往中就会时常出现。

加强家庭家教家风建设，培养幼儿的分享行为尤为重要。懂得分享是幼儿社会性交往的重要能力，它有助于幼儿建立良好的伙伴关系；相反，不愿意分享、不会分享，常常会导致幼儿在社会交往中出现冲突，还会影响到幼儿对社会交往的情感体验，而这种对伙伴消极、负面的情感体验或社会交往中的受挫感，在日后可能会造成幼儿对社会交往的回避行为。同时，在幼儿的性格培养过程中，"分享"并非是一种自然而然会出现的行为，它需要家长和幼儿教育工作者有意识地引导幼儿，让幼儿逐渐明白"分享"的意义。

一、幼儿为什么不愿意分享

3～6岁年龄阶段的幼儿表现出占有欲强、不愿意分享的行为，这其实是幼儿成长过程中的一种正常的心理发展过程。幼儿是通过占有属于自我的东西，来区分自己和他人的。只有当幼儿可以拥有自己的东西，且这个东西是完全属于他的，即幼儿对这件物品拥有绝对的控制权、所有权的时候，幼儿才能够感觉到"我"的存在，才能获得物品背后的意义——安全感以及"我与他人"的区别。而这一心理的外在表现，往往就会呈现为"小气"、占有欲强、不愿意分享的行为，幼儿以此来建构自己的独立性，建立安全感。幼儿出现占有欲强、不愿意分享的心理主要有以下几个方面的原因。

（一）物权意识开始萌芽

1～2岁的幼儿，处于自我意识萌芽阶段，他们常常以自我为中心，习惯于从自己的角度去理解这个世界，还没有能力和心智考虑他人的想法和情绪。随着他们大肌肉运动和精细运动能力的发展，他们会意识到，自己是一个独立的个体，可以控制自己的行动。

2～3岁的时候，幼儿的物权意识开始萌芽，并进入物权意识敏感期，开始慢慢区分"你""我""他"，逐渐有了物权意识。家长常常发现，两三岁的幼儿有时候会显得格外"霸道"，凡是自己看得到、摸得到的东西，都不让别人碰，还会频繁大叫："这是我的"，表现出强烈的占有欲，这是幼儿语言方面表现出的特点。同时，这个阶段幼儿在动作方面还会伴随攻击行为，看到别的小朋友靠近，也会使用手或者脚攻击对方。

（二）分不清"分享"和"送给"的含义

由于年幼，心理发育还不完善，有的时候，幼儿不愿意分享也有可能是其分不清"分享"和"送给"的含义。根据心理学家皮亚杰的儿童认知发展理论，2～6岁的孩子正处于以自我意识为中心的阶段，他们往往行为冲动，不会站在他人的角度思考问题，也不能理解一些行为会给他人带来不愉快。实际上，美国心理学学会指出，在心理行为上，3～4岁的幼儿仍然会对分享自己心爱的玩具感到困难，他们也很难主动从别人的立场来考虑问题。比如："如果我不分享给他，他会不会很难过。"这其实就是幼儿分不清"分享"和"送给"的含义，当要求幼儿与他人"分享"时，幼儿就会误认为"一旦脱手就会永远失去某个东西"，因此也会更加警惕。

（三）交流能力有限

由于3～6岁的幼儿身心尚未发展完善，他们还不知道怎样进行交流和协商，表达和语言能力的技能技巧还尚未习得，更谈不上情绪控制，所以遇到喜欢的玩具物品等干脆抢过来或者一言不合就会上手。随着幼儿语言能力的发展、沟通表达能力的提升，这种情况才会逐渐转好。

二、如何看待幼儿争抢玩具的行为

该怎样教孩子学会分享呢？家长和幼儿教育工作者可以从以下几点获得启发。

（一）理解与尊重

当幼儿争抢玩具、不愿意与他人分享的时候，成人首先应是理解并尊重，要清楚幼儿已经开始树立起自己的物权意识，这是每个孩子都需要经历的一个过程。幼儿作为一个独立的生命体，他有权决定怎么处理自己的东西，成人可以引导，但不能强迫或替幼儿做决定。不管是谁对于自己非常喜爱的东西，都会有着强烈的占有欲。玩具对幼儿来说也一样，幼儿之所以喜欢它，肯定是它给幼儿带来过很多快乐的情感体验，所以才成为他的心头之爱。幼儿本来就不理解为何要与他人"分享"，成人若执意要让其放弃自己的心头之爱，这其实就是在强人所难。成人若强迫幼儿把东西送给他人，这会让幼儿产生自己的感受是不是不重要、父母或老师是不是不喜欢自己的疑问，甚至产生不安全感。从此以后，幼儿可能会过度保护自己的物品，更难学会分享，也会让幼儿误以为父母、老师爱别人胜过爱自己，情感上也受到打击。因此，成人要理解、尊重儿童。

（二）不给幼儿贴道德标签

当孩子争抢玩具、不愿意分享时，家长和幼儿教育工作者应注意不要随意给孩子贴上"自私""霸道""小气""不懂事"等标签，因为这些都是从道德角度出发的负面评价，幼儿其实并不了解这些行为的真正含义。成人若是以这样的态度对待，"你不能这么自私""你怎么这么小气？""你太不懂事了"，这会更加模糊幼儿对物权的界定。幼儿会觉得这本就是我的东西，为什么我非要分享给别人？那别人的东西是不是也能让我玩？成人更应做的是帮幼儿进行"物权归属"的练习，通过对物品归属权的确认，来确认"他与物品"的关系。

（三）不能自作主张

当幼儿不愿分享时，成人不能自作主张，将幼儿的东西送人或者分享给他人。如果成人擅作主张把幼儿的东西送人，幼儿无权支配自己的物品，他的安全感和对父母老师的信任感就会丧失。长此以往，其性格也将大受影响。所以，作为成人，千万不能自作主张把幼儿的东西，尤其是幼儿极为珍视的东西送给别人。在这个问题上，成人要和幼儿充分沟通，了解他们的想法。

（四）禁止"逗孩子"

对于处于强烈的物权意识敏感期的幼儿来说，大人千万不要因为好玩而去逗引幼儿。强抢幼儿手中的东西，让他哇哇大哭，然后羞辱幼儿"你真小气"。或者当幼儿把自己的东西分给家长吃时，家长一定要接受，不要说"我是逗你的，我不吃，你吃吧"，拒绝孩子的分享。这样孩子会产生失望的心理，也享受不到分享的快乐，慢慢地孩子也就不愿意分享了。

三、引导幼儿学会分享的方法

（一）支持幼儿的物权概念，培养物权安全感

很多时候，幼儿不愿意分享，是因为担心这个东西分享之后就不再属于他了，所以，要让幼儿学会"分享"，首先要让幼儿先感受"拥有"，让幼儿充分地体会"拥有"所带来的安全感，"拥有"就意味着幼儿对这个物品有支配权。当别的孩子想玩幼儿的玩具时，成人可以先尝试引导幼儿去分享："这个小妹妹也好想玩一下你的小飞机玩具，你愿意借她玩一下吗？她玩一会后会再还回给你的。"如果幼儿明确表示不愿意时，成人也不要因为面子挂不住就逼迫或者替他决定，直接把玩具拿走，这样会让幼儿觉得自己失去了对属于自己物品的"拥有"而变得焦虑，只有让幼儿感受到他对自己的物品有支配权，即便给了别人，也还是可以随时要回来的，这样幼儿才愿意大方地分享。

处于物权敏感期的幼儿，正处于自我构建的一个重要时期，对于自己的东西，有着强烈的保护欲，不想让其他人去碰。作为家长和教师，要帮助幼儿树立正确的物权观，在引导幼儿保护自己物权的同时，也要教育幼儿尊重别人的物权。

当幼儿的物权意识和物权安全感建立好后，还要让幼儿明白什么是"自己的东西""别人的东西""大家的东西"。具体来说，自己的东西："我有绝对的掌控权，可以选择与小伙伴一起玩儿，也可以选择不给他们玩儿，没人可以强迫我"。别人的东西："同样，别人也有捍卫他的物品的权利，就算我想玩儿，别人也有权利不给我玩儿"。大家的东西："公共场所的东西属于大家的，我不能独占。可以遵循先来先得，轮流玩耍的规矩"。长此以往，幼儿会走出"自我中心"，却保留因拥有"物权"而获得的自尊和安全感。

（二）及时强化幼儿的分享行为

每个孩子都希望被成人夸奖，所以当幼儿做出分享的行为时，成人可通过经常性的鼓励和表扬，强化幼儿的分享行为，让幼儿明白自己的行为是正确的，这样他就会越来越喜欢分享。例如，当幼儿主动跟父母分享东西时，父母要愉快地接受，并给予其"谢谢宝宝"或"真是个爱分享的乖宝宝"等表扬性言语的反馈。

（三）侧面引导，体会分享的快乐

幼儿不愿意与人分享，很重要的原因在于他们认为分享就是失去。对此，家长和幼儿教育工作者可以有目的地选择一些生动形象且有趣的图书、视频，让幼儿明白分享是一种互利的行为。比如，故事《鼠小弟的又一件小背心》可以让幼儿明白，鼠小弟最后虽然没有了背心但是他获得了快乐；故事《金色的房子》告诉幼儿"好东西大家一起玩才最快乐"的道理。此外，在日常生活过程中，家长和幼儿教育工作者可以通过角色扮演游戏，帮助幼儿理解他人的感受，有意识地教育和引导幼儿懂得换位思考。例如，幼儿进行角色表演游戏时，教师可以帮助幼儿回忆、共情故事人物的感受："当别人和你分享玩具时，你是什么心情呀？当别人不愿意与你分享玩具，你被拒绝时，你的心情又是怎样的呢？"在让幼儿懂得换位思考的过程中，让幼儿体会到分享的快乐。

（四）拒绝溺爱，统一阵线

由于幼儿年龄尚小，身心发育尚未完善，个性还未定型，因此及时、合理的教育能够帮助幼儿逐渐改变不愿分享的心理及行为。首先，家长要取消幼儿在家里的特殊地位，不能过度溺爱孩子，不能让幼儿成为娇惯的"小皇帝""小公主"，要让幼儿明白家庭成员之间应是平等的。其次，家长对孩子付出爱的同时，也要让孩子知道爱是相互的，家长可以请孩子分担一些力所能及的家务事，教育孩子在吃东西时要和家人分享。如果有客人来了，懂得礼貌待人，能够拿出自己心爱的玩具和小客人分享，共同玩耍。如果碰到需要帮助的人，家长应该支持、鼓励孩子帮助别人，如在乘坐公交车时鼓励孩子让座给更需要的人。此外，家庭成员之间要形成统一的教育阵线，对待孩子的不合理要求坚决拒绝，并告知孩子其要求的不合理之处。

（五）家长应树立"分享"的榜样

孩子学会分享的最好方式是模仿，家庭是其学习分享的最佳环境，家长就是幼儿最好的模仿对象，因此家长要做好榜样，从实际行动来教育和影响幼儿，潜移默化地培养幼儿的分享意识。例如，在平时和幼儿相处的过程中，父母可以尝试和孩子分享自己的食物，让孩子戴自己的围巾、发卡、帽子，当然也要让孩子拿一些东西出来分享，如一起玩他的玩具、一起看他的故事书。重要的是要让幼儿亲眼看到父母给予自己东西或者拿走他的东西，让他在这个过程中学会和家人分享，进而学会与其他小伙伴分享自己的玩具、食品等。

（六）家园共育、强化幼儿的分享行为

在培养幼儿分享行为时，家庭和幼儿园可以双向合作、进行良好的沟通和配合。家长之间可以互相交流，分享培养孩子分享行为的经验，从而共同创设培养孩子分享行为的良好环境和条件。例如，在幼儿园中，教师可以专门在教室里设立一个玩具分享区，让幼儿带一件自己的玩具放到分享区，凡是带玩具来的幼儿可以向全班的小朋友介绍玩具的玩法。这样孩子们就会慢慢喜欢分享，乐于分享。可以说，任何一种行为习惯的养成都需要通过反复的行为训练，幼儿园教师和家长要尽可能通过多种渠道丰富幼儿的分享经验。

（七）分享行为训练

在培养幼儿学会分享的过程中，家长和幼儿教育工作者可以借助一些实操性的方法来对幼儿进行分享行为训练。

[微视频]
宝贝给
家人做奶茶

"拿走""送回"训练：在家中和幼儿一起玩"拿走""送回"的游戏，让幼儿相信玩具分享后能够重新回到自己手里。例如，父母可以向幼儿借走玩具，答应5分钟后还给他。当然，在借东西的过程中，物品的所有者都有说"不"的权利。如果幼儿说了"不"，家长也要尊重幼儿的意愿。通过"拿走""送回"训练，幼儿就会逐渐理解，借出去的东西不会消失还会回来时，会逐渐愿意尝试分享。

交换训练：和其他幼儿玩交换游戏。比如，大家交换玩具3分钟后归还，让幼儿感受到既能享用别人的玩具，也不会失去自己的玩具。这样做可以进一步增强幼儿的安全感，并使他体会到分享的价值和快乐。

"轮流玩耍"的训练：新买来的玩具还不属于幼儿，爸爸妈妈也同时想玩儿。这时父母可以引导幼儿，和幼儿一起制定轮流玩耍的先后顺序、游戏时间等规则，并定好闹铃，等到闹铃响起后，就要主动把手里的玩具给下一个人玩儿。训练的过程中也要遵从幼儿的意愿，理解幼儿分享时的痛苦，当幼儿不愿分享时，不要对幼儿进行道德绑架。重要的不是让幼儿有分享的动作，而是让幼儿明白分享是公平而且美好快乐的。

总的来说，家长和幼儿教育工作者要明白，幼儿不愿意分享并不代表他小气、自私，幼儿接受"分享"需要时间，所以在培养孩子分享行为的过程中，家长和幼儿教育工作者需遵循幼儿的成长规律，运用科学的方法引导。家长和幼儿教育工作者应坚信，只要尊重幼儿，给予幼儿充分的理解和空间，让幼儿能全心全意地构建好自我的"城堡"，安全感得到充分的捍卫和保护，随着幼儿心智慢慢地成熟，幼儿一定会越来越乐于分享的。

第五节　正确处理幼儿的攻击性行为

攻击性行为是3~6岁儿童经常出现的一种问题行为，可以在不同环境场合看到儿童攻击性行为的发生，如幼儿园、家庭、社区等。攻击性行为对攻击者或者被攻击者的身心健康发展都有着许多不良的影响。如果任由攻击行为不断升级，延续到青少年时期时，容易发展成为品行障碍和攻击性人格，并造成孩子今后人际关系的紧张和社会交往困难，阻碍其个性和社会化的顺利形成。党的二十大报告强调加强家庭家教家风建设，推动全民明大德、守公德、严私德，提高人民道德水准和文明素养。可以说，在全社会弘扬良好品德的社会风气下，正确看待和及时采取科学的方式干预幼儿的攻击性行为非常重要。

一、什么是攻击性行为

（一）攻击性行为的含义与特点

攻击性行为是指个体敌意性地伤害别人或破坏物体的行为。它主要表现在三个方面：一是身体侵犯，即利用身体的一些部位或武器、踢打他人；二是言语攻击，如讥笑、讽刺他人。三是间接的、心理上的伤害，如背后说坏话、诽谤、谩骂等方式对他人进行欺侮。

幼儿攻击性行为是幼儿身上常见的一种比较典型的侵犯行为，它是指当孩子的需求达不到满足或者要求时，或自己的权利受到损害时，孩子会表现出不利于他人或物体的一种攻击性行为。常见的表现为：打人、踢人、咬人，或者是大哭、大闹、情绪不稳定、脾气暴躁、乱发脾气、大骂等。所以幼儿的攻击性行为不仅表现出身体行为，还有语言行为。

攻击性的行为是儿童问题行为极其重要的表现之一，历来为发展心理学和幼儿教育学研究所重视。大量的儿童心理研究表明，儿童的攻击性行为和儿童间的各种冲突，早在2岁之前就已经出现，并且在整个0~6岁期间迅速增加。我国的学者经研究认为，学龄前的儿童攻击性行为的出现比例大概是11%。在此当中男孩的攻击性的强度明显高于女孩。4~5岁的学龄前儿童是攻击性行为的高发年龄，但是在此之后会逐渐减少。

（二）攻击性行为的分类

根据攻击者的动机以及是否会对他人造成伤害，攻击性行为可以分为敌意性的攻击行为和工具性的攻击行为两类。敌意性攻击是为了伤害他人而进行的攻击，主要通过语言、工具以及肢体攻击他人，以得到心理以及精神上的满足和快乐。比如，幼儿在他人跌跤时嘲笑，动手打小伙伴，或者背后说同伴的坏话、造谣等。工具性攻击主要是为了抢夺物品或者空间而攻击他人，其出发点并不是为了伤害他人。比如，幼儿通过咬、推、打等攻击行为来占有玩具或者活动的范围。又如，在幼儿园里，一个男孩故意打一个女孩，惹女孩哭，这是敌意性攻击；但如果男孩只是为了争夺女孩手中的玩具而打她，则属于工具性攻击。实际上，攻击行为在大部分幼儿身上都有体现，随着年龄的增长，其攻击方式也会发生改变。例如，年龄小的幼儿工具性攻击多于敌意性攻击，随着年龄的增长，幼儿敌意性攻击出现的概率逐渐多于工具性攻击。家长和幼儿教育工作者要时刻关注幼儿的行为发展和表现，一旦幼儿出现攻击性行为，要及时阻止并予以纠正。

根据攻击行为的表现形式，攻击性行为可以分为直接攻击和间接攻击。直接攻击表现为对他人身体的侵犯、攻击以及言语的侵犯、攻击。间接攻击则无明显的、直接的身体接触，主要借助于第三方实施的攻击。

二、产生攻击性行为的原因

心理学研究表明，幼儿产生攻击行为的原因和形式是多种多样的，如家庭教育方式、幼儿园物质条件、幼儿自身因素等都有可能导致幼儿出现攻击性行为。具体来说，导致幼儿产生攻击行为的原因主要有以下几种。

（一）家庭的影响

家庭是幼儿成长最重要、最息息相关的环境。当幼儿出现攻击性行为时，与家庭因素密不可分。幼儿最早的攻击性行为是从模仿父母或者其他家庭成员的行为开始的。家人不和、经常争吵或者用暴力的方式来解决问题，久而久之幼儿就会耳濡目染。在这种家庭环境当中，幼儿看到父母的言行，会误认为这是正确的行为准则，从而形成自己的行为方式，和别的孩子相处的过程当中会通过直接采取攻击性行为来获取利益，一旦此类行为获取到了利益，这种行为会被强化，幼儿就会延续这种行为。

一个经常争吵、挑剔、不和的家庭环境和氛围会对儿童产生极为不利的影响。例如，父母之间的冲突关系会影响孩子的攻击性和犯罪行为，如果孩子经常目睹父亲打母亲，这个孩子就有可能模仿这一行为，转而去攻击别人；对于离异家庭的孩子来说，在社会性发展方面显著差于完整家庭的儿童，容易表现出自卑、怯懦、冷漠等性格缺陷，并且具有不良的社会行为，如与同伴打架、攻击欲望强烈等；此外，有些家长教育孩子："你要厉害，你不能吃亏，别人打你，你就打他"，使孩子形成了认为别人打他，就可以打别人的错误思想。这种错误的引导等于告诉幼儿，利益是高于一切的，要利己、要排他，在这样的教育影响下，幼儿很容易滋生出攻击性行为。

还有一些孩子因家长不恰当的教育方式而产生攻击性行为。例如，过分放纵和过分专制的教育方式都可能导致孩子的攻击性行为。一方面，过度溺爱型的父母，完全放弃了对孩子的规矩和限制，无原则地满足孩子的任何要求，从不控制幼儿的行为，让其为所欲为。由于对孩子过于宠爱和放纵，使得孩子养成了"唯我独尊"的性格，形成了自以为是、霸道专横的个性特征，稍不如意，就会大发脾气，甚至殴打大人；另一方面，过分专制的教育方式可能会导致孩子产生严重的挫折感，进而引发攻击性的行为。绝对权威性的父母，习惯用惩罚和高压的统治方式来管教孩子，比如遇到孩子犯错误的时候喜欢用打骂孩子来解决问题。这类父母过于想要控制儿童的自主性，所以孩子会产生逆反心理和对抗心理，他们从父母的言行中学会了侵犯和攻击别人。

（二）幼儿园环境的影响

离开家庭后，幼儿园是幼儿接触、适应社会的另一个重要场所，也是幼儿生活、成长的重要场所之一。教师和同伴是影响幼儿社会化的重要因素，幼儿的攻击行为也与环境里各种因素的影响息息相关。

①从教师的影响来看，在幼儿园里，每个孩子在教师心目中的地位应该是平等的，教师对每个幼儿的评价应该是积极公正的。当一个老师给幼儿贴上"坏孩子"的标签时，她更多的是去批评这些孩子而不是表扬他们，这样便会挫伤"坏孩子"的自尊和自信心，使"坏孩子"处于失败和困境中，不断地遭受挫折有可能引发幼儿的攻击性行为。有些教师对待攻击性的幼儿较多地运用惩罚手段，而过多的惩罚则会进一步引起幼儿的逆反心理，从而强化幼儿的攻击性行为。

②从同伴的影响来看，在同伴之间，幼儿会通过模仿同伴来学习一种行为模式，比如当一个孩子通过攻击他人达到了某种目的时，其他的孩子看到这种行为带来的"好处"，也会去模仿这种行为。

③从物质条件来看，在幼儿园中，当玩具材料数量不充足，或者活动场地狭小时，幼儿很容易会为拥有某个玩具、某块场地而进行争抢，必然也就会发生攻击性行为。可以说，在学前期，争抢玩具材料或空间是引发幼儿攻击性行为比较常见的原因之一。

（三）幼儿自身的因素

1. 生理因素

从生理因素来看，幼儿大脑皮层神经的发育、大脑左右半球的功能与协作能力都密切影响着幼儿攻击性行为的产生。相关研究表明，经常表现出攻击性行为的幼儿左右脑发展均衡度普遍低于普通幼儿，并表现出左脑抗干扰能力弱、右脑认知能力弱的特点。抗干扰能力弱的幼儿易躁易怒，认知能力弱的幼儿社会情感发展滞后，这都会直接或间接地引起幼儿攻击性行为。从心理因素来看，当孩子遭受到挫折以后，其可能会变得退缩，也可能因此激发攻击性行为。

2. 找不到适当的表达方法

由于孩子的身心还处于发展的过程当中，身体各项机能发育还尚未完善，在处理人际关系时，语言水平还很有限，还不知道如何把自己的想法表达出来。在人与人之间，语言是最重要的沟通手段。但对这一时期的幼儿而言，由于缺乏表达手段，幼儿就会用身体语言来表达。

3. 移情能力薄弱

幼儿产生攻击性行为的原因之一是因为其移情能力薄弱，有些幼儿不能将他人认识为具有自身特质和欲望需求的主体，而将其看作是一种客体。也就是说，幼儿无法认识到除了"我"以外还有其他人独立存在。因此，这类幼儿容易根据自己的欲望需求做出攻击性的行为。

4. 对建立关系的探索

日常生活中，幼儿表现出异常行为也有可能是为了获得他人的关注。谈论幼儿的攻击性行为，实际上是在谈幼儿是如何建立关系的，攻击其实也是关系建立的一种方式。在幼儿还没有学会用语言表达，还没有完全被社会化之前，攻击是幼儿能选择的、建立关系的、为数不多的一种方式。孩子通过观察他人对待自己攻击性行为后的反应，形成关于"我是好的还是不好的，我是可以被接纳的还是不被接纳的"体验，这样的反馈积累到一定程度，就形成了自我认知和自我如何在关系中存活的经验。

5. 模仿学习

模仿是幼儿攻击性行为产生的另一个重要原因。3~6岁孩子出现打人行为，很可能是从周围环境中或是影视作品中模仿而来的。比如，多媒体、电视、电影、游戏等各种各样的视觉环境中常常充斥着大量的对抗性和攻击性场面。由于孩子年龄尚小，认知水平发展还不够完善，同时由于幼儿模仿性强，是非辨别能力差，无法判断什么应该学习、什么不该学，常常分不清虚拟与现实，当幼儿接触到过多的暴力情节，很容易跟着周围的人或是模仿影视镜头里人物的攻击性行为。

美国心理学家班杜拉通过一系列实验证明，攻击是观察学习的结果。经常看暴力影视的儿童，容易出现攻击性行为。例如，如果儿童经常看暴力影视片、武打片，玩暴力电子游戏，会使儿童的攻击性心理得到加强。暴力行为可能会被幼儿认为是正确、合理、正义的，进而将暴力行为当作解决问题的首要选择。所以在一些家庭里，经常会看到有些幼儿用玩具手枪不停地扫射，并不停地做出言语和动作上的配合，这种模仿就属于视觉性的模仿。同时，有些家庭存在着家庭暴力的现象，夫妻之间经常会为了一些小事争吵，甚至动手，孩子就会模仿这一行为变得暴躁，随着孩子的长大更容易将这种视觉模仿的东西表达出来，最终发展成攻击性行为，去欺负其他的小朋友。

三、如何对待幼儿的攻击性行为

（一）应对攻击性行为的基本原则

1. 接纳原则

当幼儿表现出攻击性行为后，家长和教育工作者首先要接纳幼儿愤怒的情绪，如"你现在是不是很生气啊？是不是因为旁边的孩子抢了你的玩具？""你现在是不是很难过？是不是因为……"只有先理解和接纳孩子的情绪，才能更好地帮助孩子解决问题、改善行为。

2. 温柔而坚定的原则

当幼儿表现出攻击性行为后，家长和教育工作者除了接纳幼儿的情绪，其次要采取温柔而坚定的原则对待和处理，而非暴力斥责或者吼骂。家长和幼儿教育工作者对幼儿的不当行为说"不"，有无数种方式，最不适宜的一种方式就是喊叫和训斥。大喊大叫、训斥和怒吼等教育方法不会解决问题，反而可能会加重问题。所以家长和教育工作者应该在情绪接纳的基础上，温柔而坚定地、明确地告诉孩子，什么能做、什么不能做，给幼儿正向的问题解决示范和情绪反馈。

3. 规矩与爱的原则

当家长和幼儿教育工作者在干预幼儿不良行为、给幼儿立规矩时，要注意规则一定是建立在爱的前提下。因此，家长和幼儿教育工作者一定要带着规矩去爱幼儿，但这种爱不是溺爱和无限度的爱，而是有一定规则的爱。

（二）改善攻击性行为的方法

当幼儿出现打人、咬人、踢人，或者大喊、大叫、大骂等攻击性行为时，家长和幼儿教育工作者应如何应对呢？

1. 了解和满足幼儿的合理需要

引起攻击性行为的原因有很多，很多时候幼儿出现攻击性行为多是因为其需求没有得到满足。对待这种原因导致的攻击性行为，在幼儿做出攻击性行为后，家长和幼儿教育者可以了解清楚孩子的需求是不是没有得到合理的解决。因此，对于长期压抑、正当需要得不到满足，造成心理挫折而发生攻击性行为的幼儿，家长和幼儿教育者首先要学会在日常生活中了解并尽可能创造条件满足幼儿合理的需要。在沟通时，要细心聆听幼儿的倾诉，并注意不要随意打断幼儿的讲话，待幼儿讲完以后，老师和父母再对其所讲的内容，与幼儿进行交流。如果幼儿的要求是合理的，就应该创造条件尽可能满足他们的需求。对他们一些不合理的需求，也要心平气和地与其讲清道理。如果幼儿情绪长时间保持稳定，需求得到合理的满足或感到幸福，幼儿的攻击性倾向自然会一点点地消失。

2. 理解、安慰幼儿的坏情绪

当幼儿还处于愤怒或者不满的情绪状态时，家长和幼儿教育者先不要对幼儿进行说理教育，也不要给幼儿贴上负面的标签，更不要指责和抱怨幼儿。而应先告诉幼儿，能够理解他的坏情绪。等到幼儿情绪平和一些时，再去询问打人、发脾气的原因，并且根据原因来决定如何对幼儿进行引导。当冲突解决后，家长和幼儿教育者要引导幼儿正面地发泄坏情绪。就冲突事件跟幼儿正向强调，动手打人不是正确发泄坏情绪的方式，并且一定要告诉幼儿不能这样做的理由，给出相应的解释。

3. 及时制止幼儿的攻击性行为

幼儿在攻击其他人时，家长和幼儿教育者要及时制止幼儿的攻击性行为。如果幼儿出现了攻击性行为，家长和幼儿教育者置之不理的话，那么这种不制止、不批评的态度，会使幼儿觉得成人默认了自己的攻击性行为，这种不良行为就会很顽固地留在幼儿身上。即使在攻击性的行为结束后，或幼儿达成了自己的目的后再进行教育，效果也很微弱。因此在幼儿表现出攻击性行为时，家长和幼儿教育工作者应该及时查明原因，及时处理，并且鲜明地表示自己的态度，使幼儿认识到，什么行为是错的，应该怎样做才是对的。

4. 鼓励幼儿的亲社会行为

鼓励幼儿的亲社会行为，如分享、合作、帮助别人等，也是消除幼儿攻击性的一种好办法。许多研究已证明，培养幼儿的亲社会行为，就可以有效减少其攻击行为的发生。在一项心理学研究中，心理学家让幼儿教师特别鼓励孩子的一些亲善行为，两周之内，这种方法有效地减少了儿童之间的身体攻击和言语攻击行为，继续实施几周后又进一步降低了攻击性。也就是说，对孩子的攻击行为，并不一定非惩罚不可，成人可以对这种行为"视而不见"，而对他们的好行为大加赞赏，这种办法同样也可以降低孩子的攻击性。

5. 对幼儿的攻击行为"冷处理"

如果幼儿有非常严重的侵犯行为，家长和教师就不能采用只鼓励、不惩罚的方法了。在这种情况下，"冷处理"是一种有效的做法，所谓"冷处理"，就是暂时不予以理睬，对幼儿表示冷漠，在一段时间里不理他，用这种方法来"惩罚"他的攻击性。例如，让幼儿一个人坐在旁边（视线范围内），或者让幼儿"面壁思过"数分钟，直到他自己平静下来。尽管这种做法会产生一些怨恨，但不会向幼儿提供呵斥、打、骂等攻击原型，这种方法如果与前面鼓励亲善行为的方法配合使用，效果会更好。

6. 为幼儿提供良好的家庭环境

和谐、稳定的家庭对幼儿的成长至关重要，这种家庭的创设关键在于父母。首先，父母之间要互敬互爱，为幼儿提供一个温馨、和谐、友爱的家庭氛围和环境，不要为一点小事而发生激烈的冲突，尤其是面对孩子时，即使有矛盾，也不要互相攻击、指责。其次，父母要采取科学适宜的教养方式。家长的娇宠放纵，缺乏严肃态度或父母对孩子高压式的教育都是滋生攻击性行为的温床。因此，对孩子既不能专制，也不能溺爱。在家庭中，家长必须注意自身修养，不要因自己对某些事情不顺心而在幼儿面前毫无顾忌地攻击别人。

7. 以身作则，为幼儿树立良好榜样

父母以及其他家庭成员的行为对幼儿的成长起着决定性的作用，家庭是幼儿成长的摇篮，父母的言谈举止无时无刻不影响着孩子。父母表现的许多行为总是为幼儿所目睹，幼儿通过观察、模仿他人的行为来学习如何做出自己的行为。许多心理学家的研究都表明，若将有攻击性行为的儿童置身于无攻击性行为的楷模之中，可以减少其攻击行为。因此，要培养幼儿良好的行为，作为父母，一定要以身作则，以身示范，处处严格要求自己，为幼儿树立良好的榜样。例如，父母提高情绪自控能力和理解别人、调控人际关系的能力，不因不顺心而争吵、打骂、攻击别人，这样能够给幼儿起到良好的榜样示范作用。

8. 培养幼儿的移情能力

移情是对他人状态的一种替代性的情感体验和反应。相对于成人来说，当被攻击者有痛苦表现时，幼儿很难停止他们的攻击行为，这是因为幼儿还缺乏移情能力。幼儿在攻击别的幼儿时，他不能体会到他人所遭受的痛苦，也不会产生羞愧和内疚感。所以，成人可以通过培养幼儿的移情能力来减少攻击行为，当幼儿出现攻击性行为时，要启发幼儿，让幼儿认识到他给对方带来的严重危害，并引导幼儿体验对方的感受，提升幼儿的换位思考能力。

9. 引导幼儿正确看电视

由于电视中的暴力行为会引发幼儿的攻击行为，所以家长和幼儿教育工作者一定要指导幼儿正确地看电视。减少或避免让幼儿接触暴力血腥等影视作品、视频。首先，要为幼儿选择适宜的节目内容，对于幼儿爱看的卡通片，家长和幼儿教育工作者应注意把关筛选。其次，家长在为幼儿选择玩具时也应少购买带有攻击性性质的玩具，如玩具手枪、刀等，幼儿常利用这样的玩具模仿攻击性行为。此外，家长尽量为幼儿提供一些儿童书籍、绘本，乐器及其他儿童娱乐用品，减少幼儿看电视的时间，也就能避免电视中的暴力行为。

总的来说，攻击性行为是幼儿成长过程中比较常见的一种不良行为，会对幼儿的健康发展产生不利的影响，家长和幼儿教育工作者都应给予重视。当然，幼儿出现攻击性行为时，家长和幼儿教育工作者也不必惊慌，及时采取科学有效的措施，努力消除影响幼儿攻击性的各种因素，就能为幼儿一生的健康发展打下良好的基础。

第六节　正确处理老大和二胎的矛盾

随着二孩、三孩政策的颁布和实施，越来越多的父母加入生育二胎甚至三胎的行列当中，不少家庭都有了两个宝宝，但二胎所带来的一些问题也让一众家长们头疼不已，其中最突出的就是两个孩子间经常产生矛盾。正确处理孩子之间的矛盾冲突，已成为目前大多数二胎家庭父母迫切希望解决的难题。

一、生育二胎对"大宝"心理的积极与消极影响

生育二胎对"大宝"的心理会产生的积极影响。首先，会促使"大宝"智力水平更高。有研究证实，第一胎的宝宝会比他们的弟弟妹妹更加聪明，而且具有更优越的思维能力。美国著名心理学家扎荣茨曾提出汇合模型，并解释了为什么第一个出生的孩子智力会比第二胎更好。他指出，一方面是由于父母在"大宝"年幼时有更多的相处机会，与高智力的人在一起促进了智力的发展；另一方面，由于"二宝"的到来，"大宝"充当了"照顾者""教育者"的角色，负责照顾弟弟妹妹，并教给弟弟妹妹知识，这样也给"大宝"自身智力的发展提供了机会。其次，会促使"大宝"的社会性发展。由于二胎的到来，长子女有了更多自己做事的机会，锻炼了独立能力，独立性方面明显提高。心理学家也发现，长子女通常比弟弟妹妹对家庭更有责任感，适应能力更好。

生育二胎也会对"大宝"的心理产生消极影响。在心理上，奥地利精神病学家、心理学家人阿德勒曾指出，根据他以往心理治疗的经历发现，在进行心理治疗的绝大多数儿童中，头胎孩子最容易发生心理问题。例如，2019年5月，网上曾曝光一则新闻，一位妈妈在生下二胎后，"大宝"觉得受到了冷落，产生了心理问题，还出现了"癔症性眼盲"，视力降到了0.1。根据医生的描述，"大宝"会经常在走路的时候跌倒或者看不到眼前的东西，目的就在于寻求妈妈的关注，希望妈妈能够把爱从老二那里分一些给她。而经医生诊断，孩子的癔症性眼盲主要是来源于心理问题，心理手段的干预更为重要。所以，家长们在生二胎之前一定要和"大宝"做好沟通，更不能因为照顾"二宝"，而忽略了"大宝"。此外，"大宝"容易产生嫉妒心理。因为在二胎到来之前，老大作为家中的独子备受宠爱，其习惯了父母和家人的疼爱，但是当二胎到来以后，这种宠爱就会被分掉一些，父母和家人会将注意力和关心转移到更小的孩子身上，对自己的关心减少，其就会觉得是弟弟（妹妹）抢走了父母对自己的关爱，因此老大大多会嫉妒自己的弟弟（妹妹），甚至还有一部分老大会讨厌弟弟（妹妹）。

又或者家庭在对"大宝"与"二宝"进行玩具分配时，由于资源分配不均，导致"大宝"产生心理情绪，认为父母过度偏爱弟弟（妹妹）的认知，进而产生委屈、嫉妒情绪。

在情绪上，由于二胎的出生，"大宝"受到的关注越来越少，他们的情绪会比以往发生很大的变化，会更加情绪化，出现失落、不满、嫉妒、烦躁、易怒、缺乏安全感、焦虑、讨厌二胎宝宝等不良情绪。遇到一些小事就哭闹不止、不愿意分享，想要独占玩具、乱扔东西，脾气暴躁、经常与"二宝"发生争执等。如果家长长时间不予以及时纠正，将会影响"大宝"与"二宝"的身心健康发展，甚至影响整个家庭的和谐发展。当然，需要指出的是，"大宝"的这种情绪变化其实是一种正常的现象，这只是"大宝"维护自身权益、保护自己，同时希望能够引起父母、家人关注的一种表现。家长要予以科学的态度对待，采用适宜的方法予以干预。

在行为上，由于二胎的出生，对于"大宝"来说本身就是一种压力事件，会产生各种不理智的消极行为问题，如出现异常、病态的强迫行为，自伤、自残的行为表现，有些甚至还会以自杀相威胁。因此，大孩需要得到家长们的重点关注，帮助"老大"接受二胎的到来，发展与二胎的手足情谊，增强情感表达能力。

二、导致"大宝"心理问题的成因

对于很多家长来说，可能会觉得很奇怪，只是给"大宝"添了一个弟弟或妹妹而已，为什么即使给予了他相比"二宝"更多的物质补偿也没有什么作用，还使得"大宝"出现这么多的反常现象。事实上，导致"大宝"出现不良心理问题的成因有很多，究其原因主要是父母在处理"大宝"和"二宝"的关系上存在不可取之处，具体表现在以下几个方面。

（一）家长因素

1. 父母的区别对待

父母对两个孩子的区别对待，会促使孩子之间的矛盾更深。因为很多时候孩子并不是讨厌弟弟（妹妹），他们讨厌的、憎恨的是父母的偏心。具体来说，父母的区别对待首先是陪伴时间的区别对待。例如，对于已经有了自理能力的"大宝"或者是学龄阶段的"大宝"，父母在陪伴时间上相对于"二宝"会更少一些，关怀和照料自然也会少一些，教育也会更加严格一些，而对于老二，则是更加得宽松、疼爱。父母这种陪伴时间的突然减少对会导致"大宝"在成长过程中产生某些心理障碍，也容易激发"大宝"产生心理不平衡。其次，是经济支出上的区别对待。例如，对于家庭的新成员，父母会很自然地倾向于尽可能满足"二宝"的需求，这种区别对待，对于身心尚未发育完善的"大宝"而言，久而久之，难免会出现心理问题。

2. 父母的忽视

在一些家庭中，由于"二宝"的到来，家庭正处于新成员的诞生的喜悦，父母的教养重心发生了转移，将更多的精力和重心投入到"二宝"的身上，照顾"大宝"的时间极度缩短，情感交流上更是缺乏，对老大难免会产生一些忽视。情感交流主要指家长通过特殊性语言，如皮肤接触、拥抱、抚摸以及孩子可以领会的情感语言，如注视、微笑、欣赏等开展的独特性的情感交往。情感交流对于孩子来说，是其与父母建立情感依恋的纽带，是其安全感的来源。在二孩家庭中，在没有二孩之前，大孩属于父母手中的宝，享受着父母全部的爱。对于大孩来说，是弟弟（妹妹）的到来打破了这样的"宁静"，他不再是家里唯一的孩子，妈妈不再每天亲亲抱抱他，爸爸回到家不再高高地把他举起，在玩玩具的时候，爸爸妈妈会说"嘘，轻一点，别把弟弟（妹妹）吵醒了"，当他想抱抱、亲亲弟弟（妹妹）时，爸爸妈妈却怕他不懂事伤害到弟弟（妹妹）……对于"大宝"而言，他的世界发生了翻天覆地的变化，虽然在"大宝"心中，他也对家庭的新成员充满着好奇、惊奇和喜爱，但更多的是伴随着失落和孤单，他感到被父母忽视、冷落，自己在家中的地位一落千丈，甚至觉得爸爸妈妈根本不爱他。在这样的情况下，"大宝"很容易产生心理问题，或者做出一些破坏性的举动，以此来寻求成人的关注。

3. 父母的比较

在一些二孩家庭中，有了两个孩子以后，许多父母会不由自主地将两个孩子进行比较，有的家长甚至将两个孩子之间的差异看成了差距，给予他们定性的评价。在教育两个孩子的过程中往往会出现此类言语，诸如"你真不如弟弟（妹妹）懂事""还是弟弟（妹妹）聪明"等。此类言语会打压"大宝"的自尊心，过度的比较往往会产生负面效果，使"大宝"对弟弟（妹妹）的出现更加反感，甚至是仇视。这种厚此薄彼的爱，对于"大宝"而言更是一种伤害。

4. 父母的不公

家长普遍认为头胎子女年龄上稍微大一点，作为哥哥或姐姐，就应该让着弟弟或妹妹，这样才可以为弟弟（妹妹）树立良好的榜样。但事实上，这样的处理方式是失之偏颇的。父母这样做看似解决了两个人当下的纠纷，但是却会给孩子传递了两个错误信息。首先，"大宝"心里会不平衡，他会觉得爸爸妈妈偏心"二宝"，是"二宝"的出现夺去了父母对自己的爱。而"二宝"会因为父母偏向他而洋洋自得，觉得哥哥就应该让着自己，以后可能变得更加不讲道理。作为礼仪之邦的中华民族，孔融让梨的故事大家耳熟能详、家喻户晓。传统文化环境中，人们一直以来教导孩子要"讲礼节，懂谦让"，大的应该谦让小的。但殊不知，如果一直让大孩做牺牲，对于大孩也是一种伤害和不公。

5. 成人的错误引导

对于过去以自我为中心、"集万千宠爱于一身"的"大宝"来说，在二孩降临与其分担父母的爱以后，"大宝"的内心往往是十分不安的，加之成人不经意的一句话，有可能会给孩子幼小的心理蒙上阴霾。例如，当周围的人打趣地对"大宝"说："你妈妈要生小弟弟了，以后就不喜欢你了""弟弟要来抢你的玩具了"等诸如此类的话语，这会给"大宝"带来一种错觉和误解，对他来说，弟弟（妹妹）的到来不是亲密的同伴关系，不是一种惊喜，而是一种威胁，会让"大宝"越来越缺乏安全感，患得患失。

6. 父母的专断独行

在二胎话题上，许多家长事先未和头胎子女做过沟通，没有听取过孩子的想法，认为生育二胎只是夫妻双方的事情。但其实孩子也是这个家庭的一员，当父母在做任何重要的决定时，也应该咨询下孩子的意见，或者是跟其进行简单的沟通和交流，让其有知情权，这是对孩子基本的尊重。试想一下，父母没有经过孩子同意，甚至没有问过孩子，就突然让他拥有了一位弟弟或妹妹，这对孩子来说，一时是很难接受的，有可能还会对其产生很大的打击。

他们可能会胡思乱想，为什么爸爸妈妈要生弟弟（妹妹）呢？是不是自己哪里做得不好？是不是爸爸妈妈不爱自己了？这很容易使得大孩对弟弟（妹妹）的出生产生恐惧感，甚至还会产生厌恶感。如果父母能在要二胎前与头胎子女事先沟通，让头胎子女心里做好做哥哥、姐姐的准备，就不至于在面对二胎弟弟或妹妹时显得手足无措、焦虑不安。

7. 父母不科学的教育方式

父母不科学的教养方式也是促使二孩矛盾的影响因素之一。家长的教养方式是家长教育情感和教育理念的一种综合表现，主要是指父母在养育和教育子女的时候，呈现出的相对稳定的行为。合理科学的教养方式，通常会对孩子形成良好的性格品质产生积极的影响。心理学研究表明：家长对于孩子的教育采用合理、宽容、民主的方式，孩子就会呈现待人友善、积极乐观、有领导力的个性化品质；家长对于孩子的教育采用干涉型、专制型、宠溺型的方式，孩子就会形成适应能力差、情绪不稳定、依赖性较强等品质。在二孩家庭教育过程中，如果家长在面对"大宝"的情感和心理巨变时，不能够以细致耐心的态度予以对待，通过粗暴的打骂方式进行处理，片面独裁地将"大宝"一系列的行为变化判定为无理取闹，则会引发二孩之间的冲突。

（二）孩子自身因素

心理学领域有个专业名词叫"同胞竞争障碍"，它是指通常年龄稍小的弟弟或妹妹出生之后，头胎孩子会发生某种程度的情感紊乱。对于先出生的"大宝"来说，自己原先是独生子女，经历了"集万千宠爱于一身"的生活后，已经习惯了以自我为中心，弟弟（妹妹）的到来对他们是一种压力，一时无法接受，这个时候他们心理也发生着巨大的变化，容易产生强烈的嫉妒心理。如果家长将精力过多地用到照顾二孩身上，一时忽视了对"大宝"的关心，"大宝"很容易就会产生被抛弃的感觉。这种情感紊乱的程度如果异乎寻常，甚至有可能会进一步发展成为病理性问题。

另外，从生理发展因素来看，脑科学专家丹尼尔·西格尔博士曾在他的著作《由内而外的教养》中指出："我们的大脑中，大脑皮层的前额叶皮质是负责理性思考和情感控制，当我们情绪开关被打开的时候，前额叶皮质就不工作了，这就意味着我们无法思考或行动。我们不理智的情绪化行为也会相应表现为对抗或逃离之类的行为。"一般来说，前额叶皮质要到 25 岁左右才能发育完全。所以在孩子小的时候，兄弟姐妹之间争风吃醋、抢夺东西是很正常的现象。尤其是对于身心尚未发育完善的幼儿来说，更是无可厚非的，家长们只需理性看待，科学处理即可。

三、如何解决"大宝"与"二宝"之间的矛盾

随着我国经济建设的快速发展，人民生活水平与幸福指数越来越高，加之国家对生育政策的完善与实施、教育事业的大力支持，越来越多的父母加入到生育二胎的行列当中。在"二孩家庭"中，父母应该重视对大孩与生育之间的教育问题，结合孩子的具体情况，采用科学有效的方法来解决两个孩子的矛盾与冲突，促进孩子们的健康成长。

（一）生育二胎前做好前期建设工作

如果父母准备生育二胎，就需要做好相关的物质准备和心理准备，并对二胎出生之前或者之后可能产生的问题进行预设，采取相应的措施。

1. 提前培养好习惯，减轻养育压力

父母们要"二宝"之前，应该有意识地培养"大宝"的生活自理能力，帮助"大宝"养成良好的饮食、睡眠等习惯，这些好习惯不仅在即将到来的二胎生活中帮助父母节省心力，也能帮"大宝"在弟弟（妹妹）到来之际，自己学会不需要父母帮忙就可以很好地吃饭、睡觉的掌控感，可以更好地接纳弟弟（妹妹），从而有助于家长减轻养育压力。

2. 提前沟通，做好"大宝"的心理疏导

父母们在决定要"二宝"时，需要有意识地提前和"大宝"沟通，做好"大宝"的心理建设工作。沟通时，"大宝"可能一时难以接受、产生各种情绪，这是正常现象，父母应耐心地询问"大宝"内心的想法与担忧，并时刻关注"大宝"的情绪变化，做好"大宝"的心理疏导，要让"大宝"知道爸爸妈妈依旧很爱他，并不会因为"二宝"的到来而忽视他，这样的话"大宝"才会有足够的安全感。

3. 整个孕育过程让"大宝"参与其中，形成期待

在妈妈备孕、怀孕的整个过程中，最好都让"大宝"参与其中，充分尊重"大宝"的意见或者给"大宝"安排一些力所能及的任务，激发其责任感和参与感。例如，父母可以让"大宝"帮忙准备钙片、帮"二宝"取名、买新生儿用品、抚摸"二宝"、让"大宝"听胎动等，"大宝"帮忙完成任务后，父母应真诚地感谢并告诉孩子"有了'大宝'的照顾，妈妈身体更健康了""宝宝能照顾妈妈，妈妈很幸福"等，让"大宝"逐渐对弟弟（妹妹）形成期待，从而逐步接纳弟弟（妹妹）。

4. 陪读相关绘本，让"大宝"提前感知美好

父母可以有针对性地挑选关于兄妹之情的相关绘本，巧借睡前亲子阅读的时间，以期待和幸福的心情读给"大宝"听，让"大宝"在阅读中感受到有弟弟（妹妹）的美好。比如，合适的相关绘本有：《小菲菲和新弟弟》《汤姆的小妹妹》《小弟弟要来了》《现在你是姐姐了》《你们都是我的最爱》《跟屁虫》等。同时，父母可以借机向"大宝"表达和引导："爸爸妈妈希望有更多的人爱你，关心你，所以也想为你生一个弟弟或妹妹，陪你玩儿，你们可以一起玩耍、一起上学，宝宝想不想有个弟弟或者妹妹呀？"

（二）养育二胎过程中进行正确引导

1. 采取科学的教养方式

教育孩子是一门"学问"。在教育孩子的过程中，家长要通过科学、合理的教养方式对两个孩子进行养育，并做到严于律己，为两个孩子做好示范与榜样作用。其次，二孩家长需要在自身原有的教育水平基础上不断学习，提升自身素养、育儿能力以及完善自己的知识结构。例如，父母可以通过网上学习、浏览书籍、收看亲子教育节目、与他人积极沟通交流等途径，不断学习，多总结、多反思，形成适合自己家庭实际状况的教育方法。

2. 克制"比较"的冲动

在养育二胎的过程中，父母要有意识地避免对两个孩子进行比较，父母在孩子们发生矛盾冲突时的比较和批评，会助长孩子产生不良心理问题和不良行为。因为比较对孩子而言意味着偏袒，会让他们觉得别人总是比自己强，而自己的长处总是被埋没，长此以往容易导致孩子产生自卑感或者失去存在感，对事情没有积极性，对父母产生叛逆心理等。所有的孩子都希望被父母认可和尊重，家庭中如果形成兄弟姐妹竞争、感情淡薄的氛围和环境，则父母的责任最大。

3. 帮助"大宝"树立权威

现实生活中，很多家长认为，"大宝"年龄大一些，应该更懂事，理所应当让着"二宝"，导致很多"大宝"心理失衡，产生嫉妒和委屈。"二宝"也因为家长的维护而嚣张、傲娇，动不动找大人撑腰，兄弟姐妹关系反而不容易处好。最好的方式是帮助"大宝"建立权威，让"二宝"做"小跟班"，当"大宝"表现好的时候，家长应给予正向的表扬和鼓励，同时引导二孩以此为榜样，向"大宝"进行学习。这会激发"大宝"的责任心和照顾弟弟或妹妹的成就感，也有助于"大宝"以身作则，关心"二宝"、照顾"二宝"；同时也会激发"二宝"以"大宝"为榜样，从心理崇拜和尊重"大宝"，有助于兄弟姐妹关系的建立。

4. 给予两个孩子同等的对待

偏心是很多二孩家庭中矛盾的根源。在二胎家庭中，家长一定要注意，在两个孩子发生冲突时，家长要尽量做到一碗水端平、不偏袒任何一方，弄清事情的前因后果，根据具体实际情况予以客观公平的对待，要让孩子们明白，在父母心里，两个孩子的地位是相同的。只有在两个孩子感受到父母同等的爱时，两个孩子的心理才会平衡。

日常生活中，除了精神陪伴要平等，物质给予也要平等，东西并不是非要一模一样才行，而是要把"大孩""二孩"都考虑在内。这样不仅可以减少矛盾，还可以让"大孩"感受到家长对自己的重视，帮助"大孩"顺利完成独生子女到非独生子女的过渡。此外，在陪伴时间上，家长也要予以同样的对待。每个父母都知道，分配好照顾新生儿和"大宝"的时间是最棘手的事情。家长应设法找到一些创造性的方法来努力给予二者同等的陪伴，加强情感的交流与沟通，同时也可以让自己更轻松。在确保周围环境安全的情况下，家长可以把"二宝"放在毯子上，让"大宝"和"二宝"一起玩耍，家长也可以享受美好的亲子时光。

（三）利用冲突促进孩子自我成长

1. 科学处理孩子冲突

当两个孩子发生冲突后，父母先不要立即判定是谁的错，而是应让孩子们各自冷静下来，然后倾听每个孩子的心声，同时态度也应保持中立。倾听孩子们的声音是为了让孩子们明白：父母爱他们，负面情绪可以向父母倾诉发泄，但不可以做伤害兄弟姐妹的事情。此外，家长也可以选择适当放手，让孩子自己处理矛盾。在正面管教的养育方式中，对于孩子冲突有一个3B原则，即走开（Beat it）、忍受（Bear it）或引导他们走出争斗情境（Boot them out）。比如，当家长看到孩子正在抢玩具时，最好不要冲动介入，在确保安全的情况下，家长尽量充分相信孩子有能力去自行处理好矛盾。如果孩子自己处理不了，家长再予以介入也为时不晚。

2. 建立赏罚制度

没有规矩不成方圆，这句话用在二孩的教育问题上也是有效的。家长可以建立赏罚制度，制定一个"奖罚制度说明书"，比如"大宝"不能随意打"二宝"，"二宝"不能随意抢"大宝"的物品，两个宝宝不能随意挑起"战争"，违反一次要接受惩罚，表现好的宝宝会有奖励等。这样一来，不管是个十几岁的大孩子还是几岁的小孩子，都会非常欣喜地接受这些制度，为了不被惩罚或得到奖励而努力。

3. 定期举行家庭会议

在教育孩子的过程中，家长可以经常举行家庭会议，确定好适宜的交流主题后，将两个孩子召集在一起，而后家庭成员间进行观点和看法的表达，并有意识地寻求孩子们的意见，重视他们的想法。以此种方式让大家坐在一起商讨，长此以往，孩子们会听见不同的声音，有利于促进孩子们彼此沟通，接受不同的意见并感受到自己的价值，学会相互理解、体谅，不断从家庭聚会中受益、成长。同时也有助于家长了解孩子们的真实心理和感受，有助于正向家庭教育的进行。

总之，在教育孩子的过程中，面对二孩之间的矛盾和冲突，父母应意识到，每一次矛盾冲突的发生都是孩子成长的契机。如果没有冲突，孩子们也没有机会体验到多种不同的情绪感受，更不会清楚如何解决矛盾。作为家长，唯有不断提升自身的教育素养，学会运用科学合理的教育方法，创造融洽的家庭氛围，充分做到尊重每个孩子，给予他们同等的关心和爱护，加强亲子之间情感的交流与沟通，才能促进两个孩子健康成长、快乐成才。

第七节 培养幼儿的自信心

自信心，在心理学中，与其最接近的是班杜拉在社会学理论中提出的"自我效能感"的概念。班杜拉对自我效能感的定义是"人们对自身能否利用所拥有的技能去完成某项工作行为的自信程度"。自我效能感的高低，直接决定个体进行某种活动时的动机水平。幼儿对某件事情有自信心，他就敢于开始，敢于坚持，终将取得成功。

一、幼儿缺乏自信心的原因

（一）成人的过渡溺爱与过度保护

很多家长溺爱和娇惯幼儿，甚至事事为幼儿照顾周全，事事包办代替。幼儿是"捧在手心里的小宝贝"，家里人对孩子的关爱无微不至，吃饭要家长喂，洗手帮孩子洗。孩子学习一种技能时，如果不给其尝试的机会，孩子的能力无从发展。而成人频繁剥夺孩子学习的机会，会使幼儿缺乏生活自理能力、独立能力、活动能力，更缺乏解决问题的能力。幼儿进入幼儿园后，与其他幼儿相比，发现自己做各种事情都毫无能力，孩子会产生一种自卑感。不仅是一些家长有这样的问题，许多老师也有同样的行为，认为孩子是弱小的，没有能力的，需要老师时时刻刻给予帮助，因此他们在教学的过程中尽可能地为幼儿做各种事情，解决幼儿出现的各种问题。这种过度的保护，实际上剥夺了幼儿锻炼的机会，使他们产生依赖他人的心理，主要体现为一遇到问题就会不知所措，畏缩逃避，进而形成自卑感。

（二）成人对幼儿的否定

根据埃里克森八阶段发展理论，3~6岁的幼儿处在主动对内疚的冲突阶段。此时儿童身体活动更为灵巧，语言更为精练，口语表达能力增强，更重要的是这个阶段是儿童思维尤其是表象性思维发展最快的时期，想象力极为生动丰富，已开始了创造性的思维，并且有了对未来事情的规划。因此，这个阶段的儿童富于幻想，喜欢童话故事、拟人化的游戏等事物及活动，并倾向于通过自己的想象去解释周围的世界。如果父母肯定和鼓励儿童的主动性行为和想象力，儿童就会获得积极的自主性，使其想象力和创造力充分发挥；如果父母经常限制儿童的主动行为，讥笑儿童不切实际的幻想，儿童就会丧失主动性，变得无所适从，并且对自己的能力感到怀疑和内疚。如果这一阶段的危机得到积极解决，就会形成"方向和目的"的品质，成年后性格倾向于自动自发、计划性、目的性、果断、自信等积极的人格特质；如果这一阶段的危机是消极解决，成年后性格将倾向于不思进取、无计划性、优柔寡断、自卑等消极的人格特质。

（三）教育评价标准的单一性

很多教师在设计教育活动时，不考虑不同发展水平幼儿的需要，对所有的幼儿都提出一个共同的目标，这就使许多发展水平较差或者能力弱的幼儿经常达不到设定的教育目标，缺乏成功的体验而经常有挫折感。另外，有许多家长经常把自己的孩子与其他孩子进行比较，甚至将其他孩子的优点与自己孩子的缺点相比，这会让幼儿产生挫败感，怀疑自己，严重影响他们积极的自我形象和自信心的形成。

二、幼儿缺乏自信心的表现

（一）胜负心太强

有些孩子在游戏中如果输了，则会很生气，甚至大哭大闹，这种负面情绪还会持续影响其非常久。有的孩子为了赢，会不遵守游戏规则。如果想让幼儿脱离这种"输不起"的心理陷阱，最有用的方法就是增强幼儿的安全感和自信心。

（二）害怕尝试新鲜事物

对于一个学前儿童来说，有着非常强的好奇心和探索欲望。没有哪个孩子不喜欢享受外面的世界。例如，孩子们都喜欢去游乐场玩儿，也喜欢和其他小朋友一起游戏。但是缺乏自信心的孩子却不敢尝试新鲜事物，他们会在游戏的过程中进行旁观，不主动参与活动，不敢或很少主动举手发言，不敢在集体面前讲话。

（三）交友出现困难

如果幼儿处于非常不自信的情况下，他们在与其他幼儿进行交流时，也会表现得唯唯诺诺，很长时间不能表达出自己的想法。例如，在与其他小朋友一起玩一个玩具的时候，不自信的孩子会无条件地将玩具让给其他孩子，慢慢地就会变成一种"老好人"的性格。有些幼儿在与别的孩子交往时被人欺负，受尽了委屈，他们也不会告诉家长，因为往往家长都不会认为是对方孩子的过错，而把原因怪罪在自己孩子身上，这样也会加重孩子不自信的心理。

三、如何培养幼儿的自信心

（一）幼师方面

1. 营造民主、平等、尊重的教学氛围

教育要从幼儿的实际出发，和幼儿建立起民主、平等、合作的关系。在教学过程中，教师应当避免使用指令性的语言，取而代之的是商议性语言；尽量减少对幼儿的掌控，让幼儿更加自由和随心所欲；减少灌输式教学，使幼儿在平等和轻松的教学氛围之中充分发挥自己的潜能。除了课堂氛围以外，教师还要用富有表现力的形体动作和面部的感情感染幼儿。不管心情如何，也要用微笑和和蔼的目光面对幼儿。少一些批评和惩罚，多一些嘉奖和赞许。据研究表明，幼儿在受到奖励的时候，其潜力会远远大于正常状态。因此，营造民主、平等、尊重的教学氛围可以很好地为培养幼儿的自信心奠定基础。

2. 为幼儿创造成功的机会

想要培养幼儿的自信心，教师应当为幼儿创设一个成功的平台，给予幼儿体验成功的机会，给予幼儿充分的信任，帮助幼儿通过自己的尝试和亲身经历收获成功，从而感受到自己的潜力与能力，从而对自己有着积极和向上的评价，以建立起良好的自信心。教师在为幼儿创设成功的机会时，要有针对性。首先，教师应当充分了解每位幼儿的情况，然后针对幼儿的实际情况以及条件因人而异地创造不同的机会，鼓励幼儿的参与。在活动中，幼儿难免会失误，但是人都会犯错和失误，教师应当鼓励和帮助幼儿，对幼儿的成功要进行认可和鼓励，切忌操之过急，揠苗助长，这会打击幼儿的自信心。

3. 以适当的标准评价幼儿

3～6岁的幼儿缺乏自信心的原因之一就是教师缺乏一个客观的、适当的标准去评价幼儿。幼儿的发展是一个循序渐进的过程，况且每个幼儿的发展速度和快慢也不相同，如果只以一个标准去衡量和评价幼儿，有些发展较慢、能力较差的幼儿则会受到打击，不利于自信心的养成。因此，教师应当根据幼儿的能力和特点，对幼儿做出公正、客观和发展性的评价。

根据加德纳的多元智能理论，每一个人的智力都有着自己独特的表现方式，每个孩子都有自己的优势领域和弱势领域。因此，正确评价幼儿既要认识到幼儿不同年龄阶段的发展差异，也要认识到同一个年龄阶段不同幼儿的发展差异。教师要更多关心和肯定幼儿付出的努力，而不是事情的结果。

（二）家长方面

1. 提升幼儿的自我效能感

自我效能感高的人往往会有很高的成就，因为他们敢于去做一件事；而自我效能感低的

人，一想事情有点难，就会觉得自己成功不了，所以就不会下定决心去做。自信与自我效能感是包括但不限于的关系。自我效能感更是一个专业的术语，而自信更是一种生活化的表达；自我效能感往往更加强调对自己能力的了解和自信，而自我效能感通常比较宽泛，没那么具体。因此培养幼儿的自我效能感对提升幼儿的自信心格外重要，自我效能感最初来源于世界和他人对婴儿的关注和回应，这个"他人"大多指的是妈妈。如果小婴儿饿了有奶吃，冷了就有人抱，他们就会认为自己有一种神奇的魔力，可以心想事成，这就是儿童最初最基本的自我效能感的来源。反之，如果儿童大哭没有得到满足，他们不会认为是父母的问题，反而会感到自己无能，就不会产生良好的自我效能感。家长应当采取一些措施去促进3~6岁的幼儿自我效能感的提高。

首先，家长应当多用适当的方式夸奖孩子。每个孩子都喜欢被夸奖，家长应当发现幼儿的优点和在日常生活中的亮点，针对这些优点和亮点夸奖孩子，而不是"无效的夸奖"。父母平时在公众场合可以多谈论自己孩子的优点，比如"我家宝宝今天玩游戏搭起来了一个特别漂亮的小房子""我家宝宝可以自己耐心地读完一篇文章了"……当孩子听到这些话的时候，会有一种被夸奖的感觉，他们会认为"我真的很不错""我真的很棒"，这种认知就会自动植入幼儿对自己的评价当中。其实，我们对自身的评价并不是与生俱来的，而是在周围人的态度评价中慢慢建立起来的，家长应当关注孩子的方方面面的优点，这样就会避免一些幼儿只会用单一的评价方式来评价自己。但是，在现实生活中，许多家长却总是向孩子灌输"别人家的孩子"有多好，这会让孩子产生一种落差感和自卑感，不利于幼儿自信心的培养。

另外，家长应当让幼儿通过一些"障碍"和"困难"来提高自我效能感。例如，家长在户外与孩子一起玩滑梯的时候，在保证安全的情况下，家长可以先让孩子在坡度较小的滑梯上往下滑，然后逐渐增加难度，在这个过程中孩子肯定会有害怕和紧张的感受，但是会因为突破自己的极限而受到鼓励，这些"障碍"和"困难"会让孩子在很短时间内体验到一个达到极限并且突破极限的过程，而这个自我突破的感觉不断积累，对其心理起到一个莫大的鼓舞，让其认为：我是有能力的个体，我能够完成并且做好这件事。

2. 进行挫折教育

人的一生不可能一直都顺风顺水，如果家长认为只有通过让其获得成功的感受才能培养孩子的自信，那就大错特错了。如果幼儿一直体验着成功，而突然有一天经历了挫折，幼儿有可能又会产生自卑甚至长期的挫败感情绪，因此培养幼儿的抗挫折能力，幼儿进行挫折教育极其重要。

［微视频］
鼓励宝贝
过吊桥

首先，成人应当创设挫折情境，让幼儿在挫折中接受锻炼，培养幼儿勇敢的精神。例如，幼儿可以在家长的监控和保护下独立往返幼儿园，尝试独立生活的能力；可以在户外体育活动中加强锻炼的强度，设置一些障碍让幼儿通过冲破一道一道难关，最终到达目的地。在这个过程中肯定会有失败与沮丧的情绪，但是家长应让幼儿大胆尝试，并让幼儿在失败中总结经验，借助已有的生活经验和成人的适当帮助，最终取得成功。这可以让幼儿认识到：遇到困难要靠自己的努力，不能仅仅依赖成人的帮助。

另外，家长应当在日常生活中强调榜样的力量，增强幼儿的挫折承受能力。家庭是幼儿学习的重要场所，成人的行为对幼儿影响很大，因此家长应当有意识地为幼儿树立榜样，如夏日带幼儿参加户外的体育训练，应当与幼儿一起训练，而不是因为怕热怕晒躲在树荫下。

同时，不能忽视同伴的榜样力量，同伴的榜样离幼儿生活更近，也就更能引起幼儿学习的愿望。例如，幼儿在户外活动，但是畏首畏尾，家长应鼓励他："你和××小朋友一样勇敢。"幼儿在学习中遇到困难总是求助家长或者放弃努力，这时家长要对他说："你能行，不会没关系，可以去幼儿园里看看其他小朋友是怎么做的，你和他们一样棒，你一定能学会。"在这种鼓励式教育和同伴榜样的鼓舞下，让幼儿顺利地度过他们有生以来的许多第一次，不断地增添战胜困难的勇气。

3. 发展幼儿的自主性

学龄前儿童已经有着较强的自主性，他们会认为自己是一个独立的、有能力的个体，而自主性与自信是分不开的，二者相辅相成。因此，在这个阶段成人应当采取一些措施不断地促进幼儿自主性的发展。

家长应当认真对待孩子的要求和建议，让孩子感觉自己被需要。家长要将幼儿视为一个同样有话语权的个体。当家长和孩子一起在讨论着一个话题时，孩子提出了一个建议，家长不应该将这个建议熟视无睹，更不应该斥责孩子："你个小孩懂什么。"相反，家长应当对孩子说："宝宝，谢谢你的建议，爸爸妈妈会认真考虑的。"在日常生活中，家长也可以让幼儿做一些力所能及的事情，如"把报纸拿给妈妈，好吗？""宝贝能不能帮妈妈把这些玩具摆放起来？"等，让孩子知道自己是被需要的，是有价值的，这是培养其自信心的有效方法。另外，家长可以在日常生活中让孩子自己做决定。例如，在和孩子购物时，家长可以让孩子自己挑选颜色和款式。也许孩子选择的颜色和款式家长并不喜欢，但千万不要否定其眼光，孩子的意见和选择被尊重是其自信的开始；和孩子一起看他喜欢的动画片时，可以和他讨论喜欢的人物和台词，平等交流，对他的观点表示感兴趣。平等的相处和交流是给孩子自信的阶梯。

第八节　培养幼儿的社会交往能力

幼儿社会交往是指其在与成人接触、交流或者与同伴游戏等过程中，运用语言或者非语言符号系统沟通、交流情感的活动；是幼儿逐步学习表达自己的愿望、了解别人的情绪和想法、调节自己的行为、促进相互之间的理解协调，并使这种关系得到延续和保持的活动。

幼儿的社会交往是生长发育与个性发展的需要，是幼儿与周围人相互交流信息与情感的过程，是完成个体社会化的过程。现代心理学研究证明，幼儿的发展是在与环境的相互作用中实现的，幼儿的社会交往对幼儿人格个性、情绪情感、认知等方面的发展都具有十分重要的作用，它是幼儿实现社会化的必要条件。幼儿的社会交往包括幼儿与成人（父母、老师等）的交往，以及幼儿与同伴的交往两种基本形式。

一、幼儿社会交往的特点

幼儿社会交往是通过相互作用过程表现出来的，这是一个从简单到复杂、从不熟悉到熟悉的发展过程。

（一）3~4岁幼儿社会交往的特点

3~4岁幼儿的处于小班阶段，小班幼儿人际交往中最大的特征就是自我中心。这一阶段的儿童，由于受认知的局限和思维发展水平的影响，还不能理解成人或周围环境对他们的要求，往往是我行我素，该阶段的幼儿喜欢和熟悉的人交往，交往较被动，他们更喜欢平行游戏或独自玩耍，不会主动发出加入游戏或活动的请求。小班幼儿在交往过程中肢体语言占据了很大的比重。由于3~4岁幼儿的语言仍在发展中，往往会出现行动快于语言的现象，交往中出现问题时不会用语言表达来解决问题，常用动作来解决，容易产生类似攻击性行为的动作。3~4岁是攻击性行为出现频率最高的阶段，因此冲突是3岁幼儿经常遇到的事。小班幼儿的交往才刚刚开始，同伴交往还不稳定，具有随机性，处于懵懂的浑浊期。

（二）4~5岁幼儿社会交往的特点

4~5岁幼儿处于中班阶段，中班幼儿的认知能力逐步发展，交往相对增多，受忽视的幼儿也明显减少。中班幼儿能主动跟人打招呼，尝试与自己喜欢的人主动交往，并能在交往中做到与同伴合作、互助、分享和轮流。中班幼儿在人际交往中开始出现诸如帮助、分享、轮流和交换等有助于促进人际交往的积极交往策略。但此时的幼儿仍然缺乏交往技能，已有的技能使用也并不熟练，遇到问题常常退缩或出现攻击性行为，或者喜欢告状，寻求成人的帮助。

（三）5~6岁幼儿社会交往的特点

5~6岁幼儿处于大班阶段，大班幼儿的人际交往能力有了很大的提高，他们开始有了固定的玩伴，大班幼儿开始尝试建立友谊，他们常常会用各种方式去和自己喜欢的伙伴建立起朋友关系。由于大班儿童性别意识增强，渐渐有了"随大流"的情况发生，即女孩和女孩一起玩儿，男孩则另外聚集起来。同性别的幼儿比较会有共同的喜好，如男孩喜欢"打怪兽""开赛车"等话题，而女孩则比较喜欢娃娃家、小舞台等角色游戏。此时的幼儿语言表达能力和思维能力都已经有了很大的提高，他们在活动中能够与同伴协商，共同讨论、制定规则，能耐心倾听同伴的意见和建议，出现矛盾和问题时大多能自己协商解决。大班幼儿的交往已经完全分化，在班上同伴地位处于稳定状态。

二、幼儿社会交往能力的重要性

培养幼儿的社会交往能力，让其形成适应社会发展的社会行为，对幼儿社会性发展具有举足轻重的意义。幼儿只有在与他人的友好交往中，才能学会在平等的基础上协调各种关系，充分发挥个体的积极性、主动性、创造性，才能更好地认识、评价自己，学会积极情感，获得健全的人格，为将来适应社会生活打下基础。有研究表明，早期社会交往能力较弱的幼儿，在成年以后的学习能力和社会适应能力都较弱，相反，早期交往能力较强的幼儿，成年以后学习成绩较好，社会适应能力也较强。

（一）有利于促进幼儿社会性发展

幼儿有良好的社交能力就能够积极地与同伴进行社会交往，与他人建立和谐、平等、互助的关系，懂得一些基本的行为准则，通过与同伴的比较进行自我认知，为今后更好地适应社会奠定基础。社会交往是学前儿童学习社会知识、生存技能等，获得社会生活的资格并发展自己的过程，是儿童社会化的必经途径。

（二）有利于幼儿的智能发展

社会交往能促进学前儿童语言和思维能力的发展。幼儿在社会交往中会遇见和经历各种各样的人和事，在这个过程中不断地发展自己的语言和思维等，良好的社会交往能力可以帮助幼儿在与他人产生矛盾时积极动脑，想办法化解矛盾。

（三）有利于幼儿的身心健康

心理学家们普遍认为："人际关系代表适应水平，是心理健康的一个重要标志，而人际交往不良往往是导致心理疾病的主要原因。"缺少正常人际交往的孩子，可能会伴有社交恐惧症，表现为：拘谨胆小、害羞怕生或自我为中心。而幼儿社会交往中的尊重、分享、合作则是预防和治疗这类心理问题的灵丹妙药。社会交往有助于幼儿在与父母、老师的交往中获得安全感，被集体接受和认可时也会对集体产生归属感。

三、影响幼儿社会交往能力的因素

结合幼儿身心发展规律，分析当下幼儿社会交往的状况可以发现，影响幼儿社会交往能力的因素主要体现在以下几个方面。

（一）幼儿自身因素

幼儿在交往中存在差异的原因之一是幼儿自身的因素。自身因素主要包括幼儿的社会认知能力、社会行为、气质和个性特征等。有些幼儿性格外向、大方、天生喜欢交友，能和其他小朋友愉快地玩游戏；有些幼儿不善于分享，在游戏中独占玩具，有时和小朋友发生争执、抢夺，使自己不受其他小朋友的欢迎；有些幼儿性格内向、胆怯，经常沉浸在自己的世界里，喜欢独处和自言自语，不善于与其他小朋友进行互动，社会交往能力不足。

（二）家庭因素

家庭因素是影响幼儿社会交往能力的一个重要因素，家庭环境不同、父母教养方式不同、家庭教育不同等都会影响幼儿的社会交往能力，且家庭因素还会对于幼儿的性格造成很大的影响。

1. 家长的社会交往能力

家长的社会交往能力会影响幼儿社会交往水平。幼儿的交往首先从与家长的交往开始，幼儿喜欢模仿，家长的交往水平和方式都在潜移默化中影响幼儿的交往。如果家庭成员之间和睦相处、体贴关爱、待人接物大方得体，与周围同事、朋友交往乐观积极，那么幼儿也会正确地与同伴交往。家长的积极的交往方式和交往态度对幼儿以后同伴交往的方式和能力会产生积极的影响作用。

2. 家长对幼儿的要求

父母是孩子的第一任老师，父母对孩子社会交往能力的重视和培养，将直接影响孩子的人际关系的建立以及长大后的社交能力。培养孩子同伴交往的能力还要放手让孩子接触各种性格的小朋友。家长对幼儿的要求会影响幼儿的社会交往，正确的指导对幼儿社会交往起积极的促进作用，而错误的指导和要求会对幼儿的社会交往起消极的阻碍作用。例如，幼儿的家庭约束十分严厉，幼儿父母不允许幼儿经常出门和其他幼儿交往，那么必然就会降低幼儿的社会交往能力。

3. 家长的教育观念

有调查显示，大多幼儿家长在对幼儿的早期教育上比较关注其智力发展，这些家长在幼儿的早期教育中，更多关注幼儿的知识学习，让孩子多学字词、计算、英语单词等，或者掌握一些技能，如绘画、音乐、舞蹈、棋艺等，忽视了幼儿喜爱游戏的天性等因素，由此剥夺了许多本该属于孩子的游戏时间，相应地也减少了幼儿社会交往的机会。

（三）幼儿园因素

幼儿园作为幼儿成长和教育启蒙的重要场所，在幼儿社会交往能力方面的影响也是巨大的，如果幼儿园缺乏一个良好的教学环境，那么就可能会降低幼儿的社会交往能力。对于幼儿来说，幼儿园的管理及规章制度、幼儿教师的素质、幼儿园的环境等各方面因素都会对幼儿的社会交往能力产生一定的影响。例如，当幼儿园硬件设施、场地等方面存在很大限制的时候，幼儿同伴交往这一行为本身便受到了很大的限制，这样给予孩子实践锻炼的机会较少，不利于幼儿社会交往能力的发展。作为幼儿园教学环境中的重要组成部分——幼儿教师，其个人素质的高低也会对幼儿的社会交往能力产生很大的影响。树立正确儿童观的教师能够采取积极管理的方式对待幼儿的社会交往，能通过适宜的方法较好地组织幼儿开展社会交往活动，从而提高幼儿的社会交往能力。

四、培养幼儿社会交往的有效策略

幼儿的社会性是在日常生活和游戏的过程中，通过对于成人的模仿、对于榜样的学习发展起来的，所以成人在这一阶段扮演着重要的角色。

（一）游戏的妙用

福禄贝尔是近代学前教育的奠基人，是幼儿园的创立者，他信仰的是教育适应自然原则，因此他非常重视活动和游戏在幼儿教育中的地位和意义。儿童能够在游戏中学到知识，学会与人交往，想要提高3～6岁幼儿的社会交往能力，最重要的着眼点就是游戏。游戏是幼儿活动的一个最基本的形式，在对孩子进行社会交往能力的培养中，要注意与游戏结合起来，要在孩子不同的年龄段，提供一些不同的游戏。

其中，角色扮演类游戏，属于比较能够促使幼儿与其他人相互交流、相互帮助的一类游戏。在角色游戏既定的规则条件下，幼儿会在这种情境中潜移默化地体会到人际交往的一些准则。除了既定的规则以外，幼儿之间不免要相互帮助，如果是亲子类的角色扮演游戏，也会促进幼儿学会求助，在给他搭建一个支架的情况下，更多地发展自己，而不会因为自己游戏失败气馁。另一类是音乐游戏。音乐可以促进幼儿的认知发展，伴随着优美欢快的音乐，幼儿可以翩翩起舞，自然而然地融入与好伙伴的交往之中。即便是那些生性腼腆的小朋友，也难以抵挡音乐的魅力。幼儿伴随着音乐，能够掌握更多的表情、动作等肢体语言。例如《丢手绢》，伴随着儿歌，幼儿会同时锻炼听觉、动觉以及表情和亲社会的行为，在跑跑跳跳中融入集体。

（二）在实践中茁壮成长

教育家杜威提到，人有四种基本的本能：制造、交际、表现和探索，他提倡从"做中学"指的是在教学的一系列过程当中，都要贯穿一个宗旨——让孩子亲自动手去做，获得经验，而不是教师或者家长一味地灌输。

家长和老师总是跟孩子们说，要交朋友，要懂礼貌，要和年长的人打招呼，但是往往在孩子局促不安的时候，家长很难去及时帮助到他们。有时幼儿并不是不想去做，而是他不认识这个亲戚，或者他不知道该怎样称呼合适，当他向家长投去求助的目光时，家长应及时地告诉孩子该怎样做，并且家长还要及时地给予幼儿鼓励，让幼儿在每一次尝试的过程中积累经验。同时，作为家长，应该把自己的目光放得更长远一些，因为人际交往并不仅仅局限于有限的、已认识的几个人。家长可以带着孩子去田野里采风，去各类种植园以及对马路上的清洁工、车间里的工人、消防队的叔叔阿姨进行观摩学习，也可以给孩子看一些科研的纪录片等，让他们热爱大自然，热爱生活，热爱这个社会。让孩子体验不同的风土人情，体验不同的岗位，获得一些最直观的感悟，这样才能内化于心，外化于行。

（三）尊重孩子的需求

作为父母，应该关注和尊重孩子的需求，用心聆听孩子的想法和需要。作为家长，一定不要出现不耐烦的情绪，更不要打击孩子的积极性。不会的问题或暂时不能满足的需求也要给予回复，而不是置之不理，或糊弄他。平常也可以给孩子多讲述一些关于平等、宽容、诚信、互动等好品质的故事，让孩子明白一些做人的道理，多读一些适合培养幼儿社会交往类的绘本，比如《你真好》《你看起来好像很好吃》《我是霸王龙》，还有《蚕豆大哥和长豆角》《小兔彼得和他的朋友们》等，这里有温情、有竞争、有合作。无论是关于哪一方面社交能力培养的绘本，只要能够亲子共读的话，都会对培养幼儿的社会交往有积极意义。

（四）重视榜样的力量

家长为了孩子的未来，应创造一种民主平等、亲切和谐、健康积极的交往氛围，让孩子感受到家的和谐、温暖。孩子在生活中容易模仿父母的一些语言、行为，模仿家长待人接物的态度与方式，最后变成自己的习惯。因此，作为家长，要给孩子树立榜样，注意自身的言行举止。此外，鼓励幼儿积极主动地和其他同伴交朋友，积极参与各种活动，这对于提高幼儿同伴交往能力有着重要作用。家长可以经常跟自己的朋友以及他们的孩子一起聚会，一起去游玩，一起做有意义的事情。比如，一起去做泥塑，通过活动拉近人与人之间的距离。

（五）家园合作

苏霍姆林斯基说过：没有家庭教育的学校教育和没有学校教育的家庭教育，都不可能完成培养人，这一极其细致而又复杂的任务。交往能力的培养是一个长时间的连续过程，家长和教师只有一致要求、统一思想，才能取得较好的效果。为了协调家园教育，可以通过家长会、家长开放日、亲子活动、家园联系专栏等多种形式向家长宣传，争取家长的积极配合，共同培养孩子的社会交往能力。

本章小结

在本章节中，从日常生活家庭教育中的实践问题出发，针对如何科学表扬幼儿、如何培养幼儿的阅读习惯和生活自主能力、如何培养幼儿的自信心和社会交往能力、如何看待幼儿抢玩具的"自私"行为、如何科学处理幼儿的攻击性行为、如何处理老大和二胎的矛盾等问题进行科学分析，从"是什么""为什么""有何理论支撑""如何科学处理"等角度进行系统梳理和阐述，从家长、幼儿自身、幼儿园教师、社区等角度给出科学的解决方法与对策，以期为3~6岁幼儿家庭教育指导提供有益参考，助力3~6岁幼儿家庭教育质量的提升。

思考与练习

1. 科学表扬幼儿的方法有哪些？
2. 培养幼儿良好阅读习惯的方法有哪些？
3. 导致幼儿生活自理能力较弱的原因有哪些？如何培养幼儿的生活自理能力？
4. 幼儿争抢玩具就是"自私"吗？你如何看待？
5. 如何改善或干预幼儿的攻击性行为？
6. 如何培养幼儿的自信心？
7. 如何解决"大宝"与"二宝"之间的矛盾？

拓展阅读

1. 晏红. 中国儿童情绪管理（0~6）[M]. 北京：中国妇女出版社，2011.
2. 西格蒙德·弗洛伊德. 自我与本我[M]. 北京：中国水利水电出版社，2022.

第七章 7~12岁儿童身心发展特点

学习目标

❶ 了解7~12岁儿童神经系统和脑部的发育特点；

❷ 清楚7~12岁儿童身体的发育特点；

❸ 掌握7~12岁儿童认知、思维、自我意识等心理发展特点。

7~12岁儿童也被称为学龄期儿童,此时的儿童大部分是处在小学阶段,学习成了儿童的主导活动。学龄初期儿童的身体发育速度与学前的幼儿身体发育速度差不多,一个从幼儿园过渡到小学的孩子也许看不出有什么明显的变化,但是等到小学毕业时,整个人的变化是非常惊人的。他们的认知、思维、情绪等都与学前儿童有着明显差别。本章将从7~12岁儿童脑和神经系统发展、身体发育、认知、人格、自我意识发展等方面来阐述7~12岁儿童的身心发展特点。

第一节　7~12岁儿童脑和神经系统的发展

一、脑重量的变化

与婴幼儿相比,7~12岁儿童脑重量增长较慢,但是基本上6~7岁的儿童的脑重量约为1280克,已经为正常成人脑重的90%。此时,大脑左右半球的一切通路都已形成。因此,当受到外界刺激时,信息可以很快地传达到大脑高级中枢。9岁时的儿童脑重量约为1350克,12岁的儿童脑重量约为1400克,已经达到了正常成人的大脑的重量。学龄儿童脑重量的成熟达到成人的水平,也为其后期的初中、高中高强度的学习奠定了基础。

二、科学用脑对7~12岁儿童的重要性

7~12岁的儿童进入小学阶段,在他们的生活中主要的事情之一就是学习。孩子的学习离不开大脑,因此指导孩子进行科学用脑至关重要。科学用脑,可以使大脑各个功能充分地发挥作用,使学习达到事半功倍的效果。首先,应当充分地运用大脑。在短视频、碎片化信息泛滥的时代,指导和教会孩子多读书、勤于思考,少被动接收碎片化的信息。碎片化信息既不利于孩子记忆力的发展,又会有损于孩子的注意力。让孩子主动地学习,但是不要用脑过度。过度用脑会使大脑疲劳,损伤大脑的机能,因此,科学用脑最主要的是应当劳逸结合、循序渐进,在学习的过程中要认识到由易到难的规律,切忌揠苗助长。另外,孩子在学习时,还要注意对大脑不同区域合理利用,尽量兼顾利用到左右半脑。这样可以更好地对大脑进行开发,让各项潜能得到充分发展。

三、睡眠对7~12岁儿童大脑发育的影响

人并不是机器,人的大脑做不到每天24小时的高速运转。大脑总会有疲劳的时刻,这时应当给大脑充分的休息时间,从而使大脑功能得到更好的恢复,提高大脑工作的效率。那么大脑该如何休息呢?最主要的休息形式就是睡眠。睡眠对整个大脑皮层和某些皮层以下的中枢有保护性抑制作用,通过睡眠可以使大脑的功能得到很好的恢复。对于7~12岁的中小学生来说,大脑发育和神经系统发展得还不是很完善,更应该保证充分的睡眠。教育部基础

教育司在2020年12月委托有关机构对10个省市开展了中小学生学业负担监测，结果显示，小学生、初中生平均睡眠时长分别为9.5小时和8.4小时，存在着不同程度的睡眠不足问题。为此，教育部针对中小学生睡眠不足的情况，发布了一系列的政策。在2021年4月2日，教育部印发了《关于进一步加强中小学生睡眠工作的通知》，明确学生的睡眠时间要求。其中规定小学生每天睡眠时间应达到10小时，并且上午上课时间不早于8点20分；2021年10月29日，教育部发布《教育部办公厅等六部门关于进一步加强预防中小学生沉迷网络游戏管理工作的通知》，要求所有网络游戏用户提交的实名注册信息，必须通过国家新闻出版署关于深入开展网络游戏防沉迷实名验证系统验证，验证为未成年人的用户，必须进行统一的网络游戏防沉迷管理。网络游戏企业可在周五、周六、周日和法定节假日每日20时至21时，向中小学生提供1小时的网络游戏服务，其他时间不得以任何形式向中小学生提供网络游戏服务。地方教育行政部门要指导学校对经申请带入校园的手机等终端产品进行统一管理，严禁带入课堂。这项通知严格限制了小学生玩网络游戏的时间与频率。同时，教育部还颁布了"双减"政策，提倡对学生减压减负。这些通知和政策都对中小学生的睡眠提供了保障。

四、7～12岁儿童高级神经活动的特点

高级神经活动，指的是大脑皮层的活动。高级神经活动影响着人类的语言、思维和实践活动。随着儿童年龄的增长，大脑皮质功能日益完善，学龄初期的儿童兴奋和抑制机能进一步增强，表现为学龄期的儿童睡眠时间减少，觉醒时间不断增加，7～12岁的儿童每天的睡眠时间均为9～10个小时。同时，学龄期儿童可以控制自己的情绪、行为，能够较好地控制自己的活动，相比于学前阶段的孩子来说，处在7～12岁年龄阶段的孩子会在上课时不随意走动，很少故意地去制造噪声影响到别人的听讲，遇到一件事会克制自己的兴奋或者负面情绪。

第二信号系统的形成和发展，给儿童的高级神经活动带来了新的原则，使其心理具有了抽象概括性和自觉能动性。学龄前的儿童语言还没有发展好，大脑的语言中枢还没有发育成熟，即左脑还没有定型，于是学龄前儿童主要依靠直观的形象，依靠第一信号系统较多。学龄初期的儿童言语进一步发展，第二信号系统也日益发展起来。学前儿童在进行计算时需要依靠具体的事物，但是学龄期儿童已经可以在教学的要求下不必依靠形象的物品，直接进行独立的运算。除了运算之外，第二信号系统还有助于儿童形成更多的更抽象的、概括性的联系，为儿童的抽象逻辑思维的发展提供了可能，同时也为儿童掌握抽象的道德和规则奠定了基础。

第二节　7～12岁儿童身体的发育

一、身高和体重的增加

学龄初期的儿童身体发育的速度几乎与学前期的幼儿差不多，但是在学龄初期到青春期开始的这个阶段，身高和体重的变化是比较明显的。7～12岁的儿童身高的增长和体重的增

加是有性别差异的。根据中华人民共和国国家卫生健康委员会在2018年发布的《7～18岁儿童青少年身高发育等级评价》和教育部在2014年印发的《国家学生体质健康标准（2014年修订）》中的数据来看，不同年龄阶段的男女童的平均身高、标准体重指数不同，详细数据如表7-1所示：

表 7-1　不同年龄阶段的男女童平均身高、标准体重指数

年龄阶段	性别	平均身高	标准体重指数（BMI）
6～7岁	男	125.48cm	13.5～18.1kg/m^2
	女	124.13cm	13.3～17.3kg/m^2
7～8岁	男	130.72cm	13.7～18.4kg/m^2
	女	129.34cm	13.5～17.8kg/m^2
8～9岁	男	135.81cm	13.9～19.4kg/m^2
	女	134.91cm	13.6～18.6kg/m^2
9～10岁	男	140.76cm	14.2～20.1kg/m^2
	女	141.18cm	13.7～19.4kg/m^2
10～11岁	男	146.01cm	14.4～21.4kg/m^2
	女	147.36cm	14.4～21.4kg/m^2
11～12岁	男	152.15cm	14.7～21.8kg/m^2
	女	152.41cm	14.7～21.8kg/m^2

以上的男童和女童的身高标准并不是绝对的，而是因人而异。有些孩子发育得较快，而有些孩子发育得较慢。同时，随着时代的进步，近几年的平均身高和过去10年、20年的平均身高又会出现差异。其受到多方面的影响，最主要的因素是人均收入水平的提高，生活条件的改善，使孩子的伙食更有营养，为儿童长身体提供了良好的条件。

2021年教育部学生体质健康抽测复核数据显示，2016—2020年，全国接近四分之一的学生属于超重、肥胖。其中小学生的超重和肥胖比例总体为所有年龄阶段学生的20.2%。孩子肥胖，首先会影响健康，肥胖会加大糖尿病、脂肪肝、睡眠呼吸障碍的风险；其次，孩子肥胖还会给生活带来不便，例如孩子因为过度肥胖而不能进行运动等；最后，孩子肥胖还会影响心理和社交，孩子会因为外形而感到自卑，或者被同学、伙伴嘲笑。

导致小学生肥胖率增加的原因包括：①不合理的饮食。高碳水、高盐、高油的食物都会导致肥胖。如今的孩子尤其喜欢一些快餐，还有甜到发腻的蛋糕。这些食物俗称"垃圾食品"，虽然口味非常吸引人，偶尔吃一顿并没有什么影响，可是日积月累，吃"垃圾食品"的频率高就会导致人的肥胖，甚至会带来一些疾病。另外，一些家长工作可能会比较忙，经常给孩子点外卖，或者让孩子自己在外就餐。但是"外卖"和餐馆里的饭菜用油和其他添加剂的量无法考量，很有可能是对健康的一大隐患。因此，建议家长自己做饭就餐，控制好油、盐、糖的量，让儿童吃得放心。②不规律的饮食时间。例如，现在有很多小学生因为起床晚，要匆匆忙忙赶着上学而没有时间吃早饭。研究表明，吃早饭和不吃早饭的人相比，

不吃早饭者出现肥胖的概率要增加31%以上。除了增加肥胖的概率以外，还会有患有胆囊疾病、胃病、低血糖、便秘等风险。

因此，针对小学生肥胖率逐渐增高的问题，家长应建议孩子多增加体育锻炼，多外出活动，或者鼓励孩子做家务；饮食要规律且健康，尽量不吃高热量的食物，多补充些蛋白质，以清淡为主。

二、换牙过程

6、7岁的孩子都会经历换牙的过程。换牙是指乳牙脱落、恒牙长出的过程。在正常情况下，每个乳牙牙根下方都有个对应的恒牙胚。孩子在成长发育的过程中，恒牙胚也在逐渐萌生恒牙，这会导致对乳牙的压迫，进而使乳牙根逐渐被吸收，变得越来越短，直至完全消失。于是就导致了乳牙脱落，恒牙长出。儿童换牙是按照牙齿上下排左右对称、先下后上的原则，具体顺序为：儿童6~8岁时长出第一颗恒牙（中切牙），第一磨牙逐渐长出，当儿童8~9岁时，开始长出侧切牙；10~12岁的儿童的前磨牙开始长出，首先会长第一前磨牙，即在侧牙旁边；儿童11~12岁的时候，上下排的尖牙已经逐渐长出。12~13岁的儿童开始长第二磨牙；最后的第三磨牙，即智齿，要等到儿童17岁后才开始长出，而且维持的时间会到21岁。

在孩子的换牙期要注意：①保持口腔的清洁，每天早晚坚持刷牙，并且做到饭后漱口。如果换牙期不注重口腔的清洁，就有可能导致萌出的新恒牙出现龋坏。一旦恒牙出现龋坏就只能进行人工的修复与治疗；②要对换牙期的儿童及时补充营养，多吃一些含钙较多的食物，如牛奶、虾皮、排骨等。另外还要及时补充一些微量元素和维生素，这些食物会很好地促进钙的吸收；③儿童在换牙期要吃一些高纤维素以及有硬度的食物，如胡萝卜、玉米等，不仅可以对乳牙起到一定的刺激作用，从而让乳牙能够按时脱落，还可以通过咀嚼运动加速血液循环，有助于促进牙床的发育；④要时刻关注儿童换牙的发育情况，家长们要在平时的生活中注意儿童乳牙和恒牙的生长情况，如果发现孩子的牙齿有异常的情况出现，要及时看医生。

三、7~12岁儿童骨骼的发育

7~12岁儿童的骨骼还没有完成骨化。骨骼含水多，含钙少，有韧性，容易弯曲也容易变形和脱臼，但不易骨折。到了小学高年级，儿童会进入体格快速增长时期，手、脚以及上下肢的生长速度加快，出现长臂长腿不协调的状态。所以应当保护孩子的骨骼，促进其良好的生长发育。首先，应当适当地补充钙、磷、铁等元素，还有维生素A、维生素D、维生素C等，例如，多食用牛奶、蛋类、豆类、鱼类等含这些元素较丰富的食物。其次，由于此时骨骼较为柔软且有弹性，所以应当培养孩子正确的坐姿、立姿，做到"坐有坐相、站有站相"，否则可能会使孩子养成驼背的坏习惯。最后，要让孩子多去户外活动，多晒太阳。运动可以促进新陈代谢，加速血液循环，给骨骼组织运输更多的营养物质，使骨骼生长加速，骨质紧密。

四、7~12岁儿童运动技能的发展

与学前儿童相比,7~12岁儿童的身体素质进一步地增强,这使得不管是粗大运动技能还是精细运动技能都得到了发展。

(一)粗大运动技能

在儿童入学后,他们的粗大运动技能得到了极大的发展,表现为在奔跑、跳跃和球类运动等方面技能更加精细。例如,他们可以玩"花样跳绳""跳房子",会踢足球、走平衡木、跳舞、游泳等。根据相关学者的研究,7岁的儿童能够闭着眼睛保持单腿平衡,能够在5厘米宽的平衡木上行走,能够单腿跳,并准确跳到小方格里(跳房子),能够练习双起双落的开合跳。8岁的儿童能够以两下—两下、两下—三下、三下—三下的模式进行不同节奏的单腿跳,女孩能够把小球投出12米,男孩能够投出18米。9~10岁的儿童能够判断远处飞来的小球的方向并截住它。男孩女孩都能够每秒跑5.2米。11岁的男孩立定跳远可以达到1.5米,女生约为1.4米。

[微视频]
儿童走平衡木显现出的身体协调能力

这个研究反映了7~12岁的儿童四种基本运动能力的发展:①力量。年龄越大的儿童越能够有力地踢球、扔球和跳远等,并可能都会冲出边界。②平衡。有许多复杂的动作,如蹦跳、单腿跳、奔跑、踢球都需要平衡能力的支持。③灵敏。例如在舞蹈或者其他团体体育项目中,在比赛时前后躲避对手的运动中,更快、更准确地移动都是很明显的。④柔韧。与学前儿童相比,学龄期的儿童的身体柔韧性更好,这可以反映在他们踢球、通过障碍和翻跟头上。

(二)精细运动技能

7~12岁儿童运动技能不仅体现在粗大运动技能不断发展,同样也反映在精细运动技能上。儿童对手臂、手指的控制更加敏捷,更加灵活。他们会玩许多需要手指参与的复杂游戏,如悠悠球、编织等。这个年龄阶段也有很多儿童会学习一门乐器,不管是什么乐器(钢琴、吉他、琵琶,或者小提琴),都需要精细动作的参与,对精细运动的控制要求非常高。

7岁左右的儿童能够自己系鞋带和扣扣子,8~9岁的儿童手眼协调能力逐渐提高,可以独立使用一只手,写的字也比之前小了些,显得更加精致和匀称了。11岁左右的儿童操纵物品的能力几乎达到了成人的水平。

五、7~12岁儿童视力的发展

人的视力在学前末期、学龄初期,也就是6岁的时候基本发育完成。一般的儿童视力正常可以达到1.0。但是人们会发现生活中有不少孩子从很早的时候就戴上了小眼镜,尤其是上了小学之后。造成学龄期的孩子近视的原因有很多,如遗传、学业负担过大等,但是最重要的就是数码产品使用过度,不少小学生都沉迷于玩电子游戏、看视频等。相关调查显示,小学生严重近视者,基本上都是每天玩手机、看电视或者电脑的学生。因此,家长要引导孩子学会保护视力。

首先,要坚持每天做眼睛保健操。当长时间学习或者看电子产品时间长而感到眼睛疲劳时,就应当做眼睛保健操放松眼睛,从而可以消除眼睛疲劳,保护视力,预防近视眼。切记眼睛保健操一定要做到位，不能应付差事。其次，要有正确的写字和看书姿势。不少的小学生看书或者写作业时与书的距离非常近，因此家长和老师应当督促孩子学会正确的看书、写字姿势。看书的时候，书本与眼睛应当相隔33厘米的距离。最后，不要在光线太暗的地方用眼，不要让孩子在太昏暗的环境下学习，也不要让孩子在太昏暗的环境下看电子产品，这样会对孩子的视力造成极大的伤害。家长尽量购买护眼的台灯，以保护孩子的视力。如果一旦发现自己孩子眯眯眼或者主动承认自己看不清的情况下，应及时带孩子去医院检查视力，在确认已经近视的情况下，要及时佩戴眼镜。

第三节　7~12岁儿童心理的发展

一、7~12岁儿童认知的发展

（一）感知觉的发展

7~12岁儿童感知觉的总体发展特点为：多对事物整体把控，缺少细节分析。7~12岁的儿童能够从原来对事物较为笼统的认知发展为对事物进行一个较为全面的、整体的认知，还能够发现事物的主要特征、事物各个部分之间的关系。虽然此时的儿童能对事物的整体进行把控，但却不能对事物做更加细致的分析，会忽略掉一些细节。例如，儿童在学写字时，经常会发生多写一个笔画或者少些一个笔画，或者与相近的字混淆。孩子很可能把"已"写成"己"或者"巳"，把"未"写成"末"。但是，这只是由于儿童年龄的限制而发生的错误，等孩子到了高年级以后，他们感知觉也在不断地发展，会逐渐对事物的细节进行精确的感知，从而区分出与这个事物相似的其他事物。

（二）注意的发展

总体来说，7~12岁儿童注意的发展特点为：由无意注意占优势逐步发展为有意注意占主导地位。小学低年级的学生同学龄前儿童的注意特点一样，都是以无意注意为主，有意注意逐渐发展，吸引他们注意的事物往往与他们的兴趣有关，因为他们此时受到年龄的限制，神经系统活动的内抑制能力尚未发展起来。此时他们注意的都是在活动状态的或者颜色鲜艳的、有趣的事物。例如，他们会被教室窗外天空上飞过的飞机吸引。据统计，5~7岁的儿童能够集中注意力的时间为15分钟左右；7~9岁的儿童能够集中注意力的时间为20分钟左右。因此，小学低年级的学生应在学习15~20分钟就要放松一下大脑。而随着年龄的增长，大脑不断成熟，神经系统的兴奋和抑制的功能逐渐发展、逐渐协调，同时由于学习的任务和要求日益增多，学习的内容难度加大使得小学中高年级的儿童有意注意逐渐发展。10~11岁的儿童有意注意基本上占主导地位。

（三）记忆的发展

总体来说，7~12岁儿童记忆的发展特点为：有意记忆逐渐超过无意记忆，意义记忆逐渐超过机械记忆。小学低年级的儿童仍然与学龄前儿童的记忆特点没什么区别，以无意记忆为主。但小学与幼儿园的学习内容、学习形式有着很大的差别，因此儿童在小学学习不单单只识记自己感兴趣的东西，还要学习一些看似较为枯燥、不感兴趣的内容。在这样的情况下，小学生的有意记忆逐渐地发展起来，并占据优势，成为中高年级小学生记忆的主要形式。

机械记忆是指学习材料本身缺乏意义联系，或者学习者不了解材料的意义，不理解其间的内在联系，单靠反复背诵达到记忆。意义记忆是指在对事物理解的基础上，依据事物的内在联系，运用有关的知识经验进行的记忆。在学前阶段的儿童是以机械记忆为主，小学低年级的儿童也较多地运用机械记忆的方法，例如在孩子背课文时通常是一字一句地背诵，从头背到尾，很少去寻找记忆的规律和理解课文的意思；而中高年级的儿童则会逐渐掌握一些意义记忆的方法和技巧，学会对记忆的材料进行思维和逻辑加工，他们会理解课文的大致内容，并且了解句子与句子之间的关系，从而更有助于记忆。

（四）想象的发展

小学低年级儿童的想象特点仍然与学前儿童的想象特点相比没什么大的区别，但是由于教学内容和形式的变化，在教学过程中，教师通常要求儿童根据所设计的教学目标进行符合本次教学内容的一定范围内的想象，例如作文题目中经常出现的"看图写作"，以及日常上课过程中的"角色扮演""故事创编"等环节，都会使儿童想象的目的性和有意性逐渐发展起来。而中高年级的小学生想象的目的性会得到一个明显的增强。除了想象的目的性之外，7～12岁儿童想象的具体形象性也在不断地向抽象性发展。小学生的思维从以具体形象思维为主要形式逐步向以抽象逻辑思维为主要形式过渡，但他们的抽象逻辑思维在很大程度上仍是直接与感性经验相联系，具有很大成分的具体形象性。低年级的小学生还很难掌握抽象的概念，他们的想象必须借助具体的事物，想象的内容常常是对事物的简单重现。而随着儿童年龄的增长，他们的抽象思维不断发展，小学中高年级的儿童会对具体形象的依赖性越来越小，创造想象开始发展起来。

想象力和创造力有着紧密的联系，培养7～12岁儿童良好的想象力有助于其创造力的发展。以下是教学过程中培养儿童想象力的一些方法。

1. 创造轻松的课堂氛围，鼓励孩子大胆想象

只有在愉快、轻松的氛围中，孩子才敢于尽情地去发挥其想象力。教师不能打击学生的想象力、不得以成人的标准去判断对错。小学生由于身心发展还不是很成熟，可能会产生一些较为离奇荒诞的想法，在这种情况下，教师首先要认真分析孩子的想象思维过程，并且对其进行耐心的引导和纠正。

2. 引导孩子观察事物，引导他们进行独立思考

观察力和想象力有着密切的关系，而想要培养孩子的想象力，就先要从学生的观察力入手。这就要求教师在教学的过程中，通过直观教具的运用和实际中的活动告诉学生先观察什么、后观察什么、如何确立观察的中心等。还要让学生尽可能详细地说出所观察到的事物和情况。只有观察得仔细，才能更好地发挥想象力。

3. 提高孩子的言语水平，在教学的过程中引导学生发挥想象力

语言和文字是想象力的基础，只有学会表达和倾听他人的言语，才能够将自己想象的事

物完整地表达出来。此外，小学生想象的目的性较差，还不能做到为了某一任务的实现而遵循一个方向进行想象。因此教师要教会孩子想象的方法，但是教师不能规定或者限制学生联想的思路，应当让孩子开放想象，充分发挥其想象力。

4. 丰富孩子的知识水平，提供想象的知识基础

除了要使孩子掌握书本上的知识以外，还要对课本以外的知识有所掌握、了解，只有这样，才能让学生产生丰富的想象。例如，在数学课上，讲到平面图形"正方形"时，应当不只是孤立地讲什么是正方形，更应该对比着长方形、平行四边形等形状一起讲，并且将这些平面图形与生活中的一些事物联系起来。当学生获得了坚实的知识基础后，就能在更大的空间里进行想象。

二、7~12岁儿童人格的发展

7~12岁的儿童在埃里克森人格发展阶段理论中正处于第四个阶段——勤奋与自卑的冲突。这一阶段的儿童大部分都在学校中接受教育。在学校学习不仅可以使孩子掌握更多的知识，掌握今后生活必备的知识和技能，还能训练孩子社会性发展进而逐渐适应社会。此时，与他们经常接触的老师、同学成为影响他们最大的人。如果能获得老师和同伴的认同与鼓励，这对他们建立自信心有较大的帮助。

埃里克森认为，这个阶段的儿童最主要的任务就是学习，"体验以稳定的注意和孜孜不倦的勤奋来完成工作的乐趣"。如果他们能够顺利地完成学习的任务，他们会获得勤奋感，有助于孩子自信心的建立；如果在这个阶段他们没有很好地完成学习的任务，则会产生自卑的情绪，会产生一种挫败感。

那么，成人应当怎么做才能使儿童顺利地度过这个阶段呢？最主要的任务就是帮助孩子培养良好的学习习惯，感受学习的乐趣，培养孩子的专注力，使得孩子能够静下心去踏踏实实地学习，从而获得知识，获得周围教师和同伴的鼓励与认可，使得孩子体验成功的喜悦。

三、自我意识的发展特点

（一）自我概念由外部具体的特征转向内部比较抽象的心理特征

自我概念是指人对自身的认识以及对周围事物关系的各种体验。由于思维水平的限制，小学低年级学生的自我概念是较为具体的外部特征，而随着儿童年龄的增长，其自我概念就转向了内部比较抽象的特征。例如，在回答"我是谁"的问题时，小学低年级的儿童往往从自己的姓名、年龄、家庭住址、外在的身体特征和活动特征来描述，而高年级的小学生开始试图以品质、性格、人际关系等内在特征对自己进行描述。但是，即使到了小学高年级，儿童对自己的认识仍然有较大的具体性和绝对性。

（二）自我评价能力开始形成，但是水平较低

自我评价是指人对自己各个方面，如自身的素质、条件、外表等方面进行的评价。小学

阶段的自我评价能力较低，但也有所发展。小学中高年级的学生对自己的评价不再依赖成人，而是通过与其他同伴之间的对比进行评价。小学生的自我评价发展特点主要表现在以下几个方面：①儿童会从听从别人对自己的评价逐渐过渡到自己对自己的评价有一定的见解，自我评价的独立性随着年龄增长而提高；②从最开始的对自己较为笼统、整体的评价到学会从一个方面或者多个方面的行为进行评价；③小学生开始出现对内心品质进行评价的初步倾向。

（三）自我体验有较大的发展

自我体验是伴随自我认识而产生的内心体验，是自我意识在情感上的表现，即主我对客我所持有的一种态度。自我体验感包括自尊、自信、自卑、自我效能感等，其中自尊是自我体验中的重要因素。人在不同场合的不同自我体验都与自尊心相关联，并受自尊心的影响和制约。自我体验发生在学前前期，在小学阶段有着较大的发展。高自尊的小学生往往对自己的评价比较积极，相反，低自尊的小学生往往会自暴自弃。

四、社会性发展

7~12岁的儿童处于小学阶段，与同伴之间相处的时间更多，发展了同伴间的友谊。小学阶段的儿童社会认知能力得到了发展，他们可以理解同伴的目的和动机，并且更好地对他人进行回应。小学阶段的儿童同伴交往有以下特点：

①与学前儿童相比，与同伴相处的时间更多，交往的形式也更加复杂。
②儿童在同伴间传递信息的技能增强。
③儿童更善于利用各种信息来决定自己对他人所采取的行动。
④儿童更善于协调与同伴之间的活动。

小学生在学校中会结交许多朋友，并且开始建立起友谊关系，对友谊这种特殊的关系有了进一步的认识。友谊关系的建立，不但为儿童提供了社会性发展、交往、合作的技能，并且还是儿童情绪和进行认识活动的源泉，并且为孩子的人际关系奠定基础。

在学龄儿童期，儿童的观点采择能力有着很大的发展。儿童的观点采择能力是指儿童想象他人的想法和感受的能力。儿童观点采择能力不断提高，对自我概念、自尊、对他人的理解、社会技能的发展都有促进作用。美国著名心理学家罗伯特·塞尔曼（Robert Selman）根据儿童青少年对社会性两难故事的反应，提出了观点采择的五个阶段：

①水平0阶段为尚未分化的观点采择阶段，所对应的年龄阶段为3~6岁，其特征为：儿童知道自己和他人会有不同的想法和感受，但是他们经常会混为一谈。他们认为自己的看法会得到他人的同意。

②水平1阶段为社会信息的观点采择阶段，所对应的年龄阶段为4~9岁，其特征为：儿童认识到他人的看法可能与自己不同，但是儿童相信是人们接触到的信息不同而导致观点的不同。

③水平2阶段为自我反省的观点采择阶段，所对应的年龄阶段为7~12岁，其特征为：儿童知道即使得到相同的信息，自己和他人也会有不同的观点，儿童能够设身处地，能够从他人的观点来看自己的想法、感受和行为。他们也认识到别人能够这么做。因此，他们能够预

测他人的行为。

④水平3阶段为第三方的观点采择阶段，所对应的年龄阶段为10~13岁，其特征为：儿童能够走出当事双方的情境，想象站在第三方的公正立场来看待自己和他人。

⑤水平4阶段为社会的观点采择阶段，所对应的年龄阶段为14岁至成年，其特征为：青少年认识到第三方的观点会受到更广泛的个人、社会和文化背景的影响。他们会试图比较他人的观点与社会系统（即"一般他人"）的观点。

由于每个儿童的发展水平和快慢不同，因此7~12岁的儿童可能处在不同的观点采择阶段。大部分7~12岁的儿童都处在水平2阶段，即自我反省的观点采择阶段，而可能一部分发育速度较慢的儿童还处在水平1阶段，即社会信息的观点采择阶段，一部分发育较快的儿童可能已经步入了水平3阶段，即第三方的观点采择阶段。

五、思维的特点

7~12岁的儿童思维是以具体形象思维逐步向抽象逻辑思维进行过渡，但是他们的抽象逻辑思维在很大程度上与自身的感性经验相联系，有着很大的具体形象性。例如，小学低年级的儿童在没有见到某些具体事物的情况下，对某些概念进行概括会较为困难，如区分"长"与"短"或"大"与"小"，他们通常是通过长短和大小事物来感知，而到了高年级，他们可以脱离具体的事物对概念进行一定的概括。也就是说，随着年龄的增长，他们掌握概念中直观、具体的特征逐渐减少，而内在的、抽象的特征不断增多。

加强对学生思维品质、能力的培养是小学教学的重要目标之一。一个孩子的思维发展水平会对其学习能力产生十分重要的影响。想要孩子学会学习，必须重视对学生思维的培养，提高学生的思维能力。促进7~12岁孩子思维品质的发展的具体方法包括：①成人应对孩子进行顺向、逆向的思维训练，培养孩子思维的灵活性。在日常的生活和学习中，孩子的思维应不仅仅局限于一套固定的程序或者模式，应该能够根据具体的情况及时调整方向，灵活调整思路以及克服思维定式。因此，成人要对孩子加强思维训练，从不同的维度和程式去提高孩子解决问题的能力。②要进行多角度的思维训练，培养孩子思维的广阔性。思维的广阔性即表现在思路开阔，孩子能够全面地分析问题，全方位地考虑问题，多角度地思考问题。为了开阔学生的思路，教师在教学的过程中必须深入钻研教材，从不同的角度去分析和理解教材，引导学生的思维由单向、封闭的状态逐步转化为多向、开放的状态，让学生能够从多方面去分析、研究问题，以拓展思路、培养思维的广阔性。③成人应当鼓励孩子提问，培养孩子思维的独特性。思维的独特性表现在思考问题和解决问题的方式方法新颖、独特。在日常生活和教学的过程中，成人要致力于培养学生的创新性思维，要从培养学生的"发问""质疑"开始，有所疑才有所思，才有所得。有高质量的提问才能启迪深思。

本章小结

7~12岁儿童的脑和神经系统发育越来越成熟，因此成人在日常生活中要保证孩子做到科学用脑，保持每天充足的睡眠，促进7~12岁儿童的大脑能够得到较好的保护与发展。

7～12岁的儿童身高与体重都在逐年增长，处于正在长身体的阶段，儿童的运动技能、力量相较于以前也会得到进一步发展，成年人要注意给儿童搭配均衡、健康的营养食谱，既要避免孩子出现"肥胖症"的情况，又要保证营养充足。7～12岁儿童的注意、记忆、想象等认知已经逐步发展为有意占主导，思维方式由具体向抽象转变，这个进步对于学龄期的儿童完成繁重的课业任务奠定了良好的基础。同时，7～12岁的儿童在埃里克森人格八阶段发展论中正处于第四个阶段——勤奋与自卑的冲突，成人要帮助儿童建立起学习的兴趣，帮助儿童顺利地度过这个阶段。另外，7～12岁儿童的自我意识和同伴发展也有了较大的突破，社交范围进一步拓宽，也能与同伴建立起深厚的友谊。

思考与练习

1. 7～12岁的儿童处在埃里克森人格发展八阶段中的哪个阶段？这个阶段的特点是什么？成人应如何帮助儿童度过这个阶段？
2. 你怎么看待小学生肥胖率增高的现象？谈一谈应当如何降低小学生的肥胖率。

拓展阅读

1. 王小会，黄珊．小学生发展与教育心理学［M］．西安：陕西师范大学出版社，2015．
2. 斯科特·米勒．心理理论：学龄儿童如何理解他人的思想［M］．陈英和，译．北京：北京师范大学出版社，2015．

第八章 7~12岁儿童家庭教育常见问题指导

学习目标

① 了解7~12岁儿童身心发展的特点及常见问题；

② 理解亲子关系不良、作业拖拉、沉迷上网等现象的原因；

③ 能够根据相关理论解决7~12岁儿童常见问题。

7～12岁是儿童的各种学习习惯及品质养成的重要塑造时期。在这一阶段,家长的正确引导不仅对儿童优良品质和习惯的塑造起着重要的作用,而且对于培育德智体美劳全面发展的社会主义建设者和接班人具有重要意义。本章将从7～12岁儿童易出现的一些问题出发,分析问题出现的原因,并提出指导建议。

第一节 建立亲密的亲子关系

亲子关系是每个人来到世间的第一个人际关系,此后的人际关系大都是亲子关系的衍生,它对每个人的身心健康都是十分重要的。良好的亲子关系让孩子受益终生,能够让他们获得安全感,愿意积极探索外界环境;而不良的亲子关系可能会导致孩子产生一些不良的行为问题,甚至会影响到孩子的心理健康、人格发展、社会认知、价值观念以及未来成就。

一、亲子关系的含义

亲子关系最初来源于遗传学,指亲代与子代之间的生物血缘关系,后被社会学、心理学、教育学等学科借鉴过来,界定为父母与子女之间的相互关系。作为一种血缘近亲,必然的骨肉联系使亲子双方产生天然的感情依恋。亲子间由于血缘关系、抚育与被抚育关系,政治、经济上根本利益是一致的,命运与共、朝夕相处,因而具有情感的极为亲密性。亲子关系对儿童具有刻骨铭心的影响,直接影响儿童的身心健康发展。心理学研究表明,亲子关系与儿童的学业成绩、问题行为等有着直接的联系。特别是在独生子女家庭,亲子互动是孩子在家庭中与他人交往的唯一方式,更加重了父母与孩子之间的心理依恋。所以,亲子关系是儿童成长过程中极为重要的因素,对儿童的心理发展有着重要意义。

马斯洛的需要层次理论将人的需要从低到高排列为生理需要、安全需要、归属与爱的需要、尊重的需要、认知需要、审美需要、自我实现的需要,每一种需要都与人的成长息息相关,并且前一种需要得到满足才能进行下一阶段的发展。其中生理需要即食物、空气、水等的需要,安全需要即稳定安全受到保护的需要,归属与爱的需要即一个人要求与其他人建立感情的联系的需要,尊重需要即尊重自己和尊重他人的需要。这四种需要在儿童期与父母的关系十分密切,依靠父母才能得到满足。

只有在平等、和谐的亲子关系中,子女才能同父母沟通、尊重父母,接受父母的教育,良好的家风才会如涓涓细流般浸润孩子的心灵。因此,父母要想更好地教育子女,就需要与子女建立良好的关系。

二、亲子关系与教养方式

亲子关系与家长的教养方式有很大的关联,教养方式主要分为以下四种:①专制型教养，成人会强加很多规则，经常依靠惩罚和强制策略迫使儿童严格遵守。然而，他们对孩子的接纳和回应却远远不够，这样的教养方式会使得孩子没有一点自己的空间，孩子的一言一行都在父母的掌控之中。这在无形之中剥夺了孩子自我成长的机会，导致孩子自主能力较弱，很依赖父母，父母说什么就是什么，孩子只会服从，没有自己的主见与思想。②权威型教养，这是一种有控制但比较灵活的教育方式，父母对孩子提出的要求相对合情合理，会更多地尊重孩子的观点，以民主的方式处理家庭事务。这一类型的父母要求合理，而且会耐心地向孩子解释为什么要遵守这些规定。这种类型的父母是以合理、民主的方式来教养孩子，亲子关系较亲密，孩子心情愉快，有社会责任感、自立、善于设定目标。③放任型教养，这是一种宽松的方式，成人几乎不对儿童做出要求，给予孩子最大的自由，允许孩子自由地表达自己的感受，孩子受到父母约束和控制比较少。这一类型教养下的孩子往往以自我为中心，缺少自我控制，成就感比较低。④不作为型教养，这是一种零要求的极度宽松的方式，这类父母无暇顾及孩子的成长，他们对孩子的需求不予理会。和放任型教育方式所不同的是，不作为型教养方式的父母对孩子的态度是冷漠的，他们常常沉浸在自己的压力和问题中，对孩子既不管束，也不回应，孩子常常处于被忽视的状态。这种亲子关系状态下，孩子很容易有一种被父母忽视、抛弃的感觉，性格上也会变得不敢表现自己，不敢为自己争取，甚至不懂得逃离伤害。笔者比较认可的是权威型教养方式，因为这一方式总是和积极的社会情感和智力发展相联系，既能给予儿童关爱，又不乏适度的要求和限制。

三、如何建立良好的亲子关系

良好亲子关系的建立涉及诸多方面的问题，对父母而言，可以从以下几个方面考虑。

（一）摆正对待孩子的态度

刚进入小学的孩子，可能还不能很好地适应小学的作息和学习，不能自觉地完成老师布置的作业，注意力不集中，小动作比较多。有一些父母看见孩子犯了错误，总是站在法官的角度批评孩子，数落孩子，甚至惩罚孩子，这是很危险的，容易和孩子的关系越走越远。孩子的内心世界是丰富多彩的，不了解孩子的内心便无法跟孩子建立情感联结，而了解孩子的第一要诀是呵护孩子的自尊，维护孩子的权利，和孩子成为相互信赖的朋友。家长要抱着理解的态度，保持足够的耐心，可以试着与孩子一起制订学习计划，时间长了，孩子自然会形成习惯。如果孩子表现得不错，家长也要及时给予肯定和奖励，也许一个温柔的目光，一个好朋友般的拍肩，一个坚定的点头，一份孩子喜欢的礼物，胜过千言万语。

（二）树立正确的教育观念

父母应调整认知方式，转变陈旧的教育观念，更新自己陈旧的亲子观、儿童观和教育观，同时要学习妥善管理自己情绪的一系列方法，逐步树立符合现代社会要求的儿童观和亲子观，明确亲子关系的重要意义，学会正确评价自我和孩子，将"管"与"爱"结合，认真学习借鉴民主型教养方式的内容和形式，建立良好的亲子关系。

（三）创建和谐的家庭关系

有这样一个故事，父母都是高校毕业生，女儿却成绩不佳，一度想要辍学。在大部分人看来，父母都是高才生的情况下，智力的遗传以及他们的教育方式，都会比普通人更加有助于孩子成长，但为什么会发生孩子想要辍学的情况呢？心理医生跟他们沟通之后得知，父亲忙于工作，认为教育孩子是母亲的责任和义务，而母亲认为孩子的成长离不开父亲的陪伴，两人整日沉浸在争吵中。随着夫妻关系的疏远，孩子的负面情绪达到顶点，最终崩溃，难以继续学业。经过心理医生的调解，一家三口找到了问题的症结所在，父亲不再仅仅给予女儿物质的支持，也不再对妻子进行辱骂和指责。母亲也变得更加有主见，对女儿的成长适时地发表恰当的意见，而不是怨天尤人。孩子也开始感受到家庭的温暖与安全感，继续完成学业，实现自己的梦想，也不辜负父母的期望。

从这个案例可以看出，和谐的夫妻关系、家庭氛围对孩子成长的重要性。夫妻间彼此表达爱意能够创造美好的氛围，让孩子有安全感，同时也可以加强家庭家风建设。家庭家风建设是弘扬中华民族传统文化的必然要求，对于形成良好的亲子关系有着积极的作用。许多流传至今的优秀家风中蕴含着高尚的价值观念、秉持着高尚的道德理念、追求着健康的精神生活。在家庭中加强家教家风建设有助于发挥其潜移默化、润物无声的影响，促进良好亲子关系互动的同时，推动父母与孩子共同努力，一起追求更加高尚的人生目标。此外，家长如果每天能够以一种积极向上、乐观开朗的心态去面对生活，那么这种热情将传染给孩子，让孩子体会到生活的乐趣，感受到家庭的温暖，也有利于亲子关系的建立。

（四）学会尊重和陪伴

孩子是需要陪伴的，如果家长总是忙于工作，忙于事业，而忽视了家庭，忽视了与孩子之间的沟通，那么，孩子在成长过程中性格也会受到一定的影响。罗杰斯的心理治疗观要求家长和教育工作者坚持"以人为中心"。他提出了人本主义的三个基本原则，分别是真诚一致、同理心和无条件的积极关注。比如尽量以一种平等的语气去跟儿童聊学校里发生的事情，当他的表达欲被激发出来之后，要给予他充分表达的机会。家长应当高质量地陪伴孩子，尊重孩子的想法，信任他，鼓励他。有研究发现，孩子对经常陪伴自己的父母有着强烈的情感联结，这种正向的、积极的情感联结可以成为亲子关系的润滑剂，促进亲子关系朝着更健康、更良好的方向发展。

第二节　写作业拖拉问题

作业，是所有中小学生必须面对的问题，也是家庭教育中让家长挠头的问题之一。很多学生在写作业的时候，要不磨磨蹭蹭，要不就是一会儿喝水，一会儿上厕所，一会儿削铅笔，一会儿说本子找不到了。为什么小学生写作业普遍拖沓？在家庭教育中又应当如何帮助孩子认真、高效地完成作业呢？本节将详细阐述小学生做作业拖沓问题的成因，并针对性地提出家庭教育的具体建议。

一、孩子为什么写作业慢

有三种心理学理论能够对此问题进行解释，其分别为超限效应、畏难情绪以及"定位速效实验"。

1. 超限效应

当人体受到外界的刺激过多、过强，或作用时间过久，很容易产生极不耐烦或逆反的心理。当家长过分强调或反复督促孩子写作业时，就会导致孩子不耐烦甚至逆反的心理，孩子就会越被催促，写作业的速度越慢。

2. 畏难情绪

畏难情绪是指人恐惧困难的一种心理状态。如果一个孩子很少体验成功后的喜悦感和成就感，孩子就会缺乏自信和勇气，害怕失败，想去逃避。因此，如果作业量大或作业难度大时，孩子很容易产生畏难情绪，从而导致作业拖拉。

3. "定位速效实验"

心理学家罗西和亨利做过一个实验，证明了这种现象：参与实验的学生被分为3组，分别前往10公里外的村庄。第一组的学生，由于不知道村庄在哪里，跟着向导走了不到两三公里，就开始叫苦。走了一半，抱怨的学生越来越多，负面情绪迅速蔓延。到最后，整个队伍情绪低落，溃不成军。第二组的学生，事先知道目的地在10公里外。只是走的途中没有任何路标，他们只是跟着向导走，根本不知道已经走到哪里，还有多久。因此也有人开始抱怨，行走的速度越来越慢。第三组的学生，情况截然不同。他们不仅知道目的地在哪里，还能看到路牌，心中有数，走得也很顺利，最终全员完成任务。这就是心理学上有名的"定位速效实验"。孩子的磨蹭拖拉可能和目标不明确、过程漫长有关。

二、高效完成作业的措施与建议

（一）番茄工作法

番茄工作法是管理学中常用的一种时间管理工具和流程，即以25分钟或30分钟为一个番茄时间，通过分割时间的练习，学会设定和切割任务，把大任务分割成一个个小任务，每个任务控制在25分钟或30分钟完成。番茄工作法的好处是：即使过程中被打断，也可以调整番茄钟时间继续任务；另外，即便是零碎时间，也能把碎片化的时间充分利用，就大任务的某一个小任务或步骤环节，快速进入专注状态。长期坚持番茄工作法，会更了解自己完成一个任务所需要的时间，更好地管理任务和时间。

假如在一个番茄时间中，突然想起要做什么事情，如果这件事非得马上做不可的话，那就停止这个"番茄钟"并宣告它作废（哪怕还剩5分钟就结束了），去完成这件事情，之后再重新开始一个新的番茄时间。如果这件事不是必须马上去做的话，可以将这件事清楚地写到笔记本上，让自己安心回到工作学习中，等任务结束后或等番茄钟响起的时候再去处理或探究。

在实践中，家长可以采用番茄工作法提高孩子写作业的效率：第一步，提前准备一个计时器、笔记本；第二步，在笔记本上列出作业清单，帮他将作业分解成一个个的小目标，然后预估每个目标大概需要的时间，让他做到心里有数；第三步，以每25分钟设置为一个番茄时间。在这个25分钟的番茄时间内，不允许做任何与该任务无关的事情，直到25分钟的番茄时间结束，在纸上记录已完成的任务，给自己一些成就感。第一个番茄钟时间结束后，可以短暂地休息5~10分钟，然后再设置下一个番茄时间，直到所有的任务完成，最后在笔记本上把这个任务划掉。当孩子一次又一次地完成小目标时，也是他收获成就感、重拾信心的高光时刻。比如在写语文作业时，根据作业量，计划2个番茄钟时间：第一个番茄钟时间做试卷的基础词汇部分，完成后休息放松10分钟，吃点东西或聊聊天，再花第二个番茄钟时间做试卷的阅读部分，完成后继续放松10分钟……直到语文作业写完。对于写作业拖拉的孩子来说，番茄工作法能够提升集中力和注意力，减少中断，唤醒孩子内在的激励和时间观念，巩固他们达成目标的决心和自我效能感。当然，家长在让孩子尝试番茄工作法的时候，不要死守着工作25分钟休息5分钟，可以根据作业的难度、多少、孩子的精神状态等灵活决定。比如对于低年龄段的孩子，一个番茄时间可以设置为15分钟。对于高年龄段的孩子，一个番茄时间可以设置为30分钟。

（二）心理暗示法

心理暗示是指人接受外界或他人的愿望、观念、情绪、态度影响的心理特点。心理学家巴甫洛夫认为：暗示是人类最简单、最典型的条件反射。从心理机制上讲，它是一种被主观意愿肯定的假设，不一定有根据，但由于主观上已肯定了它的存在，心理上便竭力趋向于这项内容。当孩子出现畏难情绪时，家长可以通过心理暗示法肯定孩子。在实践操作中，首先鼓励和肯定孩子一定能够完成困难的作业任务，其次可以帮助孩子一起分析作业中不懂的题目或难度大的题目，鼓励孩子暴露自己的不足，培养孩子战胜难题的勇气。家长甚至可以故意模仿一些失败的局面，给孩子提供一些线索，启发孩子找到解决问题的办法，引导孩子从失败走向成功。同时要给予真诚的赞美和肯定，比如，"谢谢宝贝的努力，你看这个题你本来不会做，但是你在不断地思考，一直没有放弃，最后创造了奇迹！""宝贝，爸爸和你一起努力，一起进步，我们一起想办法，看看这个题有哪些思路。"最后，家长也可以在外人面前多夸奖孩子。当孩子写作业有进步时，哪怕是一点进步，都要学会在外人面前有意无意地夸孩子进步。当然，也不是随意夸奖，而是有针对性地夸奖，比如"我家宝贝现在写作业都不用我催促，人家都是自己独立完成的。""我家宝贝，原来写作业很慢，现在写得越来越快。""我家宝贝以前字写得不好，最近写得越来越好了。"在这种不断正面积极的夸奖中，孩子会受到很大的鼓舞，写作业越来越上心。这其实也是皮格马利翁的期待效应：多正面鼓励、多积极暗示，孩子真的会如成年人所说的那样，作业写得又对又快。

（三）自然惩罚法

18世纪法国教育家卢梭认为，儿童所受到的惩罚，只是他的过失所招来的自然后果。运用自然惩罚法就是让孩子亲身体验作业磨蹭的后果，为此付出代价，吸取教训，从而能够反思自己，掌握正确的做法，自觉快速起来。比如，到了睡觉时间，孩子还在看手机，英语作业一个字都没动。家长不用催他，只需要简单提醒他"宝贝，现在该睡觉了"。第二天，他可能就会因为没有写作业被老师狠狠批评一顿，当孩子因为自己磨蹭而受到惩罚后，就会慢慢养成及时完成作业的习惯。最好的成长，是让孩子学会为自己的行为后果负责。

（四）营造舒适、简洁的学习环境

营造整洁、有序的桌面会有助于提高学习效率。所以，家长要给孩子规定，写作业时桌面上的物品数量不要超过5个：书、作业本、笔、台灯、文具盒。将其他常用的物品放在离书桌最近的抽屉里，如多余的笔、修正液、信纸、夹子和订书钉等。抽屉里最好放一个能划分区域的储物格，帮助归类。

（五）适当降低期待，放宽尺度

对于写作业效率不高的孩子，只要孩子按照时间要求来完成作业，就是好的改变，就值得鼓励。如果孩子按时间完成作业了，家长却抛出一句："作业虽然按时写完了，但是字写得不太好！"或者是"虽然这么快写完作业，但是有很多错的呀！"这样的话语，无异于给满眼期待的孩子泼上一盆冷水，打击他的积极性。家长最初的要求是希望孩子不磨蹭，那么，需要一个问题一个问题地逐渐解决，一个目标一个目标地逐渐实现。字写得不好、有错字，这样的问题可以先放一放，孩子的进步是一点一点来的，不可能突然变成一个十全十美的孩子，放松要求，慢慢调整，孩子才会朝着期望的方向稳步前进。可能别的孩子只用30分钟就能写完作业，但是自己的孩子却要50分钟，但是只要孩子第二天用了49分钟，那么就是一种进步。如果在他进步的时候，给了他肯定，他就能在第三天只用48分钟，如此不断进步。此外，家长和孩子制定的时间规则要灵活地修改。孩子在不断成长，会出现各种状况，家长要根据孩子的变化来制定合理的规则，才能达到较好的效果。当然，修改规则时，必须要尊重孩子的意见，不能"一言堂"。

（六）做有耐心、正面教养的家长

孩子刚开始写作业时如果走神了，家长可以轻声提醒一下他："宝贝，注意力要集中哦，已经过了5分钟了哦！加油哦"，或者是"哇，这么快你就写了这么多了，看来可以按时间完成了哦"。正面的提醒比起"还不快点写作业"的效果要好一百倍，孩子自发地想写作业，才能写得快，被迫地写，才会磨蹭。家长不要总发脾气，对孩子要有耐心。如果事先跟孩子做了约定，说按时完成作业有奖励，没有做完要受处罚扣分，既然已经扣了分，那就没必要再发脾气了。发脾气不会对事件本身有任何帮助，只会让自己处于情绪失控之中，让孩子处于惊慌或烦躁之中。家长可以温和坚定地说："对不起，宝贝，刚才约定的时间没有完成，按照规定，你要扣分了，但妈妈（爸爸）相信你明天能做得更好。"这样的方式更容易让孩子认真高效地完成作业。

第三节　沉迷网络游戏问题

在这个信息飞速发展的时代,手机和电脑已经成为家庭生活必不可少的一部分。随着手机和电脑进入家庭,给家庭带来便利与快乐的同时,也有不少孩子沉迷于网络游戏。本节将探索小学生沉迷网络游戏的特征和原因,分析沉迷网络游戏的危害,并提出行之有效的教育对策,为家长和学校提供可借鉴的内容。

一、沉迷网络游戏的表现

（一）长时间上网

上网成瘾的学生会花费大量时间在网络游戏及相关活动上,影响正常生活,失去对日常生活的管理能力,特别是晚上玩至深夜,有的可能发展到玩一个或几个通宵。虽然能意识到网络游戏带来的危害,却无法控制玩游戏的冲动,具体表现为玩游戏时特别兴奋,不玩游戏时脑海里也在想着网络游戏里的画面或相关事情,无法集中精力学习。

（二）行为反常

上网成瘾的学生不仅会有视力下降、生物钟紊乱、神经衰弱、精神萎靡等生理特征,还伴有逃学、旷课、不与人交往,对人冷漠、暴躁的特点。大部分上网成瘾的小学生在被迫离线时会产生烦躁、焦虑等不良情绪,产生空虚感或失落感,且伴有不良的情绪或行为,如"摔打东西""发脾气""吵闹"等,而且这种表现出现的可能性会随着年龄的增长而增加。

二、沉迷网络游戏的危害

（一）影响身体健康

网络游戏的操控较为机械,总按几个相同的键,并且玩游戏时必须全神贯注,身体长时间处于同一种姿态,精神高度集中,眼睛长时间注视电脑,因而会导致视力下降,眼睛怕光、疼痛、脖子酸痛、头晕眼花等症状,久而久之容易引起疲惫感,严重的会致使脊柱变形。有的儿童由于太沉迷于网络游戏,通宵玩游戏,经常不吃饭,导致肠胃不好。总之,长时间玩游戏会导致儿童大脑过度疲劳、身体受到伤害,引发各种疾患。

（二）影响心理健康

网络里会有很多不利于小学生成长的东西,就像网络游戏,有很多的暴力血腥因子的存在,还会有一些色情场面。小学生的是非辨别能力是很差的,往往会将这些虚拟世界里的东西带进现实的社会,产生暴力情绪,发生暴力事件,甚至使他们的性格扭曲。长期在不良的网络游戏中娱乐,会影响小学生的心理健康。相关专家也提出,长期玩网络暴力游戏,逼真的体验使他们习惯了打打杀杀的血腥场面,已经分不清虚拟网络世界和现实世界,从而使他们的思想高度紧张,情绪变化更剧烈,富于攻击性,暴力倾向更强,对人的生命冷淡得近乎漠视，这也是当前中小学生犯罪的一个重要的诱发因素。

（三）影响学业成绩

小学生一旦沉迷网络游戏，就会花费大量的时间和精力，不能保证正常的学习和休息时间，往往会在课堂上昏昏欲睡或神游太空，课后只是匆匆完成作业草草了事，将剩余时间留给游戏，使学习质量和效果难以得到保障，从而导致学习成绩下降，严重者甚至会产生学习障碍。

（四）影响家庭和睦

一些网络游戏打着"免费"的旗号，实际上在后续的升级过程中需要不断地充钱。小学生没有经济来源，为了满足游戏充值的需要，就会出现向家长骗钱，甚至偷取家长的钱的现象。家长恨铁不成钢，对孩子沉迷游戏的不满最终演变成对孩子一次又一次的训斥。久而久之，父母和子女的矛盾激化，就会严重影响到家庭的和睦。

三、沉迷网络游戏的原因

（一）游戏本身的魅力

游戏能放松身心，带给人快乐。玩游戏能得到同伴认可，获得社交。获得好的装备可以和更高级的玩家去玩儿，无形中提升自己在虚拟空间的价值，有了获得感和满足感。现在一些网络游戏确实很诱人，可以从中感受到其他娱乐形式无法感受的美妙、惊险与刺激，小学生可以通过简单易学的操作，改变游戏进程和结果，互动性很强，从中体验到在现实生活中不能轻易感受或获得的自身力量、自我肯定，从而获得极大的心理满足。

（二）孩子自身的原因

1. 脑功能发育不成熟

小学生的大脑正处于发育时期，尤其是与自控力等高级功能直接联系的前额叶在儿童期还处于发育阶段。在自控力较弱的时期，游戏能快速地带给孩子成就感、存在感等一系列正向反馈，这使得他们通常仅靠自己难以抵制游戏的诱惑。

2. 猎奇心和好胜心强

小学生本身就处于学习的初级阶段，对一些事物都还没有充分的了解，网络游戏的新鲜、刺激，不仅会激发小学生强烈的好奇心，更会使小学生产生极大的探索欲。在游戏中不断地打怪升级能满足他们的好胜心，并且还能够指导低一级水平的同学怎么玩儿，自己感到非常自豪，很有成就感。

3. 同伴关系不良

有些小学生在现实生活中朋友较少，无人分享自己的情感或苦恼，便会在网络上寻求安慰。网络游戏行为满足了小学生人际交往与团队归属的需求。有玩伴就没有现实生活中的孤独感，很容易体验到一种团队合作的愉快，增进友谊，获得归属感。

（三）家长的忽视

一些学生以学习为由，让家长为自己购买电脑，然后在学习的幌子下玩网络游戏。有些家长由于工作忙，放松了对孩子的上网监控，不过问孩子的学习，使他们迷失在网络之中。还有一些家长用不恰当的方式给孩子"戒瘾"，反而会加剧孩子的反叛。另外一些家长没有给予孩子足够的陪伴，很少与孩子心平气和地交流，也没有给予情感上的慰藉，孩子缺爱，便会将情感寄托在游戏上。

（四）社会潮流及同伴的影响

对"潮流"的盲目追逐，使价值观尚未形成的孩子很容易陷入游戏的诱惑之中。在社会价值取向日益多元化的今天，网络游戏的出现，以其前所未有的独特魅力很快成为"时尚"的重要内容，这种"时尚"的诱惑是儿童难以抵挡的。此外，伙伴对孩子的影响作用是不可低估的，对于家长和老师的管教，他们会产生逆反心理，但是他们很乐意接受伙伴的影响。

四、针对儿童沉迷网络游戏的方法

鉴于网络游戏沉迷行为是儿童基于兴趣的自发行为，当务之急就是要转移儿童的兴趣与注意力，激发儿童新的内部动机，这一点不能仅仅依靠儿童的自控能力，还需要家长主动参与，帮助培养孩子新的兴趣与动力，在这个过程中家庭还需要和学校合作，协同帮助学生重建其认知。

（一）以身作则

家庭是孩子成长的第一块营养土壤，孩子的成长道路怎样走，父母起着非常重要的榜样作用。常常听到很多父母埋怨子女不努力学习，玩网络游戏，而他们却没有注意自己玩网络游戏对孩子造成的影响。所以家长要以身作则，理性地使用网络和手机。有许多孩子沉迷于游戏，是因为父母太沉迷于自己的游戏，没有给予孩子积极的指导。因此，家长应在工作之余尽量陪伴孩子，培养孩子健康的兴趣，与孩子一起参与学习的过程。

（二）增进亲子交流

父母应积极平等地与孩子进行情感沟通与交流，多一点宽容和理解，加强对孩子的精神关怀。在平等、和谐的气氛中与他们沟通，了解他们的内心世界，了解他们所需所想，掌握他们的生活学习动态，及时引导、教育他们，关注他们的心理健康。给予孩子情感上的陪伴，多与孩子交流、互动，了解孩子的内心，让孩子在遇到问题时能第一时间想到和家长商量解决。

（三）转移儿童的兴趣点和注意力

由于儿童很难依靠自己的能力从游戏沉迷状态中摆脱出来，那么家长就要帮助他们去树立积极、健康的兴趣爱好。家长需要认真地设计与组织孩子的假期生活和课余时间，多方式地对孩子的兴趣进行培养，激励孩子参与一些积极、健康的社会活动以及文体活动。比如，能够锻炼身体的篮球、足球、游泳等体育项目，能够开阔眼界、拓展知识面的书籍阅读与艺术鉴赏类项目，能够结识新朋友的夏令营等团队社交类活动。如此一来，不仅能够分散孩子上网的时间与精力，而且能够陶冶孩子的性情，提高孩子的综合素质。

（四）家校联合

除了孩子自身的角色认知，家长也要做到自我反省，树立正确的家庭教育理念。首先，要重视对孩子的网络教育，主动学习家庭教育方面的知识，纠正原先的错误教育思想，关注孩子的身心健康发展。其次，在与孩子相处的过程中要做到尊重与理解、奖惩合理有度，培养孩子的独立意识与自我管理能力，依据孩子自身智力发展与个性特长为其制订科学合理的学习计划，积极引导孩子树立正确的网络认识与健康的游戏习惯。此外，家长也要积极主动地与教师沟通，时刻关注孩子在学校的发展状态，以保证能够第一时间掌握问题，联合教师积极做好网络游戏沉迷防控。

第四节　尊敬父母与长辈

中国素有礼仪之邦的美称，形成了重道敬德、崇礼尚仁、孝长爱幼等礼仪规范。国无德不兴，人无德不立。习近平总书记在党的二十大报告中强调，育人的根本在于立德。要全面贯彻党的教育方针，落实立德树人的根本任务，推动明大德、守公德、严私德，提高人民的道德水准和文明素养。尊敬长辈是中华民族的传统美德，新时代的青少年要坚定不移地把这一美德传承下去，发扬光大。

但是当下不少家长感慨，现在的孩子都是"唯我独尊"、不懂得感恩与尊敬长辈的"小皇帝"，在家中"差遣"自己的父母；在家庭聚会中不理会长辈的聊天，只顾着独自观看手机视频。针对此现象应当如何对小学生进行家庭教育呢？在本节中将进行阐释。

一、培养小学生尊敬父母与长辈的必要性

中华民族有许多引以为傲的传统美德，其中"孝敬父母，尊敬长辈"便是其中之一。"百善孝为先"，"孝"作为中国传统文化的一个核心概念，是中国传统道德的基石，是中国一切人际关系的基础，也是民族认同的文化根基。在新时代，党和政府大力弘扬和培育社会主义核心价值观，作为中华传统美德重要代表的孝文化更是不可缺失。孝敬父母，尊敬长辈不仅是社会主义道德规范和精神文明的组成部分，同时也是对小学生进行道德品质教育的基本内容之一。在《小学德育纲要》和《小学生日常规范》中都有"孝敬父母"的内容。

从道德发展的阶段来看，7~12岁处于小学阶段的儿童，正处于品德发展的协调时期、其表现为道德知识系统化并逐渐形成相应的行为习惯。在小学低年级，道德行为还依赖教师、家长的指令，言行较一致，动机与行为也较一致。随着年龄的递增和道德动机的发展，

到高年级，言行一致和不一致的分化逐渐增大。这个阶段的主要任务是发展道德信念，以提高道德行为的思想境界。由此可见，在小学阶段教育孩子"尊敬父母与长辈"是从道德认知到道德行为发展的关键时期，如果放任不管，在后续的教育中将更难以改善其对父母与长辈的态度与行为。

二、如何针对小学生开展尊重教育

（一）需要层次理论及其应用

人本主义心理学家马斯洛认为，尊重需要是与生俱来的，每个人都是有自尊心的，都是渴望被别人尊重的。父母在对孩子进行尊重教育时，应注意和身边的人进行沟通，让他们也尊重孩子。在很多家庭中，除了大部分爷爷奶奶倾向于溺爱孩子之外，还有一部分爷爷奶奶，他们仍然秉持着很传统的思想，他们跟孩子之间是不平等的，包括一些父母也可能对孩子颐指气使，不把孩子视为平等的个体看待，但却要求孩子去尊重他们，在这种情况下孩子很难真心尊重父母。

（二）麦克菲尔与诺丁斯的体谅模式及其应用

体谅模式的重点是"学会关心"，它形成于20世纪70年代初期。这一模式强调的是道德情感的培养。人人都希望获得关心和体谅，这是人们在社会关系交往中的必然需求。所以人们需要从小就抓牢孩子们相互体谅的能力、关心的能力。这种模式对于学校教育的要求是建立相互关心的课堂氛围，在家庭中也要建立这样的家庭氛围。爱是相互的，要构建一个和谐的家庭氛围，要让孩子学会尊敬父母的劳动成果，就要让孩子感受到父母的不容易，设身处地地考虑问题。可以让孩子想一想，如果自己是爷爷奶奶，年纪大了没有人陪，辛辛苦苦做了一顿饭却没有人吃是什么感觉……

（三）班杜拉的社会学习模式及其应用

美国的认知主义心理学家班杜拉创建了社会学习模式，这一模式强调的中心就是要通过社会学习（就是观察学习）、模仿学习等发展孩子们良好的道德行为习惯。当然，培养道德情感以及塑造道德价值的最终目的还是为了落实到行为上。运用榜样的替代强化作用，儿童不必直接接受强化，只要观察榜样受到奖励或者惩罚，就能够受到间接的强化，从而做出反应。这种模式还强调了一个方法，就是在教育孩子时，家长要言行一致。家长不能告诉孩子"你要怎样"，但是自己却不这样做。

父母首先要尊重自己的父母，尊重自己的长辈。不要在孩子面前总是说长辈的不好，成年人是可以掩盖自己的情绪和内心的，但是孩子不会，并且他对于别人的理解比较少，大部分都来源于父母每天跟他传递的信息。还有一些家长每天希望自己的孩子以后能够孝顺自己，但是却不孝顺自己的父母，没有给孩子树立一个好榜样。

按照替代强化的理论，家长在实践中也可以找关于不尊重长辈的视频，或者在看电视时发现相关的情节时，批评这种行为："这个人做得真不好，他顶撞父母是不对的"，一边说一边跟孩子提一句："他的爸爸妈妈该有多伤心啊"。孩子是很敏感的，稍微提及一下，下次他自己也会注意到跟长辈说话的语气。

（四）在家庭教育中开展针对性教育

1. **在生活中运用礼貌用语**

在家庭中，父母注意教给孩子认识自己的长辈，即使以前不认识，在见面的时候也可以直接教给孩子应该喊什么，告诉孩子要懂礼貌，还有告诉孩子大致什么年龄要喊什么，如"叔叔""阿姨""爷爷""奶奶"等，在平时生活中，可以在各种场合教给孩子一些礼貌用语，比如"谢谢""您""抱歉""辛苦啦"，让孩子做一个"嘴甜"的宝贝，日积月累，这些外在的表现会慢慢浸透孩子的心灵，直至他变成一个有涵养的人。

2. **与孩子深入交流**

家长要努力寻找一个交流的契机，让孩子和长辈进行一次深入的交流，聆听长辈过去那些精彩的经历。长辈可以给孩子们讲讲过去和他们一样年龄的时候，自己正在做什么，由于时代的快速发展，家长们可以把小时候玩过的玩具和童年的经历跟孩子们讲讲，孩子们会觉得很新奇。如果是更老一辈经历过战争年代的爷爷奶奶，通过与孩子们的交流可以让他感受到党和人民军队的保家卫国精神的熏陶，孩子们听起来更是津津有味，不用再专门进行尊重教育，家长都能感受到孩子的崇敬之情。

3. **丰富亲子实践活动**

家庭中也可以安排一些家庭活动，比如，让孩子亲自参与做饭（至少观看做饭）的全程，让孩子看着那些普通的蔬菜，是怎样在爸爸妈妈的手中变成美味的饭菜。再如，爷爷擅长钓鱼，让孩子跟着去垂钓，看看是不是能和爷爷一样有耐心。又或者，姥姥会捏泥人，让孩子跟姥姥独处一下午，看看姥姥是怎样

[微视频]
跟姥姥
学习包粽子

把这些泥土变成可爱的小动物的。相信在一次又一次的实践活动中，孩子就能够充分感受到身边人的优点与擅长的事情，在亲子活动中亲近长辈，了解长辈，懂得父母与长辈的不易。

4. **在学校教育中开展针对性教育**

在小学义务教育阶段中，德育是重要的教育内容之一，学校应当重视并努力探讨"孝敬父母"的有效方法和途径。孝敬父母的内容可以从以下几个方面来考虑：①亲近父母，了解父母；②理解父母，关心父母；③尊重父母，体贴父母；④勤俭节约，不提过分的要求；⑤个人生活基本能自理或完全自理，减轻父母的负担；⑥帮助父母做些力所能及的家务。在确定了教育内容后，要分阶段、分层次地开展专门的教育活动，对低年级学生可以要求做到"跟父母说话要温和、不发脾气，不哭闹，不提过分要求"；对中年级学生可以要求"听取父母的意见，在父母的指导下安排自己的课外学习和活动，在日常生活和娱乐活动中和父母分享食物和快乐，不独占，不独享"；对高年级学生则要求"做错了事能主动向父母承认，并虚心接受父母的批评教诲，不顶撞父母，关心父母的工作和生活"。此外，在开展学校教育的同时，教师要积极地和家长进行沟通交流，了解孩子的特点与成长反馈，使教育有针对性地进行，响应国家号召，与家庭家风家教建设相结合，健全学校家庭社会协同育人机制。

先尊重父母，再尊重长辈，再延伸尊重身边的每一个人，尊重每一份职业，尊重每一段不同的人生，最终孩子会真正明白尊重的意义，成长为一个豁达、懂礼、有品行的人。

第五节 专注力的培养

美国对7~12岁孩子专注力的问题做了相关调查,该调查显示,40%~60%的学生有专注力缺失的迹象。对于7~12岁孩子而言,培养学习专注力是养成良好的学习习惯,在当下信息碎片化时代中应对纷繁复杂干扰的重要方式。

一、学习专注力

(一)什么是专注力

专注力,也称"注意力",是指一个人专注于某个事物、某个事情或某个活动时的心理状态。注意力是由内部资源控制的,当人们面对在头脑中同时出现多种刺激或一系列想法时,人们只能选择其中的一种或者一部分,而将其余大部分排除掉,这个过程在实质上包括两部分:聚焦和专注。其中,聚焦是指认知主体面临众多刺激,能够迅速地选择那些主体感兴趣、主体认为有意义的刺激或者必须立刻做出反应的刺激;而专注则是指当认知主体面临众多刺激的时候,必须调动意志努力或者认知资源,从而去集中精力,以备能够接收到重要或者有意义的信息。专注力就是人自身所具备的,通过调动意志努力或者认知资源而能够集中精力的能力。对于学生而言,专注力指学生在听课时,有意识、自主地获取教师所讲授的知识、信息以及学习技能的一种能力。

(二)学习专注力对于7~12岁孩子的意义

专注力作为智力发展的五个基本因素之一,在智力发展过程中起着"组织者"和"维持者"的作用。专注力的好坏直接影响学生的学习效率。相比于学习能力中的其他方面,专注力在其中最具有凝聚力以及整合力,就如同在太阳底下,用凸透镜对着一张纸,通过聚焦,过几秒钟就会看到纸燃烧了。因此,如果将自己的身体与心智的能量运用到一个问题上,锲而不舍,就离成功不远了。让学生充满专注力地去感受、观察、类比和联系,能够激发学生的创造力;与此同时,让学生充满专注力,能够帮助学生明确目标,做到见微知著,能够分清事物之间的主要矛盾和次要矛盾,能够把握全局;只有具有较高的专注力,才能不断提高学习能力。在今后人生的发展方面,培养儿童的专注力,是孩子们要上的一门必修课,如果他们的专注力处于较高的水平,他们就能够保持内心真正的平静,不会被外界纷繁复杂的事物干扰,切实做到收放自如。

(三)7~12岁孩子缺乏学习专注力的表现

一般而言,7~12岁孩子缺乏学习专注力的表现有以下几种:①很多孩子在学习或做事时注意力不集中,比如做事情总是半途而废,刚做了一会儿就觉得困难或缺乏趣味性,马上又去做另一件事。②孩子在家写作业的时候不具有自律性,需要家长在旁指导。一旦家长离开,孩子总会"自得其乐",要么玩铅笔,要么吃零食,或是借机去喝水,难以顾及学习。

有些孩子会不由自主地愣神，处于"人在曹营心在汉"的状态中，学习效率低下。③在生活和学习的过程中粗心大意，不拘小节。这类学生的作业往往会出现大量错误；他们对所有事情都表现得漠不关心，常常把别人交代的事情忘在脑后。④在完成一些学习任务时，他们容易受到外界刺激的干扰，注意力容易分散。有些小学生经常不经思考就行动，想做就做且从不考虑后果，没有很好的自我监控能力。这类学生做事冲动，不考虑别人的感受。⑤在沟通中耐不住性子，会不自觉地打断别人的谈话；在参与游戏或团体活动中，也无法耐着性子等候或排队。

二、影响7~12岁孩子专注力的因素

（一）社会层面

随着信息时代的发展，微信、游戏、视频等软件的普遍应用，小学生被各式各样的信息所吸引，从而导致学生兴趣点较为分散。例如，有的学生喜欢看动画片，认为动画片比上课听讲、比写作业有趣得多，因此会出现听课不专心、写作业不专注的情况。

（二）家庭层面

在小学生专注力的培养方面，家庭发挥着重要的角色。受家庭环境及家庭教育的影响，学生做事情的专注力程度不同。有的学生在写作业时桌面的东西摆放较为杂乱，有的学生写作业的房间摆放了电视机，有的学生写作业遇到不会的问题时，家长也没有足够的耐心教孩子如何做而是采取包办替代的方式，让学生产生了懒惰心理，缺乏学习上的自主性与独立性，影响了7~12岁孩子学习时专注力的培养，有的家长由于工作原因对于孩子不能严加管教，导致孩子在无人监督的情况下，学习松懈、自由散漫，也是造成学生专注力不足的原因之一。

（三）个人层面

由于7~12岁孩子的身心发展尚未成熟，自身智力在不断地健全发展过程当中，做事情时易受外界环境的影响，同时，未接受过专注力方面的训练，未掌握专注力提升的方法。

三、培养学习专注力的策略

专注力对学生在生活和学习中有着至关为重要的作用，是他们获得知识、掌握技能、调节情绪的重要心理条件。在家庭教育中，可以从以下几个方面来提升孩子的学习专注力。

（一）创造良好的家庭环境

在家庭教育的氛围营造时要注意创设良好的家庭环境，减少对电子产品的依赖。随着时代的进步，大量电子产品进驻千家万户，有的家长把电子产品当作陪孩子的"保姆"。家长时常因为在进行工作、社交、家务、休息等活动时，想让孩子安静下来就顺势播放动画片，或是让孩子玩电子游戏。在"声、光、色"的强刺激下，自律性本就不足的学生面对书籍时，经常会觉得枯燥无味，难以将注意力长时间集中在学习上。因此，家长应注重良好的家

庭环境创造，引导学生培养更多的健康爱好，降低电子产品在生活中的出现频率，避免给学生专注力的培养带来负面影响。

（二）合理安排课外活动

为人父母总是担心自己的孩子被落下，给孩子报各种各样的兴趣班、补习班。把孩子所有的空余时间都安排得满满的。长期处于超负荷学习状态的学生，其大脑在得不到休息放松的情况下，会陷入被动的发展中，其专注力极易受到重创。因此，家长应在教育中践行适度原则，以孩子学习状态为参考，对课外活动的安排做适度调整。

（三）高质量陪伴

很多做事不专注的孩子背后都有一个"操心"的家长，盯着孩子的一举一动。孩子在玩耍时，一会让孩子喝水，一会给孩子擦汗，一会提个醒；孩子写作业时，一会提醒坐姿，一会提醒孩子看题，一会叫孩子擦掉重写。结果孩子注意力频繁被打断，缺乏沉浸式的专注体验。因此，在陪伴孩子时，可以从以下几个方面入手，提升学习专注力。

[微视频]
妈妈陪孩子
一起学习

1. 强化目标刺激

快乐是让人集中注意力最好的方法。让与学习相关的事变得有趣、快乐一些，是很好的强化方式，也是有效提升专注力的方法。而学习过程中，有很多需要重复的任务，家长可以帮助孩子将这些任务转化成有趣的形式，或者把枯燥的事务分模块去做，让孩子体验到阶段性成果。例如，使用"番茄工作法"，每专注学习25分钟，休息5分钟，让大脑形成专注工作和放松休息交替的节律，同时也避免孩子养成长时间坐在书桌前"磨洋工"的习惯。

2. 弱化干扰刺激

定期整理学习环境，整理书桌，清除与学习不相关的物品，减少干扰。孩子写作业时，避免其他成人看电视，观看视频等声音干扰。调整家庭关系，创建和谐的家庭氛围，减少对孩子的情绪干扰。

3. 增强主观专注能力

从生理方面，保障好孩子的睡眠和运动，能为孩子的注意力提供基础生理保障。有6.3%的孩子，是因为大脑神经发育不良造成注意力不足，若学校各科老师都反馈孩子的注意力不好，建议家长及时带孩子到专业机构做评估，排除注意力缺陷问题。

从心理方面，家长要做好孩子的支持者和陪伴者，在学习上多给予孩子正向反馈，帮助孩子看到自己学习的成就和优势，提升孩子学习的兴趣和信心。同时，家长自己应以身作则，成为孩子积极的榜样，用自己的行动潜移默化地影响孩子。

父母在陪伴孩子学习的过程中，要让孩子体会到"有爱、有趣、有成就"，孩子才会更有意愿将专注力投入"枯燥""困难"的学习中。

（四）进行针对性专注力训练

根据感官擅长分配注意的不同类型可大致分为视觉专注型、听觉专注型和动觉专注型。①视觉专注型的孩子占到人群总数的80%，上课时喜欢目不转睛地盯着老师或黑板，喜欢阅读，喜欢画画，不太爱说话，但是动手能力很强。依靠所看到的东西来吸收信息，进一步理解和记忆。对这类孩子，尽可能调动多感官，利用多种方式来了解各类事物。②听觉专注型的孩子占到人群总数的15%，以听为主，读书时喜欢读出声音，喜欢模仿，喜欢安静的环境，有的时候需要老师多次强调才可以理解，喜欢表达。这类孩子如果边听边记笔记，优势会被更大程度地激发出来。③动觉专注型的孩子占到人群总数的5%，最大的特点就是爱动，坐不住，肢体语言灵活，喜欢与人接触，喜欢运动，关注的事物比较广泛，具有创造性。这类孩子可以通过释放自己的精力来达到聚精会神的效果。在进行专注力训练时，可针对不同类型的孩子进行针对性的训练，找到其所擅长的专注与记忆方式，进而帮助其提升专注力。

总之，在小学阶段有意识地对注意力不集中的孩子开展注意力训练，一方面能够弱化他们因注意力不足带来的负面影响；另一方面可促进此类孩子学习成绩的大幅提升，其实践意义不容小觑。

本章小结

亲子关系与家庭教养方式有很大关联，父母应当摆正对孩子的态度，树立正确的教育观念，创建和谐的家庭关系，尊重和陪伴孩子，做孩子的榜样，促进亲子关系朝着更加健康、更加良好的方向发展。作业是7~12岁儿童必须要面对的问题，家长可以采用番茄工作法、心理暗示法、自然惩罚法、营造适宜学习环境、降低期待值和提高耐心等方法提高儿童的作业效率。网络游戏是一把双刃剑，本章节论述了沉迷网络游戏的表现、危害及原因，并提出了以身作则、增进亲子交流、转移儿童的兴趣点和家校联合四个针对性策略。尊敬父母长辈是中华民族的传统美德，小学阶段教育儿童尊敬父母与长辈是从道德认知到道德行为的关键期。在家庭中开展针对性教育，可以通过要求孩子在生活中运用礼貌用语，长辈与孩子深入交流和丰富亲子实践活动等途径进行。专注力是指一个人专注于某个事物、某个事情或某个活动时的心理状态。本章主要从四个方面提出培养学习专注力的策略：创造良好的家庭环境、合理安排课外活动、高质量陪伴、进行针对性专注力训练。

思考与练习

1. 结合实际讨论家长还可以采取哪些措施促进亲子关系？
2. 寻找小学生沉迷网络游戏的案例并针对家长的行为提出合理化建议。
3. 观察身边专注力不强的儿童的表现，并从儿童角度思考给出相关的指导方法。

拓展阅读

1. 史蒂芬·柯维. 高效能人士的七个习惯［M］. 北京：中国青年出版社，2019.
2. 尤丹. 用活动点亮学生的生命之光：小学生自信心的培养［J］. 教育观察，2019，8（29）：88-89.
3. 马尔科·冯·明希豪森. 专注力：如何做事［M］. 北京：中国人民大学出版社，2018.

第九章 13～18岁青少年身心发展特点

学习目标

① 了解13～18岁青少年脑和神经系统的发育特点；

② 清楚13～18岁青少年身高、体重、性发育等身体发育特点；

③ 掌握13～18岁青少年认知、思维、情绪变化等心理发展特点，并能够用科学的理论解释逆反情绪、早恋等常见的问题。

13～18岁阶段的青少年正处于青春期。青春期不仅是人体生长发育的第二个高峰期，也是青少年从儿童阶段向成人阶段过渡的关键时期。在这个过程中，青少年会经历身体上的发育和心理上的巨大变化和发展。本章将从脑和神经系统、身体发育、认知能力、思维发展、人格发展、社会性发展等方面对这一阶段青少年的身心发展特点进行阐释。

第一节　13～18岁青少年脑和神经系统的发展

一、脑的发展

12岁的青少年的平均脑重为1400克，与正常成年人的脑重几乎相等，因此，青少年的脑重已经达到了正常成人的水平，在青春期这一阶段变化并不大。

13～18岁青少年的脑电波发生了较大的变化。脑电波是大脑在活动时，大量神经元同步发生的突触后电位经总和后形成的，是一种使用电生理标记记录大脑活动的方法。它记录大脑活动时的电波变化，是神经细胞的电生理活动在大脑皮层或头皮表面的总体反映。相关研究表明，人在工作时会产生自发性电生理活动，通过专门的记录仪可以显示出脑电波。

有研究表明，经常玩电脑游戏会对脑电波产生影响。日本大学医学院的森昭雄教授提出了"电玩大脑"的名词，这位专攻脑神经科学的医学博士在一次偶然的实验中发现某些以操作电脑游戏为业的人，出现与痴呆患者类似的脑电波现象。在得到这个研究结果后，森昭雄教授将研究重点转向青少年和儿童的大脑，去探讨大脑脑电波与玩电子游戏之间的关系。根据这位教授对青少年脑电波的测试结果来看，当他们在玩电子游戏的时候，额叶的β波活动量会突然降低，而一个人如果从上小学开始，一直到大学，每天玩电子游戏1～2个小时，一直到成年，其β波会大量减少甚至会消失。与老年痴呆症患者的脑电波相似，这种人的特征是缺乏表情，对周围的人或事会表现出一种漠不关心的态度，经常会不管不顾、欠缺羞耻感，例如他们会经常在公共场所做一些不恰当的动作。这种"电玩大脑"类型的人，因为自我克制能力衰退，所以在日常生活中容易产生暴力行为，又因长期陷于虚幻世界，认识现实的能力降低，因此无法判断自己的行为所产生的后果。针对以上电子游戏产生的种种弊端，青少年不仅应当有节制地去进行游戏，合理地控制好游戏时间，分清这个年龄段的主次，切忌颠倒主次，家长也应当去控制青少年玩电子游戏的频率。

二、兴奋和抑制的逐渐平衡

据研究表明，青少年的脑部不断完善与分化，脑部沟回会变得越来越深并且越来越多。因此，青少年的兴奋和抑制过程逐渐平衡，到青春期中期，兴奋和抑制过程已经能够协调一致。这体现在青少年的睡眠时间已经与正常成年人的睡眠时间几乎相同，一天的睡眠时间约为8小时。而有些青少年被确诊为"脑内兴奋抑制平衡紊乱"，这是一种功能性的疾病，大多与生活作息不规律、经常处于劳累状态、精神焦虑、长时间的精神压力过大有着很大的关系。想要改善这种症状，需要进行生活习惯的调整，避免过度劳累和熬夜，最重要的是保证充足的睡眠时间。此外，随着青少年兴奋和抑制功能的发展，其脑部内抑制的机能也逐渐完善。

三、大脑皮层的不断成熟

（一）青少年的学习内容应朝更深层、更广阔的方向迈进

在这个年龄阶段，是训练青少年解决问题和决策能力的最好时期，应当给他们充分的脑刺激和练习。但是，由于年龄的限制，青春期的大脑灰质（神经元存在的区域）在前额叶皮层会出现一个明显的下降，也就是说，青春期的大脑会对其认为没用的神经元进行大量的修剪。如果青少年此时接受的刺激较为单一，思考的范围较为狭窄，只会以死记硬背的方式进行学习，则会有很大一部分潜力会被大脑认为是用不上而修剪掉，发生不利的脑结构的改变。所以从脑结构的特点来说，应当增加青少年的经历和思考的广度，并且提高青少年解决问题的能力，能够使他们的大脑结构更好地完善与发展。此时，家长和老师都不应该将青春期的孩子看作是乳臭未干的儿童，而要将其看作一个与成人无异、有着独特的思考方式、独立的个体，家长在平常的交流、教师在平常的教学过程中都应加深问题的深度，引发青少年的思考。

（二）青少年更喜欢冒险行为

人的大脑有一个系统，称作边缘系统。边缘系统有一个重要的功能，就是控制情绪。这其中主要是以恐惧情绪为主。例如，我们在公园里散步的时候，与一只迷路的小狗不期而遇，那么对边缘系统的刺激就微乎其微，因为这个小动物不足以对我们造成重大的威胁；相反，如果我们遇到的是一头狮子，那么原始的生存机能就会爆发，边缘系统就会控制我们先吓呆住，僵住不动，接着可能拔腿就跑。边缘系统还负责情感处理和奖励感处理。当一个人在做非常有趣的或者新奇的事情时，边缘系统会产生一种收获的感觉。相比于成年人和儿童来说，青少年在冒险中更有较大的可能产生快感。前额叶皮层有一个部分称为内测前额叶皮质，当青少年在做社交决定或者考虑他人时，他们的大脑的这个区域要比成年人活跃。所以青春期的孩子更为冲动和情绪化。有研究人员强调，从新奇的事物和冒险中获得的经验实际上有助于青少年的发展，青少年热爱冒险是由于此时的身心发展特点决定的，并不是一些家长认为的"赶时髦""不懂事""缺乏控制"等刻板印象。家长应当将青少年的冒险行为视为一种适应性的需要，旨在获得承担成年人角色和行为所需的经验，使他们在今后的生活中，面对困难和风险时能够做出更好的决定。

（三）青少年会增加冲动和叛逆行为

青春期的孩子冲动又爱顶嘴和容易冲动叛逆的特点，都是由大脑发育特点和生理特点决定的。人的大脑从功能上分为两部分：一是包括脑干和边缘系统，也可以称其为"动物脑"；二是包括人的大脑皮层，又称为"理智脑"。动物脑主要是负责管理人的生理功能和情绪反应。理智脑是指人的大脑皮层，其中最关键的部位是额叶。额叶主要负责人的抽象思维、记忆、心理联结、有意运动等高级思维能力，还包括解决问题、调节情绪等事物。额叶负责管理和处理人的一切理性思维，如果人的额叶受损，就可能会导致人个性的突变，严重者可能会变成只

保留动物脑的植物人。经研究发现，在人的成长过程中，边缘系统在12岁左右达到成熟，而额叶在大约24岁才能成熟，因此额叶的发育时间和成熟时间是晚于边缘系统的。也就是说，青春期的孩子动物脑已经发育得足够成熟并且达到了成年人的水平，因此青春期的孩子能够掌握和理解几乎所有的喜怒哀乐的情绪，并且迅速地对发生的事情做出情绪反应。例如，当孩子在学校遭到校园暴力时，他们可能会感到极度恐惧、愤怒、伤心的情绪。但是，青春期的孩子理智脑还发育得不够成熟，他们此时不能够像成年人一样合理地调节和控制自己的情绪，这样的发育不匹配现象就会造成一个最终的结果，即青春期的孩子情绪较为冲动，情绪控制能力较差。

第二节　13~18岁青少年身体的发育

青春期是人的生长发育的第二个高峰期。在这个过程中，青少年会经历身体上的发育和心理上的发展及转变，包括第二性征的出现和其他性发育、性格发育、认知能力的发展、人格的发展、社会性的发展等。一般来说，男孩与女孩步入青春期的时间不同，其发展速度也有所差异。青春期身体的发育可以从以下两个方面来研究：身体外形的变化、青春期的性发育。

一、身体外形的变化

（一）身高的增长

身体外形的变化反应最明显的就是其身高和体重的变化。男孩大约从11岁开始进入到生长高峰期，加速生长的阶段会维持3~4年，然后生长速度会放缓，但是并不意味着会停止增长。绝大多数的男孩身高增长一直持续到19~20岁。正常女孩一般在9~11岁进入青春期，其中有约1年的时间为快速生长期。在女生初潮后，生长速度减缓，在女性初潮两年后，基本上不再长高。一般来说，男孩身高增长的时间要比同龄的女孩晚几年，这就可以解释为什么11~12岁的男孩子看起来要比同龄的女孩矮一些，但是在两三年后，男孩开始加速增长，逐渐赶上女孩的身高，最后超过女孩的身高。

孩子身高的增长有可以依循的线索。比如，在加速生长前的身高，倘若孩子在孩提时期个子就矮，则进入成年后身高可能也会矮。同样，在孩提时期身高较高的孩子，成年后也会较高。但这并不是绝对的，后天的环境、营养、睡眠也会影响到身高的增长。影响孩子长高的因素有很多，第一个因素是遗传，遗传是决定身高的重要因素。据研究，人体的最终身高75%取决于遗传。第二个因素是年龄、性别影响着骨骺线的闭合时间，从而影响着最终的身高，例如女孩来月经后，增长的速度会明显减慢。第三个因素是营养，蛋白质、钙、铁等元素的摄入都影响着最终身高。第四个因素是运动，运动可以促进全身血液的循环，保障骨骼肌肉和脑细胞得到充足的营养。第五个因素是睡眠，生长激素的分泌主要是在夜间熟睡后，所以生长期儿童足够的睡眠时间和良好的睡眠质量非常重要。第六个因素是疾病，一些孩子得了疾病（如甲状腺功能衰退症、生长激素缺乏、肾病、肝病、血液病等）也会影响身高。

在睡眠方面，家长要为孩子创设良好的睡眠环境，保证孩子每天8小时的睡眠时间。在营养方面，家长要为孩子提供丰富的膳食。许多食物都含有身体长高所需的钙以及蛋白质，例如：菠菜中富含铁和钙；胡萝卜中富含维生素A，能帮助蛋白质的合成；牛奶中富含制造骨骼的营养物质钙，容易被处于成长期的孩子吸收；鸡蛋中含有丰富的蛋白质。在运动方面，家长要鼓励孩子进行运动，如跳绳、打篮球、跑步或是跳远等，有助于帮助孩子伸展四肢，刺激骨骼的生长，锻炼肌肉。在健康方面，家长要仔细观察孩子的身体状况，发现问题及时就医，保证孩子身体健康发育。

（二）体重的增加

青春期是人的"体重激增期"，体重激增的时间是3～4年。体重激增，部分原因是骨骼和内脏器官的生长。男孩子在青春期的体重增长要比其一生中的任何时间里都要多，是因为这个时期男孩的肌肉更大、更强壮。大部分女孩子在16岁左右体重的增长就比较缓慢了。

近年来，随着经济的快速发展以及生活方式的变化，我国儿童超重率快速增长。因此，家长要注重青少年的体重，降低肥胖的出现：①家长要帮助青少年养成科学的饮食习惯。合理选择、搭配和烹饪食物，保证食物多样化。减少煎、炸等烹调方式，控制油、盐、糖的使用量，减少在外就餐。培养和引导青少年规律就餐，教育青少年不挑食、不偏食，合理选择零食，不喝或少喝含糖饮料。②培养青少年积极活动的习惯。在家中营造良好的运动氛围，与孩子共同运动，培养青少年的运动兴趣，引导青少年形成运动习惯，保障青少年的睡眠时间。③家长要做好青少年体重及生长发育监测。定期为孩子测量身高和体重并做好相关记录，能够根据相关标准对青少年生长发育进行评价，必要时可及时咨询专业机构，在专业人员指导下采取措施进行干预。

（三）体形的变化

在青春期，孩子的生长发育并不仅仅是身高、体重的变化，孩子身体的某些部分会比其他部分长得更多，因此青春期的孩子与婴儿期的孩子从外表看起来有着极大的不同。

首先，头部所占身体大小的比重发生了变化。婴儿头部与身体其他部分相比显得比较大，且其大小约占身体大小的四分之一。而到了青春期，头部仅占身体的八分之一。另外，婴儿的头部几乎和肩部同宽，但是青春期成年人的头部远不及肩部宽。

到了青春期，腿部增长得较快，几乎达到了或者超过了身高的一般高度，但是婴儿时期的腿部较短，所占身高的比例较小。另外，男孩外形普遍比女孩看起来要强壮。在青春期体重激增阶段，男孩肌肉发育得愈发大，在青春期，肌肉组织占了男孩体重增加的很大一部分。青春期女孩的脂肪也有了很大的变化，但是这也存着性别差异。男孩在肌肉含量增多的同时，脂肪却呈现减少，所以青春期的男孩看起来更健壮一些。而女孩的脂肪却没有减少，而是"积存"在骨盆、胸部、背部、臀部等地方，这使得她们的身材日益丰满起来。

二、青春期的性发育

（一）青春期男孩的性发育

在青春期，男性的生殖器官逐渐成熟，会出现阴毛的发育、遗精等现象。这一阶段男性第二性征也开始发育，第二性征也被称为"副性征"，是指男女两性除了生殖器官以外的外貌特征区别，体现出男女在身高、形态、相貌等方面的差异。第二性征形成是男孩体内的雄激素在发挥作用。雄激素是由睾丸分泌的，也有人把雄激素称作"男性激素"，虽然雄激素男女体内都有，但是男性最具有代表性。在雄激素的作用下，男人的第二性征也会凸显，在青春期发育得更加明显。例如，男生会出现"变声期"，在男孩12岁左右时，颈部喉结开始突出，说话声音变低变粗；在13～14岁时，开始长出腋毛，脸上也开始出现胡须，额部的发际逐步向后移，形成特殊的男性发型。另外，在雄激素的作用下，男孩身体的肌肉也会变得发达，身材也会魁梧起来。

（二）青春期女孩的性发育

在这一阶段，女性生殖器官逐渐成熟。进入青春期，卵巢开始产生卵细胞，并且分泌性激素，月经初潮出现。女孩初潮的年龄因人而异，有的早有的迟，早的10～12岁，迟的17～18岁。有许多女孩在初潮后停经几个月甚至半年后再次来月经，这些都是正常现象，但如果迟迟不来或者血量过多或较少，应及时到医院就诊检查。青春期的女孩一定要注意阴部的清洁卫生，切记勤换内裤，并且勤用温开水或者相关洗涤剂洗外阴，内裤要合身，尽量用纯棉制品，以免刺激到外阴皮肤引起炎症。青春期女孩在雌激素作用下显示出第二性征，主要表现在以下几个方面：首先是乳房的发育，其次是体毛的变化。在青春期阶段，女孩还会出现臀部突出，骨盆增大的现象，体态也会变得苗条，皮肤变得细腻光滑而柔软。

第三节　13～18岁青少年心理的发展

一、13～18岁青少年认知发育特点

（一）注意发展特点

13～18岁青少年注意发展特点为：以有意注意为主。随着年龄的增长，无意注意并不是消失没有了，当一个人年龄越小时，无意注意在注意中所占的成分就越大，年龄的增长会使无意注意发展到顶峰，而后缓慢下降。对于青春期的青少年来说，无意注意还是起了非常重要的作用，表现在青少年会对感兴趣的活动积极参加，并且能够集中很长时间的注意力，对不感兴趣的事物并不关注。无意注意虽然在青春期阶段处于次要的地位，但是其还在不断深化中，已经发展到了成年人的水平。与此同时，处在青春期阶段的青少年的有意注意得到了迅速的发展，并且占据了主导的地位。青少年学习和活动的自觉性和计划性逐渐提高，并且已经带有一定的目的去学习。对于学习任务，青少年能够较好地去调节自己的注意力，即使有些课程对于学生来说并不感兴趣，但是他们也能较好地集中注意力去完成学习任务。在最开始时，他们会强迫自己去克服困难，以顽强的意志才能维持有意注意，久而久之，这种行为就逐渐自动化，即不需要付出意志就可以集中注意力，也被称为"有意后注意"。据研究表明，是否能够较长时间集中注意力而不走神是青少年学习能力的一个重要体现，也是影响学习成绩的一个重要因素。

（二）记忆发展特点

13～18岁青少年总体记忆发展特点为：有意记忆和无意记忆都在不断发展，但是有意记忆

逐渐占据主导地位。表现在青少年能够逐渐根据不同的记忆材料的内容，提出适当长远的记忆任务，并且能够选择一种最适合自己的记忆方法。同时，意义记忆逐渐超过机械记忆。对于一些较为复杂难懂的记忆材料，他们会努力地去理解材料，并且找到最容易记忆的办法去进行记忆，随着年龄的增长，很少会逐字去记忆了。总之，在这一阶段，记忆力处于人的一生的鼎盛时期。

二、13～18岁青少年思维发展

根据皮亚杰认知发展阶段论，13～18岁的青少年处在第四个发展阶段，即形式运算阶段。青少年在头脑中可以将事物的形式和内容分开，可以离开具体事物，运用形式运算，包括比例、排除、概率及因素分析等逻辑课题。

（一）批判思维得到进一步发展

思维的批判性是指在思维活动中能够详细、严格地分析材料并且仔细地检查思维过程的思维品质，其具有分析性、策略性、全面性、独立性等特点。青少年批判性的发展体现在他们对教师和教科书对于某种事物的讲解和解释会产生一种质疑和不相信的态度，对家长和教师的"谆谆教诲"和权威的地位已经不再那么坚信，而是希望自己去寻找各种现象的前因后果，并且自己去解释。他们会独立地、批判地看待一切，能够自觉地对待自己的思维过程，并且有意识地检查、调节自己的思想。青少年的批判思维会随着年龄的增加而逐渐理性。在年龄尚小的时候，批判性思维还不够成熟，具有一定的片面性，可能会产生比较极端和激进的思想，这都是正常的现象，教师和家长要做到及时的和正确的引导。

（二）自我中心再度出现

除了学龄前儿童表现出自我中心的倾向以外，处在青春期的青少年同样也会表现出明显的自我中心倾向。虽然随着年龄的增长，青少年的经验、知识都在不断地丰富，他们已经能正确地去看待客观世界，并且能够区别想象和现实之间的区别，并且能够了解对方的思想，但是他们不能明确区分自己关注的事物和他人关注的事物有何不同。每个人在青春期的时候，可能都会制造出"假想观众"，即每天都会认为有很多人在关注着自己，并且十分在意他人对自己的评价，还会夸大自己的感受的倾向。这个年龄阶段的青少年十分关注自己的外表形象，希望得到其他更多人的关注。当青春期的孩子聚在一起时，他们都在欣赏自己而不是去关注他人，他们还会将自己的三观与别人的混淆起来，甚至将自己的想法强加于他人的身上。

（三）抽象逻辑思维占主导地位

从进入青春期的时候，抽象逻辑思维就在个体的认知发展中占优势。从刚进入青春期到成年的这个阶段内，抽象逻辑思维在不断地发展直至成熟。青少年的抽象逻辑思维属于理论型，高中生已经可以在头脑中进行抽象符号的运算和推导，能够把理论当成指导去解决和分析问题。青少年的抽象思维主要有以下特点：①青春期初期的青少年的抽象逻辑思维有一定的假设性、预计性及内省性；②青少年的形式逻辑思维处于优势，辩证逻辑思维迅速发展；③高中阶段是抽象逻辑思维成熟的时期。

三、13~18岁青少年人格的发展

根据埃里克森人格发展八阶段论,13~18岁这一年龄段的青少年正处在同一性对角色混乱的阶段。这一阶段存在着自我同一性和同一性混乱的危机,此时青少年最主要的任务就是要建立一种"同一性",即认清自己是谁、在社会上处于什么地位、未来想要成为一个什么样的人等问题。埃里克森提出了一个"社会心理的合法延期"概念,指出许多青少年踏入青春期后却觉得自己还没有准备好成长为一个成年人,认为自己没有能力去承担一定的社会责任与义务,因此会感觉需要做出的决断太多太快,在做出最后的决断前,需要进入一种"暂停"期,以便延缓此时紧要的责任与义务,从而避免同一性提前完结。如果这个阶段的青少年没有较好地形成同一性的话,他们就会产生角色混乱感,表现在日常生活中就是自我迷失感较为强烈,不知道自己是谁,自己要干什么。角色混乱的青少年常常会感到焦躁,并且容易冲动与愤怒,会对社会所赞赏的角色表示蔑视和敌意。

四、13~18岁青少年社会性发展

(一)同伴关系

13~18岁的青少年对朋友和友谊有了新的理解。在青春期的青少年,对同伴关系需求变得非常大。青春期之前的儿童对朋友的认识只是年龄相仿、兴趣相投的同伴,他们会一起结伴玩游戏或者合作去做一件事情,但是他们并没有投入多少情感在其中。因为此时他们并不是从同伴那里获取情感满足,而是从父母的关怀和关爱那里获得情感的满足。只有当他们遭到父母的批评和责骂时,他们才会向同伴倾诉和获得情感上的满足。而到了青春期后,性成熟给青少年带来了新的情感满足的需求,此时他们渴望独立,渴望摆脱成年人的约束和管教,所以此时青少年渴望得到同伴的情感支持。

大多数的青少年对朋友的要求首先就是要有相同的兴趣,随着他们年龄的增长,他们渴求一种更加亲密和相互关爱的关系,这种关系可以分享成熟的感情、自己的麻烦。朋友就不仅仅是玩伴了,分享的也不只是秘密和计划,更多的是个人的感情、互相帮助问题和人际关系中出现的问题。

对于同伴关系,青春期的青少年也存在着性别差异,女孩对朋友的期望会比男孩对朋友的期望更大,并且她们与朋友之间的关系相比于男生更加亲密一些。有研究表明,对女孩来说,青春期同伴的任务主要是建立和维持关系,发展亲密关系;而男孩更需要的是独立和张扬、逻辑性和义务,女孩更看重的是关怀、人际关系。

处在青春期的青少年会经常感到孤独,会觉得自己被他人孤立和排斥。不管男女生都会出现这样的情绪,这种孤独是由多方面的原因造成的,有些青少年不知道如何与他人进行交往,他们很想交朋友,但通常会表现出一些不恰当的行为,也很难在不同的情境中表现出不同的行为;有些人表现出自我印象较差,并且很难接受外界对他们的批评;有些人认为可能会遭到同伴的拒绝,因此尽可能回避使自己感到窘迫的活动,久而久之朋友就逐渐远离;有些人之前遭受过朋友的背叛,因此缺乏对其他人的信任,所以他们会对人际交往抱有一种玩世不恭的态度。

（二）青春期性意识的发育

青少年的性器官发育逐步完成，第二性征逐渐显露发育，与此同时，性发育也表现在心理领域。青少年对性的意识，由不自觉到自觉、由排斥远离到感兴趣再到爱慕。青春期性意识发展可以分为四个阶段。第一个阶段是性抵触期。这发生在青春期初期，有一段较短的时期，青少年会避开与异性的接触，这种现象在女生身上表现得极为明显，这是由女性的生理特征决定的，由于第二性征的显现，使得青少年会对自己身体上发生的变化感到茫然和害羞，会对异性产生一定的疏远和反感，这种现象会持续1年左右。第二个阶段是敬慕长者期。在青春期中期，许多青少年会对周围学习好的同龄人，或者体育项目出众者、外貌出众者感兴趣，进而会在精神上引起共鸣，产生仰慕和爱慕的情绪，甚至会模仿这些人的言行举止。第三个阶段是向往异性期。在青春期后期，随着性发育的日渐成熟，青少年会对与自己年龄相仿的同龄人产生兴趣，并希望与他们有所接触。在公共场所内，渴望自己能够吸引他们的注意。但由于青少年的情绪不够稳定，在与异性接触的过程中，很容易产生矛盾和冲突，甚至因为一些小事而吵得不可开交，因此在这个过程中交往的对象会有所变动。第四个阶段为恋爱期。在这一时期，青少年的性发育已经接近成人的水平，于是其把感情集中寄予自己钟情的一个异性身上，彼此情投意合，经常在一起互相帮助，生活中相互体贴，憧憬恋爱的美好生活。此时的男孩子会有关爱他人的欲望，从而获得一种成就感和独立感，而女孩子会经常有充满浪漫的幻想，向往被爱，但也会有患得患失、多愁善感的情绪。

本章小结

13～18岁青少年的脑重已经达到了成年人的水平，大脑皮层的兴奋和抑制活动逐渐成熟，青春期孩子的身高、体重和体形等也快速增长。除了体形的变化以外，性发育也是青春期发育的显著特点之一。此时男孩女孩的生殖器官都会不断成熟直至成人水平。除了生殖器官的发育成熟，第二性征也会不断发育，例如男孩的喉结会不断变大，会出现"遗精"的现象；而女孩会出现乳房发育、初潮来临等情况。13～18岁青少年的认知已经发展为有意注意、记忆、想象为主，同时其思维发展阶段处在皮亚杰认识发展的第四个发展阶段，即形式运算阶段，具体表现为青少年可以在头脑中将形式和内容分开，可以离开具体事物，根据假设来进行逻辑推演的思维。13～18岁的青少年对朋友和友谊有了新的理解，对同伴关系需求变得非常大，同时也会对异性产生懵懂的好感和爱慕的情绪。

思考与练习

1. 你怎么看待13～18岁青少年的早恋行为？面对青少年的早恋行为父母应当如何去做？
2. 你怎么看待13～18岁青少年的逆反行为？面对青少年的逆反行为父母应当如何去做？

拓展阅读

1. 雷雳，张雷. 青少年心理发展[M]. 2版. 北京：北京大学出版社，2015.
2. 张清，刘蕾. 青少年发展与教育心理学[M]. 北京：北京大学出版社，2017.

第十章 13~18岁青少年家庭教育常见问题指导

学习目标

① 熟悉13~18岁青少年身心方面的变化、规律及常见问题；

② 了解叛逆心理、攀比心理、目标意识等的含义及表现；

③ 能够分析青少年常见问题的原因并尝试提出解决方法。

13~18岁的青少年处于告别幼稚、走向成熟的过渡时期，即青春期。其身体生长主要表现在形态发育、体内器官的成熟与机能的发育等方面；在认知方面，青少年认知结构的完整体系基本形成，抽象逻辑思维占据优势地位；观察力、联想能力等迅速发展；情绪情感方面以内隐、自制为主，自尊心与自卑感并存；性意识呈现身心发展不平衡的特点。处在中学阶段的青少年会遇到诸如叛逆心理、攀比心理等问题，本章将从13~18岁青少年常见的问题出发，分析其原因，为家庭教育提出有效策略。

第一节 培养目标意识

美国小说家约翰嘉德纳写道：假如你打算学习，那么崇高的目标和高度的热情将最有助于你持之以恒，学有所成。党的二十大报告提出了国家着力培养担当民族复兴大任的时代新人的目标，更是要引领无数青年去增本领、长才干，挖掘自身潜力去奉献青春事业。13~18岁的孩子正处于中学阶段，正是一个接受大量新鲜事物的时期，作为家长和老师要及时给予孩子引导，帮助他们建立起自己的目标，朝着正确的方向发展。

一、目标意识的重要性

青少年目标的设定和实现是他们自我同一性形成、发展过程中极为重要的部分，当他们认识到当前行为对未来可能产生的重要影响，便能更加规范自身行为，促进个体的自我发展和实现。对于正处于学习阶段的中学生来说，目标的确立对他们的学习有很大的帮助。

青少年有了正确的目标，那么就能够感觉到存在的意义和价值；如果心中有了理想，就会感到生存的重要意义，如果这个理想又是由一个个目标组成的，那么就会觉得为目标付出努力是有价值的。没有目标或者失去目标，就没有了着力点，到头来终将一事无成。若没有目标或失去了目标，人往往就会茫然无措，不知所终。

对于13~18岁的中学生来说，这一年龄阶段主要的目标是学习目标。荀子在《劝学》中说：不积跬步，无以至千里；不积小流，无以成江河。中学生若是没有明确的学习目标，即使小学的成绩多么优秀，或者学生的脑袋多么聪明，都不会取得多么优秀的成绩。没有目标的学习，就像在海洋中航行没有目的的前进，成功之船永远都不会靠岸，而只能在浩瀚的人生海洋中飘荡。

二、缺乏目标意识的原因

（一）家长和孩子对目标的理解不明确

在有些家长眼里，目标这个词仅仅是和成绩挂钩，当父母一提到目标，孩子就联想到考试和成绩，他们的典型表述就是："不是我不想学，而是我不知道为什么而学。"这类孩子不知道学习真正是为了什么，多数是为了父母、为了老师、为了考上好大学而学，对自己未来的发展没有思路和方向。一旦孩子本来动力不够、学习吃力，那么他一听到"目标"二字，就会紧张又警惕，以后就会对"目标"敬而远之。

（二）孩子曾遭到否定

有些父母听到孩子说："我要做科学家"，就会指着孩子的作业说："就你这水平，还科学家呢"。于是孩子就觉得自己不配，不配拥有高尚的理想，以后就再也不敢有理想了。他们的典型表述就是："不是我不想学，而是我看不到希望。"当孩子长期遭到家长的否定时，其"希望之光"也会逐渐熄灭，最终失去目标和方向。

（三）孩子学习能力低

这类孩子的典型表述就是："不是我不想学，而是我不会学。"这类孩子的学习能力发展滞后，学习方法不得当，学习任务经常完不成，容易陷入书山题海、产生知识漏洞，且容易受周围环境、人际交往等因素影响从而无法安心学习。缺乏培养目标意识的父母看不到孩子学习方面的问题和其他方面的兴趣，不能给孩子发挥自己特长的机会，没有适当地引导孩子发现自己的长处，所以孩子就会对自己没有很高的要求，不会树立目标和理想。

三、帮助孩子建立目标意识的对策

卢梭说："教育的目标不是培养合格的人才，而是培养学生做最好的自己。"我们可以借鉴他的半句话用在中学生的培养目标上，那就是中学生的培养目标应该是"培养他们做最好的自己"。

[微视频]
如何培养儿童的成就动机

（一）动机是树立目标的前提

学习动机是激励并维持学生朝着某一目的的学习行为的动力倾向，对学生学习起到引发作用、定向作用、维持作用以及调节作用。美国认知教育心理学家奥苏贝尔根据学习动机影响学生学业成就的程度分为认知内驱力、自我提高内驱力和附属内驱力。认知内驱力，即个体了解、理解和掌握知识的需要，这是最基本、最稳定的学习动机。有需要才会有动力，因此家长应先帮助孩子发现自己的需求。孩子们刚刚进入中学，心智还不够成熟，很难建立目标。这个时候学习兴趣很重要，当孩子对这个世界提出越来越多的问题时，就有了解决问题的欲望和动机，就能够树立目标。

（二）认可孩子的目标

有的孩子，他的目标是长大以后成为一名宇航员；有的孩子，他的目标就是这学期数学考及格。这些都是孩子的目标，都值得尊重。当孩子有了某个目标以后，不要轻易地去否定，而是在他的这个目标上去做一些梳理和引导，那么孩子就有机会逐渐确立一个清晰的、符合自己优势特长的目标。

（三）制定好的目标

什么是好的目标？好的目标会让人打心底觉得目标是个好东西，也愿意下一次再制定目标。好的目标一般有以下特点。

1. 明确具体，不含糊

目标要非常具体。比如每天朗读课文，这个目标不够明确，可以改为每天晚上大声朗读30分钟，这个目标是具体的。

2. 可衡量

目标要可衡量，也就是定量。比如提升写作水平，这个目标没有办法度量，可以改为每周写一篇作文，这个目标能够度量。

3. 可实现

一个好的目标是孩子经过努力就能够实现的，这个目标具有挑战性，但是挑战难度又不至于大到令人丧失信心，所以这需要结合孩子的实际情况在难度上进行调节。比如每天练字3页，很可能对孩子的要求太高，难以实现。可以改成每天练好1个字，每天练字1页。不要把目标定得太高，在定目标的时候就应该尊重目标。

4. 有相关性

制定的目标和其他的目标或者计划有一定的关联性，这个目标不是孤立的。比如每天学习英语口语，可是这个目标有什么实际的意义呢？如果与其他的事情没有关系，那么它更像一件苦差事，难以得到孩子发自内心的认可。可以改为制定这个目标会让孩子能够跟妈妈用英语交流、教妹妹英语等。

5. 时限性

没有规定完成时间的目标不能称之为目标。比如每天放学后看课外名著，就没有体现时限，可以改为每天放学后看两个章节。

（四）从孩子的爱好着眼

如果孩子特别喜欢武术、健身、打球，那家长硬要他去学钢琴、学跳舞，孩子是没有办法树立起家长想要的那个目标的。作为父母，要尊重和理解孩子的兴趣爱好，不能总是把自己的意愿强加给他。家长切忌包办，要善于观察，因势利导，根据孩子的兴趣爱好及特长，有意识地激发孩子的理想火花，帮助孩子形成终身奋斗的目标。

（五）将大目标分解成小步骤

俗话说得好：饭要一口一口吃，事要一件一件做。家长要善于帮助孩子分解目标，把长期目标分解为几个中期目标，把中期目标再分解为小目标，小目标还可以继续分解为微目标。微目标一定是孩子在短期内可以实现的，并且是有信心可以实现的。比如每次的考试成绩，家长不要把目标定得太高，如要求孩子一定要考到班级前几名，这样孩子的压力会很大，也容易失去信心。家长应该鼓励孩子每次考试尽力而为，发挥自己最好的状态即可，一点点地进步。在这样点滴的进步中，孩子会越来越自信，不断朝着目标前进。

孩子目标的建立，也离不开父母的榜样作用，所以家长一定要有一个积极的人生态度，敢于为家庭奋斗，为未来奋斗。孩子受到影响，也会渐渐形成自己的奋斗目标，建立自己的理想。

第二节　正确对待叛逆心理

心理学家认为，叛逆心理是客观环境与主体需要不相符合时产生的一种心理活动，具有强烈的情绪色彩，在青少年时期较为突出。青少年叛逆心理是指青少年正处于一个心理的过渡期，为了维护自尊，而对对方的要求采取相反态度和言行的一种心理状态。叛逆心理是青少年成长过程中经常会出现的一种心理状态，是该年龄阶段青少年的一个突出的心理特点。其独立意识和自我意识日益增强，迫切希望摆脱成人的监护，不想被别人当作孩子，担心外界忽视自己的独立性，而以成人自居。为了表现自己的"非凡"，为了维护自尊，当与成人意见不合时，就会反抗，进行言行上的攻击或者态度上的不满，轻者与成人争吵反抗，严重者还有采取肢体攻击的行为。

一、叛逆心理的成因

逆反心理的出现伴随着诸多的原因，有客观原因和主观原因。

（一）主观原因

1. 生理因素

青少年正处于身心发育的过渡时期，这一时期的青少年身体发育和成长相对较快，大脑发育逐渐成熟并趋于健全，脑机能越来越发达，分析、判断能力越来越强，眼界越来越开阔。在大脑不断地发展的前提下，必然会使思维变得活跃，思维方式和视角逐渐由简单的正向思维向逆向思维、多向思维和发散思维等方面发展，这些为青少年逆反心理的产生提供了生理基础和可能。

2. 思想认识不成熟

青少年的思维虽然具有独立性、批判性，但却不是很成熟，从心理学的角度来看，这种不成熟表现在认知、情感和意志方面，看问题的偏差太大，从而出现认识上的片面性。身体的发育让他们觉得自己已经是一个大人了，但心智又不是很成熟，容易受到外界各种因素的影响，再加上经验、阅历都不足，无论是在人际关系交往还是在处事态度上，都比较片面、固执。

3. 自我意识的觉醒

随着年龄的增长，青少年的个性意识、独立意识、成人意识不断增强，不再愿意接受家长和老师的"保护"，希望像成人那样得到尊重，认为应由自己独立决定和管理自己的事情，对老师的教育、家长的指导采取回避行为，甚至会产生反感情绪。孩子特别期待大人将自己当成一个独立的人，厌倦了之前一味地处于从属地位，他们意识到自己的存在，渴望追求真实的自我。这个阶段的孩子并不是有意地违抗父母，而是希望能够通过独立、通过对抗，来找到最真实的自己。

4. 好奇心的驱使

青少年具有强烈的好奇心，他们对未知世界充满探索精神和实践意识。青少年期的孩子既不像幼儿期一样身小体弱，也不像成年人一样进退有度，他们对这个世界充满了好奇心，所以总想一探究竟。由于青少年知识积累不够，生活经验不足，阅历较少，所以许多家长和老师在教育孩子时，往往采取打压的方式，将自己认为正确的生活经验强加给孩子，希望他们少走弯路。但是青少年自主意识在逐渐增强，在好奇心的驱使下，对于那些父母和老师不让踏进的领域，会更加兴趣浓厚，对于家长和老师的忠告，往往采取置之不理、我行我素的应对方式。

（二）客观原因

1. 家长的教育方式不当

家庭教育对孩子性格的形成和心理的成长有着很重要的影响，在青少年产生心理问题的主要原因中，大多数是因为家庭教育方式的不恰当、不合理。

有些父母采取专制型的教养方式，家庭教养风格以强调父母的权威形象为重点，不认为孩子是一个独立的个体，仅仅是父母的附庸。这种家庭的特点一般是高要求和低反应，父母对孩子有着很高的要求，但是对于孩子的需求却不闻不问，这样家庭的孩子往往会焦虑退缩，容易抑郁，青春期时叛逆的可能性较大。相比其他的孩子来说，他们从小孩到成人的过渡是非常艰难的，有的经过自己的反抗，找到了真正的自我，有的则在叛逆过程中误入歧途，还有一些彻底丧失了自我。

有一部分家长固执地遵守传统的"棍棒"教育，认为孩子要绝对服从自己，否则就是"大逆不道"，这种观念严重危害孩子的自尊心，不但会使孩子的叛逆心理越来越严重，长此以往还会导致青少年具有暴力倾向，甚至演化成不可挽回的惨剧。还有一部分家长采取溺爱型的教养方式，对孩子充满了爱和期待，但是却忘记了孩子社会化的任务，很少对孩子提出要求或者规则，而是事事顺着孩子、溺爱孩子，帮孩子把一切事情都安排好，这种也是不对的，因为青少年需要的是自主性、独立性，帮他安排好事情，会让他觉得自己无能，甚至把家长的好心当成"多事"，或者变成一个完全以自我为中心的孩子，不会体谅父母。还有一部分家长对子女的学习与就业期望值普遍较高，总是力图通过自己的生活感受和价值来要求子女。而自我意识不断发展的青少年学生又常以为自己已经成熟，把家长的严格要求看成"束缚"，同家长之间形成"代沟"，导致逆反心理的出现。

2. 大众传媒不良价值观的影响

社会环境也是导致青少年产生逆反心理的一个重要方面。现代社会发展日新月异，大众媒体在满足人们对多样化的文化、娱乐追求的同时，也带来了许多负面影响，他们往往仅考虑如何迎合大众，忽略了青少年群体，使一些不良的社会风气感染到了广大青少年。一些电视剧为了迎合这个群体的需要，过度地吹捧个人主义，过分美化青少年的错误行为，让他们更坚定自己是对的。

3. 学校教育及管理方式不科学

有些老师专业能力不高，在教育教学过程中，忽视青少年心理变化的特点，教育手段简单、粗暴，过分控制学生的行为活动，造成青少年感到压抑和焦虑，进而导致青少年将教师的合理要求、正面教育也视为专门针对他们的"管""卡""压"。因此，青少年就有可能拒绝教师的合理要求，与老师"对着干"。有些教师在工作中缺乏公平、公正和深入调查的精神，在处理学生问题上往往采取厚此薄彼、简单压制的方式，导致学生的"敌对"情绪或故意捣乱现象经常发生。

二、叛逆期的行为特点

（一）否定性

青春期的学生由于心理的波动较大，对学校、教师的教育和学校制度，表现出一种不认同、不信任的反向思考和无端否定，甚至行为严重的会触犯学校的校规。他们不希望或是很少愿意父母干涉、约束自己，父母让做的一概不做，不让做的偏要试一试，从而表现得极为叛逆，在处理问题上会出现言语的争吵和行为的抵抗。

（二）评判性

处于青春期的中学生，渴望得到别人的关注，在没有弄清事情真相之前习惯性地评判别人，评判学校和老师，评判老师的教学和行为。由于对学校部分老师的不认同和抵制，对老师所教的学科与相关科目学习也出现抵制和负面的评价。

（三）对抗性

处于叛逆期的中学生，他们热衷于对家长和老师采取不遵从、抗拒的态度，他们与传统的思想对抗，与学校的各项规章制度对抗，与成人的要求和约束对抗。对父母十分冷淡，认为父母的管教不太符合自己的现实生活标准，扰乱课堂纪律，哗众取宠，公开顶撞老师，甚至会出现把年轻教师欺负哭的情况。

（四）阶段性

中学生正处于青春期，叛逆常常在青少年世界观的初步形成阶段出现。这一时期，青少年的心理和生理发育最为激烈且趋近成熟，心理认知能力和生物性适应能力增加。青少年的叛逆体现出一定的阶段性，他们不再盲从权威，对教师、家长开始质疑。

（五）可变性

中学生渴望自主、自立，但是由于他们的认知、思想都不成熟，并且受外界的影响时常发生变化，意志容易动摇，情绪情感变化明显，性格孤僻、古怪、情绪化等。他们的叛逆情绪来得快，去得也快，来的时候一发不可收拾，消失时又恢复了冷静，表现出来的叛逆行为具有可变性。

三、中学生叛逆心理的应对策略

叛逆心理虽然说不上是一种非健康的心理，但是当它反应强烈时却是一种反常的心理。如果不及时加以矫正，发展下去对青少年的成长非常不利。面对青春期青少年的叛逆心理，家长和教师要以积极的心态去关注他们的内心世界，对其叛逆心理进行积极的引导，化叛逆心理为积极的正能量。

（一）给孩子时间，让其成长

许多处于青春期的学生脾气由温顺、乖巧变得暴躁、倔强，甚至会说一些过火的话，做一些过火的事。这个时候，成人不应该去打骂孩子，家长应该做的是：每当孩子说出过火的话，做出过火的事时，想办法"熄火灭火"，晓之以理，动之以情，不能以"火"压"火"，更不能火上浇油，给孩子创造一个自由的空间。给孩子一个消化的时间，引导孩子不断地丰富一些为人处世的经验，让他们有充足的时间去反思自己的错误，体会到父母和老师的好。

（二）给孩子空间，让其成长

给孩子自由空间就要保护好他们的隐私，父母不能侵犯孩子的隐私，要意识到孩子也是一个独立的个体，家长想要了解孩子，绝不可急于一时。可以从孩子平常的言行猜测他们的心理，然后采取"欲擒故纵"的措施管理孩子，让他们像风筝一样，既能自由自在地在天空飞翔，又能在某种程度上受到一定的约束，这样才能有利于帮助孩子顺利地度过青春期。要引导孩子主动和成人交流，要充分地相信孩子，陪孩子度过这段艰难的过渡期，让其成长为一个大人。

（三）给孩子尊重，让其成长

平等、民主的教育方式是消除叛逆心理的主要手段。这就要求家长在教育孩子时要充分尊重他们，多以平等、友好的态度与子女谈心，决不能专制独裁。家长应充分尊重他们的独立性，引导他们建立起正确的是非标准和价值评价体系，帮助他们早日完成社会化，成长为一名合格的社会成员。平等、民主的教育方式不仅可以消除他们原本因追求独立性而带来的逆反心理，而且可以通过尊重和满足他们的独立性达到教育目的，从而更好地帮助他们早日走向成熟。

（四）给孩子方向，让其成长

成人不能左右孩子的一切，但是成人肩负着引导孩子向着正确的方向前进的责任。在学校层面，首先，学校要主动更新教育观念，坚持以人为本的素质教育理念，改进青少年思想政治教育的教学方法，逐步建立以学生心理体验为基础，注重学生个性体验和情感需求，形成适应青少年身心实际、充满情趣的情感式体验教育。其次，教师要积极开展针对青少年和家长的心理辅导活动和讲座，一方面引导青少年正确认识自我成长中产生的心理问题和生活中遇到的困惑，培养他们自我心理调节的能力，不断促进其人格的健康发展；另一方面将家庭教育知识传授给家长，为青少年顺利度过叛逆期提供良好的家庭氛围。在家庭层面，家长要积极通过各种途径学习心理学的知识，了解中学生的心理特点。例如，参加学校的讲座和培训，和老师一起疏通中学生的心理，帮助他们释放心中的压力。在社会层面，全社会要担负起青少年成长成才的责任，共同营造积极向上的社会文化氛围，为青少年的健康成长创造良好的环境。同时，党的二十大报告强调要加强全媒体传播体系建设，塑造主流舆论新格局。健全网络综合治理体系，推动形成良好网络生态。因此，媒体应当有正确的价值观和责任感，为青少年的成长创造绿色健康、积极向上的网络空间。

第三节　培养心理抗逆力

在面对来自各方面的压力时，有的青少年会越挫越勇，有的青少年会自我怀疑，认为自己没有能力，不是"学习这块料"。为什么不同的青少年面对同样的压力与失败时会有不同的反应呢？从心理学角度分析，这可能是由于抗逆力的不同。

一、什么是心理抗逆力

抗逆力，也有学者称之为"心理弹性""韧性"，大致相当于"挫折承受力""耐挫力"等概念，是指一个人处于困难、挫折、失败等逆境时的心理协调和适应能力。在面对逆境过程中，抗逆力能使人的心理健康恢复到逆境发生前的状况，甚至展示出更理想的心理状态；而在克服逆境后能够拥有更高的抗逆力。

从构成要素上，抗逆力有外部支持因素（I have），内在优势因素（I am）以及效能因素（I can）三个部分。人们所生活的环境——尤其是这个环境中与人们发生交互影响的那些人，能够帮助人们或者增强人们的抗逆力，构成抗逆力的外部支持因素，包括拥有正向的连接关系、坚定清晰的规范、关怀支持的环境、积极合理的期望、有意义的参与机会。内在优势因素包括完善的个人形象感、积极乐观感。人们观察自己而得到的结论和从别人那里得到的反馈称为自我形象，这对于青少年非常重要。效能因素包括人际技巧、解决问题的能力、情绪管理及目标制定等，人际技巧是指适应不同文化的灵活性、同理心、幽默感及沟通能力；解决问题的能力是指懂得运用资源及寻求帮助的能力；情绪管理是指能察觉自己的情绪并正面表达出来；目标制定是指了解自己的目标，并具备制订计划的能力，从而达到自己的目标。

二、培养抗逆力的意义

当外在压力、危机袭来时，个体自身和环境中拥有的保护因素会做出自动化反应，与外在压力构成交互作用。如果个体自身或其环境中具有适配的、得力的、恰当的保护因素，可以产生两种能力：一种是自我平衡能力，保证个体在压力和逆境面前维持舒适，平衡重构；另一种是抗逆力的启动，调整自我、应对压力，重构生命，获得良性发展。反之，则可能会导致心理功能混乱与失调。

根据埃里克森人格发展八阶段论可知，12~18岁的青少年正处于青春期。这一阶段的核心问题是自我同一性和角色混乱的冲突。一方面青少年自身的本能冲动的高涨会带来问题，另一方面青少年对面临的社会要求和自我的冲突而感到困惑。若在此阶段能够应对重重压力，便可以在学习和社会活动中不断健康成长，可以形成自信、乐观、执着、宽容等优良品质，为其成为独立自主的成人打下心理基础，因此，培养抗逆力具有重要意义。

三、培养抗逆力的方法

（一）家长和老师提供抗逆力能力培养的机会

[微视频]
对孩子的练字
进步给予鼓励

培养"不轻易言败"的青少年，家长和老师需要从日常生活中寻找与提供抗逆力培养的机会，帮助青少年正确认识挫折、体验挫折情境，学习积极的挫折应对方式。家长和教师在日常生活中可以通过观察，发现青少年的某些心理方面的优势和不足，据此为青少年创设一些挫折情境，让青少年去经历直面挫折、体验挫折、解决挫折的过程。比如：根据青少年的生活能力与学习水平，适当布置具有挑战性、有难度的任务，让青少年体验独立解决问题与困难的过程与感受，并且让其了解到生活中不仅仅只有学业任务这一件事。教育青少年应对挫折的方式可采取客观点评与鼓励相结合的方式，让其明晰自己的优点与长处，同时直面与接纳自己的缺点与不足。教师和家长也需要以身作则，保持积极乐观的心态，不在生活中自怨自艾，不去夸大由情绪所带来的困难。

（二）帮助青少年正确认识挫折与压力

挫折应对是一个动态过程，其方式受挫折认知、挫折评价、挫折应对技能、挫折应对策略、社会支持等多种内外部因素（具有可变性、可塑性）的制约。在这些因素中，对挫折的认知和评价是重要的内部因素，人们可以通过改变对挫折的认知来增强自身的抗逆力。明尼苏达大学发展心理学家、临床医师诺曼（Norman）曾对一名拥有一个酗酒的母亲、没有父亲的青少年男孩开展了持续的追踪研究。这个男孩每天都会带着一个同样的"三明治"来学校：两片面包，中间没有其他任何东西。因为家里没有人做食物，面包是他唯一可以吃的东西。尽管如此，这个男孩一直希望"不要让别人同情，也不要让别人知道自己母亲的问题"。他每天都会微笑着带着面包走进教室，精神奕奕。在成长过程中，男孩始终在学业、人际、心理健康方面表现良好。诺曼说，他们"尽管经历过异常困难的处境，却不断走向成功、不断获得超越大多数人的优秀"。这个男孩的身上所体现出来的就是诺曼后来定义的"抗逆力"。

宾夕法尼亚大学的相关研究指出，以下三种解读方式的转变是极为重要的：①从向内的变为向外的（"坏事的发生不是我的错"）；②从总体的变为具体的（"这是一个独立、单一的事件，并不暗示着我的全部生活都大错特错"）；③从永久的变为暂时的（"眼前这个情况是会发生变化的，而不是假设一切都已经固定不变了"）。这三种改变会极大改善人们的心理状态，降低人们的抑郁倾向。另外一种思维的转变，要将对人生控制的理解从外在转向内在，即"你对于自己的人生是有影响力的"，明确这一点，会让自己从内心感到力量。研究发现，它不但能提升一个人的心理状态，还能直接提高客观的工作表现。如果将困境重构为挑战，就会更加灵活地处理它、跨过它，学到经验，然后成长。而如果只看到它灾难的一面，潜在创伤事件就会变成持续的问题，会感到动弹不得，负面的影响会越积越多，像滚雪球一样越滚越大，直到有一天它真的把人压垮。

（三）营造宽松的家庭氛围

青少年时期要面对身心的重大变化，以及学业、人际和成长上的困扰，加之其应对压力、解决问题的能力不甚成熟，此时各种日常生活事件所带来的压力更容易对青少年产生消极的影响。家庭，作为青少年成长和社会化的第一个环境，对青少年的身心健康有着重要影响。营造宽松的家庭氛围能够帮助青少年营造内心的安全感，增强抗逆力。

好的家庭氛围可以从以下7个方面来努力：①沟通互动：指家庭成员之间能以开放的心态表达和交流想法、感受，拥有共同积极相处的时间，如"我们可以向彼此倾诉困扰和烦恼"。②问题解决：指家庭面临压力时家庭成员通过有效的方式予以应对，如"我们能坚持不懈地寻求解决问题的办法"。③获得支持：指家庭面临压力时能获得来自家庭内部、亲戚、朋友的有效帮助或主动寻求帮助支持，如"有难处时，家庭成员总能尽最大的努力给予帮助"。④情感联结：指家庭内部成员间彼此亲密和谐，富于情感，同时与家庭外部有良好的关系，如"我和家人之间彼此团结、和睦相处"。⑤乐观接纳：能以乐观和接纳的态度看待压力，不埋怨、不指责，如"生活难免遇到困难，我们会以平常心对待"。⑥未来设想：指面对压力时，家庭保持着坚定的信念和对未来的积极设想，如"我和家人对未来有积极的设想"。⑦逆境意义：指家庭成员能看到经历困难给家庭带来的积极变化。

（四）通过体育教育培养抗挫力

曼德拉说："体育可以改变世界。"相比其他教育形式，体育锻炼可以通过丰富多样的运动形式培养学生团结互助、勇敢拼搏的精神，这些是抗挫折能力最需要的基本素质。此外，大量运动心理学研究和文献证明运动对于缓解不良情绪症状具有积极作用。运动导致身体生热作用，大脑的视丘下部察觉到身体的体温升高，然后促进大脑皮质放松，并作用致使肌肉张力减小，肌梭对拉力的敏感度降低，减少大脑觉醒中枢对刺激的反馈，从而引起放松。此外，在体育竞赛活动中可以增强青少年的挫折体验，有利于激发青少年的成功欲与抗逆力，培养青少年不服输、不怕输的精神，减轻其由于压力带来的退缩、逃避等负面情绪。

积极心理和健康人格是人的先天素质和后天教育的合金。培养抗逆力正是在他们人生的起航阶段播下积极心理品质的种子，帮助其在人生道路上正确处理困难与压力，使其获得伴随终身的心理能量。

第四节　正确对待攀比心理

随着经济持续稳定发展，人们物质生活水平极大提高的同时，也助长了青少年的攀比心理。由于13～18岁的青少年心智尚未成熟、社会阅历缺乏、知识储备不足，难免会受到社会中良莠不齐的信息影响。在攀比心理的作用下，青少年的价值观发生偏离，价值判断存在偏颇，不利于其健康成长。因此，做好青少年攀比心理的正确引导成为家庭教育和学校教育面临的重要课题。

一、攀比心理的表现形式

青少年的攀比分为精神攀比和物质攀比。精神攀比所指向的是内在需求的满足，比如，青少年之间比做人的品质、比在集体中的奉献、比未来的理想、比取得的成绩等。这种攀比是青少年积极成长的催化剂，体现了对理想的追求以及对生活的热爱。物质攀比主要指的是外在物质需要的满足。一部分青少年会追逐不适合自己年龄阶段所具备的消费能力的产品，像一些高档消费品、奢侈品、明星同款等；一部分青少年还会比生活条件，看谁吃得好、看谁穿得俏、看谁花钱阔绰、看谁发型新潮；还有一部分青少年会比谁的家庭存款多、比谁的父母权力大、比谁家的轿车档次高等。这种物质攀比的现象在青少年里屡见不鲜，对人生观、价值观、世界观尚未定型的青少年来说，他们所攀比的是"不该比的东西"，这些并不是自己劳动所得，也不是智慧和品德的结晶，更不是青少年成长所追求的目标，可以说，物质攀比是一个"美丽的陷阱"。如果没有正确的自我认知与自我评价，又缺乏积极的引导，就会产生不恰当的行为动机，再加上对周围成人的模仿及从众心理，让他们将互相攀比当成展现自我价值的方式。

二、青少年攀比心理的危害

（一）影响青少年的学业

陷入盲目攀比的心理之后，青少年学生会把重心更多地放在与他人攀比上，在学习方面就会放松，甚至会忽视和荒废学业。从中学生盲目攀比心理的目的来看，他们很大程度上是为了哗众取宠，得到他人的关注，满足自己强烈的自尊心和虚荣心，希望能得到大家的认可与欣赏。这样一来，他们时刻注意着他人的变化，注意着他人的言行举止，这无疑会让学生分心，抱着浮躁的心态，无法专注于学业。有的学生在上课时偷偷地拿出小镜子看上半天，部分青少年在学习用品上相互攀比的劲头，远远超过了其学习的竞争。而攀比所产生的烦恼，也让学生无法将重心放于学习之上。由此可见，攀比心理对青少年的学业的危害是很大的。

（二）影响青少年自身的健康成长

中学阶段正是青少年身心发展的关键时期，而有些青少年在服装、吃喝、打扮上互相盲目攀比。比如，办生日宴、聚会等容易滋生攀比心理，养成大吃大喝、吸烟酗酒的恶习；有的学生吃完生日宴后找乐，要么聚众赌博，要么去歌厅，过早涉足成人的领域，染上社会不良习气，很容易误入歧途；有些服装，如紧身衣、低腰裤等"时尚装"，衣服过紧，束缚身体，从而影响青少年正常的生长发育；有些学生为了攀比，不穿校服而穿着长款、阔腿型的裤装或无领、无袖的短上衣等，在上下楼梯、做实验、上体育课时，极易发生缠绊、摔倒、划破、烫伤等事故，从而造成不必要的伤害。此外，攀比心理也会影响青少年的心理健康发展。在攀比的过程中，会逐渐养成自卑、浮躁及极端心理，随着攀比心理的一步步加深，青少年极易形成自私主义、利己主义、享乐主义思想，出现任性、缺少责任心、贪图享乐、不顾他人冷暖和集体利益而只为自己着想等问题，很容易影响青少年正确的世界观、人生观和价值观的形成。

(三)加重家庭的经济负担

中学生是一个独立的、纯粹的"消费群体",没有经济能力,衣食住行、日常花销等几乎所有消费都依赖父母。而中学生群体中,大部分孩子在家里都会受到很大的关注,"望子成龙"的父母总是尽量满足他们的要求,青少年为了攀比上档次、够气派,一味地要求父母满足自己无止境的消费欲望,造成很多家庭经济收支失衡、入不敷出。有些中学生家庭条件并不好,但为了攀比、为了在同学中"有面子",便不顾"家情"及父母的经济状况,想尽办法向父母要钱满足自己的私欲,这无疑增加了家庭的额外经济负担。为了满足孩子攀比心理的需要而使父母"破产",这是一种缺乏责任感的表现,是盲目攀比和虚荣心在作祟,应该引起家庭的高度关注。

三、青少年产生攀比心理的原因

一种心理现象和行为的产生,由内在和外在多种因素共同作用,攀比心理也是如此。青少年攀比现象不完全是他们个人的内在行为,相互攀比也不是简单的因果关系,这实质上是一种社会众多现象的综合反映。而社会、家庭、学校构成了攀比的外在情境,青少年个体的情感、认知和行为则构成了攀比的内在因素,内在与外在的相互作用就会产生相应的攀比心理和行为。以下将从个人、家庭、社会三个方面进行青少年攀比心理和行为的分析。

(一)个人因素

青少年的攀比现象与持有以下几种心态有关。

1. 自卑

有自卑心理的孩子喜欢与他人比较,由于在同伴中自己的表现处于不利位置,通常他们不愿与学业好、德行先进的同伴比较,而喜欢与落后的同伴比较,以求得心理平衡。

2. 从众

很多青少年担心自己被孤立,于是大家怎么做,他就怎么做。别人比,他也要比。希望通过这种方式来融入某个群体。因此,亲密的朋友圈子会有相同的特征。

3. 虚荣

在青少年的盲目攀比中,有相当大的部分是虚荣心在作祟,他们特别爱面子,为了维护自己所谓的"面子",常常不考虑自身的实际情况,与人比不该比的东西。

4. 渴望被肯定

苏联教育家苏霍姆林斯基说过,"人类的本质中最殷切的要求是渴望与肯定"。处于青春期的少男少女非常渴望被认可、被关注、被赞许,他们开始渴求自我价值。随着青少年年龄的不断增长,他们的自尊心水平不断增强,当他们对自己的认知评价、自我认识水平逐渐增强时,他们会更加关注自己的形象,同时也会比较关心同学对自己的看法,并且经常会和同学进行比较。

（二）家庭影响

家庭生活与青少年攀比有直接的关联。每一个人都来自家庭，是家庭生活的一部分，家长对于孩子的教养方式以及对待攀比所持的态度都是孩子攀比现象的直接影响源。

1. 家长的期望

家长的攀比心理通常会通过自身的期望传递给孩子，如果家长自身是一种正性的攀比心理，他们就会鼓励孩子不甘于落后他人、不满足于现状，教导孩子与同学比学习、比进步、比美德；而现如今有很多家长对孩子的期望值不断升高，"望子成龙""盼女成凤"、不能让孩子输在"起跑线上"等，成了许多家长的座右铭。"00后"青少年受到生育政策的影响，大多是独生子女，自然也是"集万千宠爱于一身"。亏什么不能亏孩子，于是对孩子过分宠爱，尽父母最大努力来满足孩子的各种需求，而较少去考虑这种无止境的满足是否对孩子成长有益，这种期望心理支配下的攀比极有可能变味和走样。这些看似对孩子的爱，却无形之中助长了孩子的攀比之心、膨胀之意。此外，部分家长错误的消费观念也潜移默化地影响着青少年，青少年受家长消费观念的影响养成了追求物质享受、过度挥霍金钱的消费趋向。家长有意无意中流露出互相攀比的思想与行为使得孩子的价值观严重扭曲，逐渐形成了攀比的心理。

2. 家长的"言传身教"

有些家长自身的消费观、审美观不科学，他们在自己所属的社会群体中也在相互攀比，如比谁的钱多、谁的官大、谁的车好等，甚至以此炫耀自家的身份、地位，满足自己的虚荣心。而家长的攀比行为也在潜移默化地影响孩子，成为青少年仿效的对象。孩子们聚集在一起逐渐不谈论学习，而是讨论谁的父母开了什么车，谁的父母有多少钱，谁的父母官位高。在这种不良风气的影响下，许多家庭贫苦的孩子不愿让自己的父母来学校，认为这样会让自己"丢脸"。

3. 家长的心理

除了家长不知不觉的攀比对孩子产生影响外，还有一种对孩子的补偿心理造成了孩子的攀比行为。这一代的青少年的生活条件普遍比父母一辈生活条件要好，父母一辈在小的时候渴望得到某些东西而没有能力得到，现在有能力了，所以不想让自己的孩子在吃、穿、用等方面有任何的委屈，便愿意尽自己最大的能力满足孩子的需求。家长用这种方式，不仅是表示对孩子的爱，也是一种对自己童年得不到想要的东西的补偿。无条件地满足孩子的需求，只会产生溺爱现象，这种溺爱难免会让孩子产生攀比心理，他们习惯于被满足，这为攀比提供了条件。所以说青少年攀比心理的产生，家庭教育有着不可推卸的责任。

（三）社会环境

青少年生活在社会大环境中，不免受到不良风气的影响。不良的社会环境会扭曲中学生的价值观和判断，对中学生攀比心理的助长往往是直接而深刻的。社会上五花八门、形形色色的信息不断地输入到青少年的大脑，而他们尚未成年，缺乏社会经验，对这些信息缺乏有效的判断，从而很难有效抵制不良风气的侵蚀，造成消费观念、攀比心理的扭曲畸变。青少年对未知的事物充满好奇，特别是在网络信息高度发达的时代，各种信息充斥着他们的生活，所以他们或多或少会受到各种攀比之风的影响。例如，一些网红攀比作秀，反而成为青少年追星的对象、竞相学习的"榜样";此外,一些电视剧中的情节也误导青少年的认知与观念。这些社会现象会逐步侵蚀青少年的思想,影响他们正确人生观的形成。

四、正确引导13～18岁青少年攀比心理的策略

基于青少年攀比心理产生的种种原因,有必要分析如何进行合理的引导调节,实现负性攀比到正性攀比的转化,从而帮助他们建立正确的价值观、消费观。

(一)家庭教育

1. 规范行为,以身作则

父母是孩子的第一任老师,在孩子的成长中父母起到了榜样的作用,父母的穿着打扮、言谈举止将成为孩子学习的对象。如果父母的审美情趣不高雅,穿着求新求奇,生活奢侈浪费,那么孩子便会进行模仿。因此,父母的行为会影响到孩子的发展。

党的二十大报告强调要"加强家庭家教家风建设",作为家长,应大力弘扬党的二十大报告提出的劳动精神、奋斗精神、勤俭节约精神等,保持艰苦朴素的作风,要提高自身的素质,规范自己的行为,为孩子树立榜样,言传身教,培养孩子吃苦耐劳、勤俭节约的品质。在一个良好的家庭环境中,孩子更容易形成良好的习惯,不盲目与同学进行攀比。

2. 正确面对孩子的攀比,适当满足要求

可能不少的父母在面对孩子的攀比心理时是不接受的,他们会严厉地批评、指责孩子,希望通过这种方法消除孩子的攀比心理。但是父母应该设身处地地站在孩子的处境考虑他们的感受。如果孩子的需求并没有那么过分,以自己的经济能力能够解决的时候,作为家长,应根据孩子的实际情况适当满足他们的合理要求,并动之以情、晓之以理,使孩子将攀比内容向积极方面进行转移。但是对于孩子的无理要求,父母要坚决拒绝,绝不迁就。要善于与孩子进行沟通交流,通过亲子活动等了解他们的内心世界,倾听孩子的内心情感,让孩子的情感得到倾诉,精神得到依靠,父母只有真正地了解孩子的想法,融入他们的内心世界,才能够正确引导孩子。让孩子不产生抗拒心理的同时,引导他们树立正确的价值观。

3. 正确引导孩子的攀比,转移攀比焦点

人们都希望自己拥有好的东西,孩子也不例外,家长不能轻易用道德来批判孩子的攀比。面对孩子的攀比,父母及时且合理的指导是关键。引导孩子健康的"攀比",才能帮助孩子健康地成长。

如果孩子希望穿名牌的衣服、买名牌的鞋子,父母可以让孩子参与日常生活的点点滴滴,如通过完成学习任务、打扫卫生等家务来换取金钱。通过这种方式,孩子能够更直观地理解生活和热爱生活,明白赚钱的不容易,也有利于避免孩子与现实生活脱轨,对金钱没有概念。这样慢慢地引导不仅能够缓解父母和孩子之间的矛盾,也有利于培养孩子的自信、独立等品质。如果父母的条件不允许的话,大大方方向孩子解释,有时父母勇于向孩子展现自己的不足,也会拉近与孩子之间的距离。如果通过沟通孩子仍然吵闹要购买不符合家庭经济水平的东西,这时父母要严厉拒绝并加以引导,让孩子明白量力而行的重要性。同时通过引导孩子丰富自己的知识面和兴趣爱好,培养孩子在文学艺术、自然科学、体育运动等方面的

兴趣来转移攀比的焦点。在日常生活中，父母应教导孩子什么是幸福的真谛，同时积极为孩子营造健康、和谐的成长环境。

（二）学校引导

通过开展健康、积极的校园活动，尤其是开展消费方面的知识讲座、消费案例的真实模拟等，让中学生认识到攀比心理的危害，从而自觉与攀比心理做斗争。

教师应当首先树立正确的价值观，并将其落实到自己的行动之中；对于受到攀比心理影响的学生，教师要因势利导，加强同学生之间的沟通与交流，积极调整学生的心态，可以将物质上的攀比转变为学习、情商、品德上的攀比，使得学生在"竞争"中得到成长与发展，实现中学生综合素质的提高；教师要定期开展相关内容的主题班会，对学生进行思想教育。重视对青少年的心理辅导，通过教师的循循善诱，帮助他们正确认识不良攀比的危害，引导他们树立正确的价值观。

此外，还要加强对学生家长的指导工作。针对家长缺乏心理健康教育知识的现状，学校应该开设心理辅导讲座，指导家庭教育；通过家长委员会交流推广科学教育子女的经验，指导学生家长树立正确的教育观、消费观，使家长能够科学地教育孩子。

（三）社会影响

对孩子的培养，不仅是学校和父母的责任，社会也有责任，社会要为青少年健康成长创造良好的氛围。

社会各界人士要意识到问题的严重性，及时改掉自己的不良行为习惯，保持艰苦朴素的作风，为青少年学生树立一个好的学习榜样；多一些正面宣传，积极创设良好的、积极健康的社会文化环境；要加强对媒体的监督力度，抵制拜物主义，多营造健康、良好的媒体环境；同时有关部门也要注意采取有效措施，扭转社会上的不良风气，对网吧进行有效的管理，让青少年生活在健康、昂扬向上的社会氛围中。社会还应当举办一些积极、健康、向上的活动，比如夏令营活动、青少年书法大赛、绘画大赛等，转移学生的竞争注意力，让中学生在实践活动中砥砺言行、自立自强，不盲目追求不该追求的东西，克服攀比心理。

（四）自我改善

攀比心理的形成是由多方面原因造成的，青少年应理性分析自己的心理状态，应该明确盲目攀比的真正来源，端正自己的态度。

1. 不要盲目攀比

面对物质上的攀比行为要合理地去看待。应当树立勤俭、节约、朴素的作风，不能增加家长的负担。首先，要清楚这种攀比是否正确，是否是好的事情；其次，要立足于自身的状况，如经济实力、身份状况和所处环境等因素；最后，攀比要在自身能够承受的限度内，不要盲目消费。

2. 尽可能地纵向比较

纵向比较是指个体和自己的昨天比较，找到长期的发展变化，以进步的心态鼓励自己，从而帮助个体树立信心。鼓励自己将注意放在学习、特长及成长方面，通过良性的纵向比较促进自己的健康成长；通过敢于竞争、善于竞争的正确行为习惯，实现对理想的追求。

3. 在攀比中不断超越自我

作为一名青少年，要对自己有一个客观、全面的认识，要学会在面对纷繁的世界以及各式各样的新鲜事物时，依然保持清醒的头脑，逐步把注意力放在提升自我综合素质上。中学生应该化压力为动力，将攀比心理转化为竞争的动力，要求自己不断进步、刻苦学习。只有不断攀比自我的学习能力、情商、品行，才能做到真正不攀比物质。在平时的学习与生活中，要将那些勇于拼搏、努力奋斗、甘于奉献的人作为自己的榜样并不断向其靠近。要在培养自身积极的攀比心理过程中不断超越自我，实现青春期的心理健康成长与自身良好发展。

攀比心理的正确引导需要青少年个人、家庭、学校和全社会的共同努力。对于家长与教师，要懂得如何积极、向上、健康地引导青少年树立正确的人生观和价值观，让他们日后步入社会可以成为栋梁之材，更好地为社会发展做贡献。

第五节　异性交往或早恋问题

随着性别意识的形成和第二性征的出现，青少年会逐渐产生对异性的好感，希望接近和了解异性，获得异性同龄人的关注与认可。与此同时，大众传媒与移动互联网设备的普及，使得青少年更多地暴露在网络媒体与社交平台的信息流之下，潜移默化地影响了其对恋爱关系、婚姻关系的认知。因此，家长和老师要正确引导青少年的异性交往，避免早恋现象。

一、异性交往的发展阶段

步入青春期之后，青少年会逐渐转变对异性的态度，重新定位并熟悉异性，不仅将其视作朋友或同伴，更作为潜在的情感交往对象，激发出新的交往维度，集中表现出对异性的关注与喜爱。与成人阶段的恋爱关系不同，由于身处生理和自我认知层面的转折期，青少年的恋爱关系呈现出独特的发展趋势。研究表明，青少年跟异性交往的发展可以分为四个阶段。

（一）情感朦胧期

女孩在9～11岁，男孩在10～12岁（大约小学四五年级至初中一年级）是性别意识觉醒期，此时他们性机能尚未成熟，但已确认了自己的性别角色，对性别差异敏感，男孩女孩在一起会感到拘束、害羞，往往采取疏远和躲避的态度。

（二）情感爱慕期

女孩在11～13岁，男孩在12～14岁（初中一年级）进入情感爱慕期。此时，男孩女孩在一起觉得有意思，异性之间互相观察、欣赏的兴趣增加，注意异性的谈话、表情、动作。而且开始注意自己的服饰、举止，想给异性留下好印象。对于异性之间的接触，往往会自觉不自觉地浮想联翩。然而，此时异性之间的好感是泛泛的，没有具体对象。

（三）初恋期

女孩在13~15岁，男孩在14~16岁（初中二年级至高一）。这时，男孩女孩的性机能发育基本成熟，内心开始萌发初恋的幼芽，在年龄相近的异性中，发现喜爱的对象会给予特别的注意和关心，感情上希望多接触、多交往，而理智上又有种种顾虑。这一时期，异性同学的一个眼神、一个微笑、一个动作或者一次活动中的出色表现都会成为一种巨大的吸引力，都会让他们沉醉其中。这时候的孩子特别注意自己的外貌和打扮，表现出心神不定。

（四）钟情期（大约进入高二以后）

钟情，就是很专一地倾慕、爱恋某个异性。此时，往往出现痴情男女，一旦相爱，便不顾一切。由于涉世未深，对人生没有充分认识，往往陷入其中难以自拔，一旦受挫，会意志消沉，产生厌世心理，有的还可能走上放纵自己的道路或者轻生。

以上是青春期异性交往的普遍发展特点，可见，青春期的孩子异性交往或对异性的喜爱是心理发展的正常需要和正常表现。尤其是"10后"的这一代，成长条件好，性成熟提前，接受各种信息的渠道也多，不可避免地会出现青春期异性交往过密或青春期恋情，家长的细心是必要的，但家长同时应该明白，这个阶段的孩子，渴望与他人交流心里的感受，渴望他人尤其是异性的关注、认同，他们渴望友谊就像植物渴盼阳光一样，不但喜欢同性、同龄、同志趣的朋友，他们更渴望结交异性朋友，因此，不要轻易下早恋的结论。在社会文化规范的约束下，国内教育实践中大多使用"早恋"这一概念来描述青少年与异性的浪漫关系，认为恋爱会造成青少年学业表现的下滑，甚至诱发更极端的偏差行为。然而恋爱行为在青少年身心发展历程中扮演着重要的角色。随着社会文化观念的开放与多元，逐渐有学者尝试从积极的侧面来理解青少年的恋爱行为，他们认为与异性的浪漫关系有助于青少年获得情感满足，提高与异性交往的技能，并保持身心平衡。也有学者提出，与异性之间的适度交往对于青少年性别观念的成熟、自我意识的构建以及社会交往能力的培养均具有积极作用。因此，正确地引导青少年的恋爱心理是重要且必要的。

二、青春期早恋的主要表现

①孩子变得特别爱打扮，注意修饰自己，经常对着镜子左顾右盼。
②成绩突然下降，上课注意力不集中，做作业时心不在焉。
③活泼好动的孩子突然变得沉默，不愿和父母多说话。
④放学回家喜欢一个人躲在房间里，或待在一边想心事，时常走神发呆。
⑤突然喜欢打听、谈论男女之间的事。
⑥在家坐不住，经常找借口外出，瞒着父母去公园等场所，有时还会说谎。
⑦情绪起伏大，有时兴奋，有时忧郁，有时烦躁不安，做事无耐心。
⑧对儿女情长的事尤为感兴趣，突然对描写爱情的文艺作品、电影、电视感兴趣。
⑨背着家长偷偷写信、写日记，看到别人赶忙掩饰。
⑩对某个异性的名字特别敏感，经常有一些来路不明的小礼物。

以上是孩子早恋的主要表现，如果家长发现孩子的行为和上述表现很相似的话，很有可能是孩子早恋了，但是即使家长知道孩子早恋也不能打骂孩子，认为孩子不务正业，应该心平气和地和孩子沟通，这样才能起到良好的效果。

三、早恋可能产生的心理问题

（一）怀疑与自我否定

当孩子对异性产生好感时，他们一般会认为这是错误的事情，因此当孩子没办法抗拒这件错误的事情时，就会产生彷徨和无助之感。例如，孩子心中会产生这样的想法："我不是妈妈心中的好孩子了，我知道不能谈恋爱，可是我就想跟他在一起，我到底该怎么办啊？"当孩子在自我认知中迷失之后，一系列的自我怀疑和自我否定就会产生。

（二）亲子关系疏远

当孩子因为父母不懂自己的想法而变得无助时，就会产生亲子疏离和距离感。孩子会产生"爸爸、妈妈什么都不懂，就说我是错的"的想法。这样的想法一旦产生，会导致孩子与父母之间的关系疏远，不愿意再和父母袒露心事，自己也会变得闷闷不乐、孤僻。那么，当心事占据他生活的主体时，就会进一步影响孩子对其他事情的热情，不利于孩子的健康成长。

（三）产生自卑感

在早恋这件事上，不同性格的孩子，对于父母的说教反应是不同的。有的孩子文静，听到父母的说教后选择自我封闭，慢慢内化为自卑的情绪。而有些孩子性格比较外向，听到父母的话后会出现反抗，故意挑战家长权威。无论哪一种情况，孩子最终都会在心里种下一颗自卑的种子。如果因为自己产生这种很自然的对异性的好感，却被家长认定为严重的错误，得不到父母的肯定，那么他们的自信心就会受到打击。这种情感就会迁移到日常的生活、学习甚至是人格塑造上，从而对孩子造成极大的伤害。

因此，针对孩子与异性交往这件事，家长一般会起到两种作用：一种是疏导安慰，另一种是刺激强化。大多数家长想发挥第一种作用，但是总是不知道如何与孩子沟通，反而让孩子跟异性交往的状况发生恶化。

四、引导策略

对于青春期的孩子，大部分处在情感朦胧期和情感爱慕期。要引导他们正视自己的性别角色，在与异性同龄孩子交往中要大方、诚恳，克服拘束、害羞心理。而与成年异性交往，不宜过分亲昵。父亲对于女儿，母亲对于儿子要特别注意，适度亲近。因每个孩子会有自己的特殊性，家长应随时观察、了解孩子的表现，给予及时有效的沟通和正确的引导。

（一）家长要正确地看待"谈恋爱"

家长要正确对待孩子与异性同学的交往，既不能顺其自然，也不能捕风捉影。有的家长对孩子与异性交往不闻不问，顺其自然；也有的家长严密监视，捕风捉影，随意训斥，私拆孩子的信件，偷看孩子的日记或在孩子与异性交往时进行跟踪，这两种极端都是不对的，很难使孩子形成正常的与异性交往的能力。尽量平常心对待"谈恋爱"这件事情，充分信任孩子，让孩子有自己的空间，在充分尊重和充分自然的基础上，有意无意地和孩子交流小伙伴们之间发生的情况，让孩子知道家长与自己没有对抗的心理，比如，当异性打电话的时候可以请孩子自然地接听，引导孩子分享自己的情感，在跟孩子交谈过程当中，千万不要让孩子觉得父母有居高临下的权威感。比如，可以跟孩子说："你这个时候对男生产生好感是很正常的事情，说明你的心理和生理发展是同步的。恭喜咱家小丫头长成大姑娘啦！人生中每个阶段都会遇到你欣赏的人，比如在初中的时候会这样，高中时也会这样，长大一些也会遇到另一个心上人，其实你在每个阶段都会产生对异性的好感，你会发现，你在不断地成长，你的审美观也在不断变化，等你回过头来会发现，嗯，是这些优秀的人在陪着你一起在成长！"

（二）家长要引导孩子多参与群体活动

党的二十大报告强调要倡导文明健康的生活方式。因此，家长要引导孩子多参加群体活动，如郊游、文体比赛、义务劳动等，丰富孩子的课余生活，使他们有一个健康的生活方式和有意义的青少年时期。同时，鼓励孩子广泛交友，拓宽友谊范围，尽量减少与异性同学单独接触的机会，特别是不要与某一位异性同学过多地单独接触，避免萌发初恋之情，牵扯精力，影响学业和全面发展。家长对孩子与异性同学的交往应保持一份平常心，如果异性同学偶尔来家里玩儿，家长应该热情接待，珍视孩子之间的友谊。给孩子一份信任，将自己放在与孩子平等的位置上，这样孩子在遇到与异性交往上的问题时，会及时地与父母沟通。事实上，正常的异性交往，更利于孩子的心理健康，所以家长不要不分青红皂白地去责怪他们，孩子的成长需要友谊，而且他们也珍惜这样的友谊。家长不要轻易地以拒绝早恋为借口，阻止孩子的异性交往，可以用平等的语气来开导孩子，例如，可以跟孩子说："你对异性比较欣赏，妈妈非常开心，在你感到困惑的时候，你能把心事讲给妈妈听，所以妈妈相信你能把握分寸。"

（三）家长要学会赞美，与孩子统一战线

家长可以夸赞孩子的优秀，能够被其他人欣赏说明孩子自身足够优秀，同时学会欣赏别人也是一种难能可贵的品质。家长可以引导孩子去学习他所爱慕的人的优点，将对方作为自己学习的榜样。同时也可以分享自己的恋爱经历，让孩子了解自己当时的恋爱心理，站在孩子的角度替孩子着想，从而与孩子站在同一面而非对立面，营造与孩子之间的亲密感和信任感。每个孩子都存在正向的心理暗示，如果父母支持他、信任他，那么孩子也不会辜负父母给予他的信任和支持。这样孩子与父母之间就会形成坚固的友谊，有问题也会积极地和父母分享，共同寻找解决的方法。

（四）家长要善于抓住正确的沟通时机

很多时候父母都喜欢与孩子正襟危坐、严肃认真地进行沟通，但这样并不是以一个平等的姿态去与孩子交流。父母其实可以换一种谈话时机，例如和孩子在公园散步时、一家人一起用餐时、一起逛商场时都可以和孩子进行面对面的交流，换一个轻松、自由、愉快的心情

和孩子聊天，这样孩子就会自发地想和父母交流情感，用聊天的方式解决想要解决的问题，水到渠成。

（五）家长要让孩子明确异性交往的界限

父母要对孩子说明在与异性交往过程中的界限，什么事情是可以做的，什么事情是不可以做的。正常的交往如上学、写作业、郊游都是可以的，同时要告诉孩子，与异性交往时要注意自己的言行，不可随便打闹，不可动手动脚。对于一些恋爱中越界的问题，要明确告诉孩子危害和不妥之处。孩子在这方面是具备一些认知的，和孩子说明交往的界限，父母要相信孩子能够正确地处理这个问题。

第六节 校园欺凌问题

青少年是国家的希望和未来，校园陪伴他们度过了人生中的一个重要阶段。拥有一个安全、温暖的校园环境，对青少年的全方面发展十分重要。然而，根据联合国教科文组织2019年出版的报告《数字背后：结束校园暴力和欺凌》显示：全世界每3个学生中就有1个曾受过欺凌，很多青少年最近一个月至少受到过一次欺凌。在青少年群体中，由于处于青春期，叛逆心理较强、易冲动，极易产生校园欺凌的现象。那什么是校园欺凌，其有哪些形式，又应当如何帮助青少年应对呢？在本节中将进行详细阐释。

一、什么是校园欺凌

校园欺凌是发生在校园内外、以学生为参与主体的一种攻击性行为。挪威学者奥威斯给出的"校园欺凌"的含义是"学生或多名学生，有目的地、频繁地、长时间地对受害者进行侵害，给受害者身心造成的巨大伤害"。其根据受害者遇到欺凌的不同方式把它分为直接欺凌与间接欺凌两种不同的类型，直接欺凌在现实生活中表现为用武力、言语伤害的方式对他人进行即时攻击；间接欺凌表现为利用某种媒介或工具对他们进行延时攻击。根据芬兰学者克里斯蒂娜对欺凌参与者的定义，欺凌参与者主要包括欺凌者、被欺凌者和旁观者。欺凌者是指在校园内外实施欺凌行为的一方，其中包括主要欺凌者和欺凌协助者。部分欺凌协助者受到欺凌者的恐吓、威胁，属于被迫参与欺凌。被欺凌者是校园欺凌事件中的弱势方，多半是被同伴群体排斥的边缘人物，在青少年的时候没有形成良好的同伴关系，社交能力相对较低，自我认识程度也比较低。而旁观者既不是欺凌者，也不是参与者，但旁观者的作为与不作为会对被欺凌者的受欺凌程度产生影响。

二、校园欺凌的表现形式

校园欺凌的表现形式在我国一般划分为四种，分别为肢体欺凌、言语欺凌、社交欺凌以及网络欺凌。

①肢体欺凌：推撞、拳打脚踢、撕衣服、扯他人的头发以及抢夺财物等，这是最容易被人察觉到的一种欺凌形式。

②言语欺凌：当众嘲笑、辱骂、恐吓以及给别人取侮辱性绰号等，这种欺凌方式往往是孩子们以及周边人意识不到的一种欺凌形式。

③社交欺凌：传播谣言、鼓励集体排挤、隔绝被欺凌者，这是一种最高级的欺凌行为，它是通过控制群体来达到最初欺凌的目的，所以会对被欺凌者产生长期的、危害极大的伤害。

④网络欺凌：随着当前网络的快速发展，欺凌者可以在网络上发表对受害者不利的网络言论、曝光隐私以及对受害者的照片进行恶搞。这些言论和照片会快速地传播，影响范围广泛。

三、中学校园欺凌的特点

从欺凌行为的特征角度分析，中学校园欺凌具有多样性、残忍性、纠缠性等特点。校园欺凌的表现形式繁杂多样，有单一的欺凌方式出现，也有多种欺凌方式同时出现，但每一种欺凌行为在现实生活中出现时都有其独特的表现形式，而且造成的影响各不相同。网络媒体曝光的恶性校园欺凌事件在社会上引起巨大的反响和关注，其残忍性和恶劣性更加超乎想象。欺凌者选择的欺凌对象往往具有性格懦弱、敏感自卑的性格特征，也正因如此，欺凌行为就会出现反复的纠缠性，欺凌实施对象往往就固定在一个或几个人身上，长期稳定，不会临时更改。

从欺凌事件的类型角度看，中学校园欺凌具有隐蔽性、长期性、重复性等特点。校园欺凌问题十分复杂，想要彻底解决也非常困难，一方面由于它是在多种因素综合影响下形成的，另一方面是因为它的行为方式、实施地点、事后影响都非常隐蔽，不容易被发现，因此得不到社会各方的重视。欺凌事件多发生在厕所、走廊、操场等监控死角，不容易被察觉。欺凌事件造成的影响也无法衡量，不能估算。欺凌行为也从直观的身体欺凌向言语欺凌和网络欺凌发展，这就很难界定校园欺凌的危害性。校园欺凌行为由多种因素造成，成因复杂，不能快速解决。

从欺凌者与被欺凌者的关系角度看，中学校园欺凌具有被欺凌者的不确定性、双方力量的不均衡性、欺凌者与被欺凌者之间的支配性等特点。欺凌对象具有不确定性是指：欺凌行为的发生并不能准确地被预测，所以不能清晰地划分欺凌对象的范围。欺凌行为的发生主要是源于双方力量的不均等，力量的强弱决定双方在欺凌事件中的地位。欺凌者用武力或其他因素压迫被欺凌者，使其屈服，听从强者的安排，双方之间的支配关系就建立起来了。如果没有外界因素的影响和个人内在的突破，这种支配性在长期、重复的校园欺凌中的状态就十分稳定。

四、帮助青少年应对校园欺凌的有效措施

（一）坚持家校合作，共同培育中学生的良好心理

校园欺凌的成因复杂，单靠学校的力量始终有限，需要家校共同合作，努力为学生营造良好的生活环境。学校利用家长会、教师家访、家委会等渠道增加和家长的沟通，及时了解

学生的思想动态和情绪变化。在出现校园欺凌的苗头时，及时处理，防患于未然。学校要利用各种机会和场合，纠正家长的错误思想观念和教育方式，引导家长多与孩子沟通，建立平等、和谐的关系，给予孩子更多的自信，利用"皮格马利翁效应"，不断强化和保持学生的优点，引导其克服自身存在的缺点，追求健全人格的塑造。在校园欺凌事件的发生后，学校和家长通力合作，及时对学生进行心理关怀，消解校园欺凌带来的心理伤害。无论是校园欺凌事件中的欺凌者还是被欺凌者，在事件发生以后，都会有不同程度的消极心理。所以，学校在事后必须及时地针对欺凌者和被欺凌者展开不同的心理工作。对欺凌者要坚决处理，予以警示；对被欺凌者进行心理安抚，打消其报复心理，帮助其走出心理阴影。家长和学校进行长期的心理追踪和心理疏导，直至其回归正常的学习生活。

（二）营造宽松的家庭氛围

在家庭教育中，家长要懂得言传身教，改正自己的不良嗜好，尽可能地不在孩子面前表现出暴力、说脏话的一面，做一个好榜样。家长要对孩子采取民主、温暖的教养方式，培养孩子的自信，与孩子建立安全的依恋关系，营造一个非攻击性的环境，既不让孩子受到欺凌，也不要让孩子欺凌别人。在日常生活中，也要多注意观察孩子的反应。可以采用以下的方法来判断自己的孩子是否受到校园欺凌：①当对孩子产生怀疑的时候，可询问老师孩子的生活习惯是否发生改变，比如快上课时才去厕所，总是迟到，以此来确定是否因为下课时厕所里有人在等他，去了会欺凌他；②在很热的天气穿长袖长裤，把自己捂得严严实实，有可能是身体出现了伤痕又不敢让家长发现；③孩子想转学，问他理由却支支吾吾。总之，自家孩子原有特点的突然改变都值得注意，一旦发现，要及时疏导，认真对待，这样才能把危害降到最低。

（三）在校园中要加强软环境的建设

青少年正处于一个充满好奇、不断探索的阶段，他们拥有丰富的想象力、创造力和好奇心，在加强学生的教育工作中，要尊重学生的主体地位，根据中学生的成长规律和身心特点进行阶段性的教育，规范日常行为管理，促进优良学风的形成，确保立德树人目标得到实现。以活动为载体，创设互帮互助、积极正向的情境，加强学生的自我教育，培养人际交往能力，理解个体之间的差异，互相尊重、互相成长，展示学生文明向上的精神风貌。在班级内打造良性的竞争机制，开展优秀学生评比活动和各种创先争优活动，发挥不同学生的优势，营造积极进取的学习氛围。发挥朋辈群体的积极作用，在班级内形成帮—拉—托的互助机制，以优帮差、用前拉后、集体托举的良好学风，共同成长。在面对校园欺凌时，发挥团结互助的班集体优势，不当旁观者，共同携手理性地反抗校园欺凌行为。

第七节　考试焦虑问题

很多学者认为，考试焦虑是一种情景化特质焦虑，受特定的考试情景激发，通过人格基础反映及个体认知评价产生的以担忧为基本特征、以防御及逃避为其行为方式，通过情绪反应表现出来的一种心理状态。

一、影响考试焦虑的可能原因分析

目前国内关于考试焦虑的相关因素可划分为认知评价、应对方式、社会支持及人格等多个方面。江琦等学者对中学生考试心理问题结构的验证因素分析表明，中学生考试心理及行为问题包括人际敏感、焦虑、怯场、自责、家庭压力感、身体症状、动力问题、强迫、抑郁、自卑及精神病性11种类型；李焰等学者通过考试焦虑量表及中学生考试焦虑的影响因素问卷对648名考试焦虑的中学生进行验证性因素分析并建构模型，结果表明现场因素是考试焦虑的客观诱发条件，抑郁及自卑是考试焦虑的中介环节。

从已有研究表明，国内达成一致的是考试焦虑的产生受个体、家庭、学校乃至社会等多方面因素影响。针对青少年考试焦虑的相关性研究，可大致概括为内部心理因素及外部环节因素两大方面。内在心理因素，包括人格、性格、智力、能力、自我知觉、自信心、自我接纳、信息加工过程、适应能力、应对方式及成就动机等多个因素；外部环境因素，包括家庭教育、父母教养方式、家庭环境、人际关系、师生关系、教师能力及社会支持等多个因素。

二、缓解考试焦虑的方法

（一）有效的自我应对方式

应对是心理应激过程的重要媒介因素，对应激事件的结果如何起着至关重要的作用。积极应对能够有效缓解考试焦虑。例如，青少年可以采取自我暗示法、运动锻炼法、冥想法、向他人求助等方法有效调节自己的焦虑；而不成熟的应对方式如自责、幻想、退避及合理化等方式的情绪应对反而会增强对于考试的焦虑。笔者在此部分提供一种简单有效的放松训练，即肌肉放松训练，这是一种以一定的媒介（如暗示指导语）集中注意及调节呼吸，使肌肉得到充分的放松，从而调节中枢神经兴奋性的方法，是一种通过训练有意识地控制其心理生理活动、降低唤醒水平来改善机体紊乱功能的心理治疗方法。目前在我国常见的是深呼吸放松、渐进式肌肉放松、暗示控制放松及自我控制放松四种方法。各种不同的放松训练方法对考试焦虑的作用不同，肌肉放松训练能够降低生理唤醒主导型考试焦虑学生的考试焦虑状态，而对认知主导型及技能缺乏型考试焦虑学生的焦虑状态降低作用不显著；渐进式肌肉放松与深呼吸放松（腹式呼吸）相结合能有效缓解考试焦虑水平，提高考试成绩。

（二）有效的社会支持

社会支持是指个体在遭受挫折时所得到的关心及帮助。社会支持通过自我效能感及应对方式间接影响人的心理健康，社会支持可以降低考试压力造成的紧张感，促进个体适应紧张的学业环境。因此父母给予青少年更多理解与包容，能够让孩子形成乐观、积极向上的情绪，养成比较活泼开朗的性格。父母为青少年营造一个温暖和安全的家庭氛围，对孩子持一种肯定、接纳和赞扬的态度，这样孩子在面对压力的时候，就能够及时地进行自我调整、自我安慰，在其寻求社会支持时及时出现，而不是陷入思维的怪圈，不停地否定自己。

除了家庭的支持与理解外，学校也应当关注青少年的全面发展，不给予青少年过多的学业压力，除此之外，学校还应当设立心理健康课程与团体辅导及咨询。团体辅导及咨询是指对有同类心理疑问或行为问题的学生进行教育的形式，这种形式干预感强、影响广泛、效率高且有助于在群体氛围中培养个体的认知能力和人际交往能力，因此团体咨询的效果容易得到巩固，是应对青少年考试焦虑的有效方式。

（三）保证青少年的营养摄入

焦虑虽然是情绪心理方面的问题，但科学研究表明，一些食物能够有效对抗焦虑情绪。压力大的时候身体会需要更多维生素C，应及时补充富含维生素C的水果和蔬菜（如草莓、洋葱、菠菜、橙子等）。核桃和芝麻对脑功能有较多的帮助，鱼类可以为大脑提供较多的不饱和脂肪酸、钙质和蛋白质，以及维生素B_1、维生素B_2等，为青少年的身心健康提供足够的物质保障。

（四）减少期望压力

在预防考试焦虑上，由于学生及家长分数攀比现象比比皆是，以及我国传统的追求名校与高学历的思想，使得成绩的好坏成为在家庭、学校及社会中衡量学生唯一的量尺。社会要加强对学生未来择业的宣传及教育，减少片面应试教育的宣传力度，纠正名校独木桥的现象，减少社会、学校及家长对青少年的期望和压力。

本章小结

青少年目标的设定和实现是他们自我同一性形成发展过程中极重要的部分，因此家长需要帮助孩子建立目标意识。叛逆心理是客观环境与主体需要不相符合时产生的一种心理活动。叛逆期具有否定性、评判性、对抗性、阶段性和可变性的特点。为了应对中学生的叛逆心理，家长应该给孩子时间、空间、尊重和方向指引，让孩子健康成长。抗逆力是个体与生俱来的一种能力，当危机来临时，抗逆力就会被激活，可以保证个体在压力面前维持舒适和平衡。抗逆力的培养途径包括：提供给孩子培养抗逆力的机会、帮助青少年正确认识挫折与压力、营造宽松的家庭氛围和通过体育教育培养抗逆力。攀比心理包括物质攀比和精神攀比。不恰当的物质攀比会影响青少年的学业和健康，加重家庭的经济负担。具体来说，调节攀比心理，需要学生自我改善、家庭教育配合、学校开展教育以及社会各部门的环境创设。校园欺凌是发生在校园内外、以学生为参与主体的一种攻击性行为。帮助青少年应对校园欺凌的有效措施包括：坚持家校合作；共同培育中学生的良好心理；营造宽松的家庭氛围；在校园中加强软环境的建设。考试焦虑是一种情景化特质焦虑，帮助青少年缓解考试焦虑的方法具体有以下几个：青少年采取自我暗示法、运动锻炼法等调节自己的焦虑；家庭和学校等为青少年提供有效的社会支持；保证青少年的营养摄入；减少对青少年的期望压力。

💡 思考与练习

1. 了解身边中学生的生活及学习目标并引导其分解为小目标。
2. 思考同辈之间如何互相帮助青少年应对逆反心理。
3. 观察身边的同学、家长是否存在攀比心理和行为，都有什么具体的表现，并谈谈如何有针对性地引导？
4. 了解网上报道的中学生校园欺凌事件并分析其原因。
5. 观察青少年考试焦虑的表现并提出有针对性的解决策略。

💬 拓展阅读

1. 邹建章，等. 抗逆力：如何应对生活中的坏事［M］. 长春：吉林文史出版社，2017.
2. 代月明. 浅谈中学生攀比心理解决对策［J］. 教育教学论坛，2013（26）：41–42.
3. 方刚. 让欺凌归"零"：终止校园欺凌工具包［M］. 北京：中国社会科学出版社，2018.
4. 罗伯特·戴伯特. 蛤蟆先生去看心理医生［M］. 天津：天津人民出版社，2020.

参考文献

[1] 梁海明. 易经[M]. 太原：山西古籍出版社，1999.
[2] 字词语辞书编研组. 新编现代汉语词典[M]. 长沙：湖南教育出版社，2016.
[3] 柳海民. 教育学概论[M]. 北京：北京师范大学出版社，2015.
[4] 缪建东. 家庭教育[M]. 北京：北京师范大学出版社，2015.
[5] 蔡岳建. 家庭教育理论与实践[M]. 重庆：西南师范大学出版社，2013.
[6] 鲁迅. 鲁迅作品集[M]. 太原：北岳文艺出版社，2004.
[7] 叶立群，等. 家庭教育学[M]. 福州：福建教育出版社，2000.
[8] 魏达纯. 韩诗外传译注[M]. 长春：东北师范大学出版社，1993.
[9] 王晓梅. 胎教力[M]. 北京：中国妇女出版社，2016.
[10] 颜之推. 颜氏家训[M]. 余正平，梁明译注. 广州：广州出版社，2004.
[11] 孙培青. 中国教育史[M]. 上海：华东师范大学出版社，2019.
[12] 黄书光. 陈鹤琴与现代中国教育[M]. 上海：上海教育出版社，1998.
[13] 吴式颖，等. 外国教育史教程[M]. 北京：人民教育出版社，2015.
[14] 尼古拉斯·登特. 卢梭[M]. 戴木茅，译. 北京：华夏出版社，2019.
[15] 滕大春. 卢梭教育思想述评[M]. 北京：人民教育出版社，1984.
[16] 张琨，等. 蒙台梭利幼儿家庭教育法[M]. 济南：山东教育出版社，2006.
[17] 蒙台梭利. 蒙台梭利儿童教育手册[M]. 李芷怡，编译. 北京：北京理工大学出版社，2015.
[18] 蒙台梭利. 童年的秘密[M]. 李依臻，译. 南昌：江西人民出版社，2019.
[19] 冯洋，张菁菁，吴晓. 反思家庭教育[M]. 呼和浩特：远方出版社，2005.
[20] 刘楚魁. 现代家庭建设导论[M]. 长沙：湖南师范大学出版社，2000.
[21] 姚伟. 学前教育学[M]. 北京：人民大学出版社，2018.
[22] 福禄培尔. 福禄培尔幼儿教育[M]. 李铭，编译. 北京：中国妇女出版社，2015.
[23] 马卡连柯. 马卡连柯全集. 第四卷[M]. 北京：人民教育出版社，1957.
[24] 罗新安. 教育其实很容易：快乐性格施教[M]. 北京：光明日报出版社，2004.
[25] 全国十二所重点师范大学联合编写. 教育学基础[M]. 北京：教育科学出版社，2014.
[26] 吴航. 家庭教育学基础[M]. 武汉：华中师范大学出版社，2010.
[27] 张大均. 教育心理学[M]. 北京：人民教育出版社，2011.
[28] 李天燕. 家庭教育学[M]. 上海：复旦大学出版社，2007.
[29] 杨宝忠. 大教育事业中的家庭教育[M]. 北京：社会科学文献出版社，2003.
[30] 王晓丽. 学前儿童发展[M]. 上海：复旦大学出版社，2014.
[31] 李燕. 学前儿童发展[M]. 上海：华东师范大学出版社，2016.
[32] 庞丽娟，李辉. 婴儿心理学[M]. 杭州：浙江教育出版社，1998.
[33] 孟昭兰. 婴儿心理学[M]. 北京：北京大学出版社，1997.

［34］谢弗. 发展心理学的关键概念［M］. 胡清芬，译. 上海：华东师范大学出版社，2008.

［35］H.N.克拉斯诺高尔斯基. 儿童高级神经活动［M］. 北京：科学出版社，1961.

［36］马冠生，米杰，马军. 中国儿童肥胖报告［M］. 北京：人民卫生出版社，2017.

［37］崔霞. 提高孩子免疫力：让孩子不挑食、不过敏、少生病［M］. 长春：吉林科学出版社，2020.

［38］霍华德·加德纳. 多元智能与儿童的学习能力评价［M］. 北京：北京师范大学出版社，2015.

［39］帕帕拉（Papalia, D. E.）奥尔兹（Olds, S. W.）费尔德曼（Feldman, R. D.）. 孩子的世界：从婴儿期到青春期［M］. 11版. 郝嘉佳，等，译. 北京：人民邮电出版社，2013.

［40］上田正仁. 思考力［M］. 北京：中信出版社，2015.

［41］斯坦利·格林斯潘. 培养孩子的安全感［M］. 北京：华夏出版社，2017.

［42］刘梅. 儿童发展心理学［M］. 北京：清华大学出版社，2016.

［43］麦融冰. 学前儿童语言教育［M］. 天津：天津大学出版社，2018.

［44］孔翠薇. 学前儿童社会教育［M］. 天津：天津大学出版社，2018.

［45］邓文静. 学前儿童社会教育［M］. 北京：中央广播电视大学出版社，2017.

［46］张明红. 学前儿童社会教育与活动指导［M］. 上海：华东师范大学出版社，2014.

［47］李顺. 婴幼儿增强免疫力［M］. 天津：天津科学技术出版社，2019.

［48］布鲁诺·乌尔斯特. 唤醒孩子的多元智能［M］. 南京：江苏凤凰文艺出版社，2021.

［49］崔钟雷. 365夜故事［M］. 北京：世界图书出版社，2018.

［50］林崇德. 发展心理学［M］. 北京：人民教育出版社，2009.

［51］桑标. 当代儿童发展心理学［M］. 上海：上海教育出版社，2006.

［52］柳卫娟. 儿童敏感期心理学［M］. 北京：中国纺织出版社，2019.

［53］赵灵萍. 家庭教育指导策略［M］. 北京：现代出版社，2016.

［54］尹建莉. 好妈妈胜过好老师［M］. 北京：作家出版社，2009.

［55］孟育群. 少年亲子关系研究［M］. 北京：教育科学出版社，1998.

［56］陈岚. 我们为什么被欺凌？［M］. 南京：江苏凤凰文艺出版社，2017.

［57］常娟. 恶魔的法则：从校园霸凌到抢夺弑亲［M］. 台北：金块文化出版社，2011.

［58］张文新. 儿童社会性发展［M］. 北京：北京师范大学出社，2002.